Björn Maurer

Medienarbeit mit Kindern aus Migrationskontexten
Grundlagen und Praxisbausteine

Reihe

Medienpädagogische Praxisforschung

Band 1, herausgegeben von Horst Niesyto

Björn Maurer

Medienarbeit mit Kindern aus Migrationskontexten

Grundlagen und Praxisbausteine

kopaed, muenchen
www.kopaed.de

Bibliografische Information der Deutschen Bibliothek
Die Deutsche Bibliothek verzeichnet diese Publikation in der Deutschen Nationalbibliografie; detaillierte bibliografische Daten sind im Internet über http://dnb.ddb.de abrufbar.

ISBN 3-938028-05-X

Gestaltung (Layout, Satz und Umschlag):
sýn • Gestaltung und Medienpädagogik
www.sýn.de oder www.syn-fp.de
Umschlagfoto: Björn Maurer (Vgl. Kapitel 9.1.2)
Druck: Kessler-Druck, Bobingen

Pfälzer-Wald-Straße 64, 81539 München
Tel. 089 - 68 89 00 98 Fax 089 - 6 89 19 12
info@kopaed.de ~ www.kopaed.de

Inhalt

Vorwort des Herausgebers der Reihe Medienpädagogische Praxisforschung

Gegenstand medienpädagogischer Praxisforschung ist die systematische Dokumentation, Reflexion und Auswertung von Konzeptionen und Aktivitäten in verschiedenen medienpädagogischen Praxisfeldern. Hierzu gehören vor allem Projekte der aktiv-produktiven Medienarbeit, mediendidaktische Lernarrangements und medienerzieherische Aktivitäten in verschiedenen Bildungskontexten. Es geht um professionelle Beobachtung und Selbstbeobachtung, um die Gewährleistung einer hinreichenden Distanz bei der Dokumentation und Auswertung von Praxisaktivitäten, um die Vermittlung mit theoretischen Aspekten und um die Rückübersetzung des gewonnenen Wissens in die Sprache des Praxissystems.

Während es – auch auf internationaler Ebene – zahlreiche Studien zur Medienrezeption von Kindern und Jugendlichen gibt, sind bislang relativ wenige Arbeiten im Kontext medienpädagogischer Praxisforschung erschienen. Insbesondere im Bereich der aktiven, handlungsorientierten Medienarbeit besteht ein Bedarf an systematischen Studien, die auf der Basis von teilnehmender Beobachtung, Gruppendiskussionen, visuellen Methoden, Produktanalysen, Projektjournalen etc. verschiedene Fragestellungen und Themen bearbeiten. Notwendig sind u.a. Erkenntnisse über eine zielgruppenspezifische Ausdifferenzierung medienpädagogischer Angebote, über die Prozesse der ästhetisch-symbolischen Verarbeitung (Themen, Aneignungs- und Ausdrucksformen) und über die Interaktionsprozesse zwischen Medienpädagog/innen und Kindern/Jugendlichen. Aktuell sind besonders die Kooperationsmöglichkeiten von schulischer und außerschulischer Medienbildung sowie Formen einer aktiven Medienarbeit mit Kinder und Jugendlichen aus strukturell benachteiligenden Verhältnissen auszuloten und weiterzuentwickeln.

Die Reihe «Medienpädagogische Praxisforschung» knüpft an Veröffentlichungen an, die in den vergangenen Jahren im Rahmen von Forschungsprojekten der Abteilung Medienpädagogik an der Pädagogischen Hochschule Ludwigsburg entstanden sind. Zu nennen sind u.a. die Studie «Medienpädagogik und soziokulturelle Unterschiede» (NIESYTO 2000), die Dokumentation des internationalen Praxisforschungsprojekts «VideoCulture. Video und interkulturelle Kommunikation» (NIESYTO 2003) und die Arbeit von

MARGRIT WITZKE «Identität, Selbstausdruck und Jugendkultur. Eigenproduzierte Videos Jugendlicher im Vergleich mit ihren Selbstaussagen» (WITZKE 2004).

Die Reihe «Medienpädagogische Praxisforschung» möchte dazu beitragen, aus fachlicher Perspektive relevante Themen und Fragestellungen medienpädagogischer Praxisforschung aufzuzeigen und entsprechende Studien zu planen. Das Hauptinteresse liegt darin, Erkenntnisse für die Weiterentwicklung medienpädagogischer Praxis zu gewinnen. Die neue Buchreihe wird nicht nur Ludwigsburger Projekte dokumentieren – andere Kolleginnen und Kollegen sind eingeladen, dieses Forum für die Veröffentlichung eigener Studien zu nutzen. Die Reihe ist auch offen für besonders interessante wissenschaftliche Abschlussarbeiten von Studierenden.

Die vorliegende Veröffentlichung von BJÖRN MAURER greift ein aktuelles Thema auf: Medienarbeit mit Kindern aus Migrationskontexten. BJÖRN MAURER war in dem EU-Projekt CHICAM («Children in Communication about Migration», 5. Rahmenforschungsprogramm der EU) verantwortlich für die medienpädagogische Begleitung in Deutschland. Seine Aufgabe bestand darin, in Absprache mit der Projektleitung die allgemeinen Projektvorgaben zu konkretisieren und ein fundiertes Konzept für die medienpädagogische Begleitung vor Ort zu entwickeln. Die leicht überarbeitete Version seiner Diplomarbeit entwickelt theoretische Grundlagen sowie detaillierte pädagogisch-didaktische Bausteine für die Medienarbeit mit Kindern aus Migrationskontexten. Es geht um die theoretische Begründung und Verortung sowie um die methodisch-konzeptionelle Grundlegung. Die Erfahrungen und Ergebnisse des Projekts, das sich aktuell in der Auswertungsphase befindet, werden zu einem späteren Zeitpunkt in dieser Reihe publiziert werden.

Auf dem Hintergrund aktueller Diskussionen über pädagogische Angebote im Rahmen von Ganztagsbetreuung, insbesondere an Hauptschulen, hat die Arbeit von MAURER eine große Brisanz. Das theoretisch fundierte Konzept überwindet dualistische Vorstellungen, die nach wie vor in großen Teilen der Medienpädagogik existieren: hier die Schule mit ihren curricularen Vorgaben, dort die außerschulische Kinder- und Jugendarbeit mit ihren spielerischen, erfahrungsorientierten Angeboten. MAURER gelingt es, dieses dualistische Denken zu durchbrechen, indem er einerseits an den vorhandenen Medienkompetenzen und Ausdrucksbedürfnissen der Kinder anknüpft und andererseits sich sehr konkrete Gedanken macht, wie durch geeignete Anregungen und Übungen ein Kompetenzzuwachs durch pädagogische Arrangements möglich wird. Diese Art medien-ästhetische «Früherziehung» – wie er es nennt – betont das ästhetische und non-verbale Potential der Medien, um bei Kindern aus Migrationskontexten symbolischen Selbstausdruck und die Aneignung von Medienkompetenzen zu fördern – Medienkompetenzen, die diese Kinder auch im späteren Berufsleben sinnvoll gebrauchen können.

Ludwigsburg, im September 2004
Horst Niesyto

Danksagung

Ich möchte mich an dieser Stelle bei all denjenigen bedanken, die zum Entstehen dieses Buches beigetragen haben. Ohne David Buckingham, Liesbeth de Block und die Unterstützung seitens der EU (5. Rahmenprogramm) hätte es das CHICAM Projekt und damit den Gegenstand dieses Buches nicht gegeben. Horst Niesyto danke ich für die fachliche Betreuung der Arbeit und die Unterstützung während meines ganzen Studiums. Ebenso danke ich Peter Holzwarth für die fachliche Begleitung, für zahlreiche gemeinsame ‹Schreibsessions› mit anregenden Diskussionen. Wolfgang Maier danke ich für die erfahrungsreiche Pilotphase in Schwäbisch Gmünd, den Mitgliedern der Internationalen CHICAM Projektgruppe für gute Zusammenarbeit, fachlichen Austausch und schöne Erlebnisse auf internationalen Projekttreffen, Wolfgang Langer für wichtige konstruktivistische Denkanstöße und Jeldrik Pannier und Stefanie Frie für die Gestaltung dieses Buches.

Mein Dank für vielfältige Unterstützung gilt auch Andrea Horvath, Christa Zonsius, Christine Zinn, Costa Rothfuß, den Mitarbeitern der Projektinitiative «Familycomcom», Marion Wüstling, Martina Otto, Stefan Kunze, Thomas Zientek, Tobias Ströbele.

Den am Projekt beteiligten ‹CHICAM Kindern› danke ich für ihr Interesse, ihre Bereitschaft, für viel Spaß und viel Freude, und dafür, dass sie mich immer wieder auf den Boden der Tatsachen zurückgeholt haben.

Björn Maurer, September 2004 • maurer_bjoern@web.de

1 Einleitung

Aktive Medienarbeit mit Fotografie und Video kann Kindern und Jugendlichen Spaß machen. Sie kann aber auch mühsam sein und zeitliche, materielle, kognitive und motivationale Ressourcen verschlingen. Die Produktionsreihenfolge Exposee, Storyboard, Drehplan, Aufnahmephase, Schnitt, wie sie in der Jugendvideoarbeit in Deutschland weit verbreitet ist, verlangt von den jungen Produzent/innen gleich zu Beginn Planung, Verbalisierung und Reflexion. Die Produktionszeit übersteigt häufig das zumutbare Maß. Tage und Wochen können zwischen den ersten Aufnahmen und der Fertigstellung eines Produkts vergehen. Für Medienpädagoginnen und Medienpädagogen ist es mitunter schwierig, ihr Klientel über einen längeren Zeitraum bei der Stange zu halten. Kinder und Jugendliche aus Migrationskontexten bzw. aus sozial und bildungsmäßig benachteiligenden Verhältnissen fühlen sich von solchen Angeboten wenig angesprochen.

Erst in jüngerer Zeit zeichnet sich ein Trend hin zu interkulturellen Medienprojekten ab, die sich verstärkt auch an Kinder und Jugendliche mit Migrationshintergrund wenden.[1] Das theoretisch-konzeptionelle Fundament dieser Projekte besteht u. a. aus der Diskussion um die Qualitätskriterien interkultureller Jugendmedienarbeit, die maßgeblich vom JFC in Köln initiiert wurde (vgl. Bürgermeister & Düx 2002). So findet man die eher allgemein gehaltenen Qualitätskriterien wie Partizipation, Lebensweltorientierung, Kommunikation, und Chancengleichheit in zahlreichen Projektanträgen und -dokumentationen; häufig bleibt aber unklar, welche didaktischen Überlegungen und welche methodischen Schritte nötig sind, um in der Praxis zumindest eine Annäherung an die Qualitätskriterien mit dieser Zielgruppe zu erreichen. Im Schnittbereich von Migration und Medienarbeit sollte bereits im Rahmen der Projektplanung geklärt werden,

1 Das Netzwerk Crossculture (http://www.crossculture.de), das vom JFC Medienzentrum Köln e. V. betreut wird, enthält eine Linksammlung beispielhafter interkultureller Medienprojekte.

- welche mediengestalterischen Kompetenzen sich die Teilnehmer an einem interkulturellen Medienprojekt aneignen können bzw. sollen;
- welche Formen der Vermittlung bzw. Aneignung medienästhetischer und medientechnischer Kompetenzen sich für die spezifische Zielgruppe eignen;
- wie das spezifische Potential der Medien für interkulturelle Kommunikation genutzt werden kann;
- wie mit Sprachschwierigkeiten umgegangen werden kann.

Projekte interkultureller Medienarbeit mit Migranten werden bisher schwerpunktmäßig im außerschulischen Bereich durchgeführt. Im Gegensatz zu den meisten schulischen Aktivitäten ist die Teilnahme hier freiwillig und in der Regel interessengeleitet. Der Wegfall des Bildungsplans, das Arbeiten in kleinen Gruppen, ein stärkeres Maß an Subjekt- und Erlebnisorientierung kommt den Teilnehmern entgegen und ermöglicht einen flexibleren Lern- und Arbeitsprozess.

Die vergleichsweise mit zahlreichen strukturellen Einschränkungen behaftete Institution Schule bietet gegenüber den Freizeiteinrichtungen jedoch einen entscheidenden Vorteil: Schule ist ein Feld, in dem man alle Kinder erreichen kann, nicht nur die besonders Motivierten. Dies ist besonders im Hinblick auf das Kriterium der Chancengleichheit durch Qualifizierung im Medienbereich bedeutsam. Die jüngere Schulentwicklung insbesondere an Hauptschulen mit Konzepten wie Ganztagsschule und Ganztagesbetreuungsangebot eröffnet neue pädagogische Spielräume. Spielräume, in denen auch zielgruppenspezifische medienpädagogische Angebote platziert werden können. Gefragt sind hierfür alternative Formen von Unterricht, neue, für Schüler attraktive Konzepte an der Schnittstelle Interkulturelles Lernen und Medien im Spannungsfeld von Schule und Freizeit.

In dieser Arbeit wird eine alternative medienpädagogische Rahmenkonzeption für die interkulturelle Medienarbeit mit Video entwickelt, die den spezifischen Voraussetzungen von Kindern aus Migrationskontexten/aus sozial und bildungsmäßig benachteiligenden Verhältnissen gerecht wird, und konzeptionelle Überlegungen mit didaktisch-methodischen Konkretisierungen verknüpft. Es werden offene Lernumgebungen mit klar strukturierten ästhetischen Problemstellungen vorgestellt, die Kindern die Möglichkeit geben, sich auf handelnde, spielerische und selbstentdeckende Weise ein breites

Spektrum mediengestalterischer Kompetenzen anzueignen. Die Konzeption überwindet den scheinbaren Dualismus zwischen schulischer Didaktik und außerschulischer Pädagogik, indem Modelle entwickelt werden, die sowohl in schulischen, als auch in außerschulischen und in Mischkontexten eingesetzt werden können. Mit der Differenzierung in didaktische Prinzipien (vgl. 8.4) und Mediamodels (vgl. 8.5) einerseits sowie in konkrete methodische Bausteine (vgl. 9.3ff.) und Übungen (vgl. 9.1ff.) andererseits ist ein flexibles und anschlussfähiges medienpädagogisches Konzept entstanden, das – sofern nicht als Rezept missverstanden – die medienpädagogische Arbeit von Pädagog/innen in schulischen und in außerschulischen Kontexten bereichern kann. Grundlage des Konzepts ist das EU-Modellprojekt CHICAM – Children in Communication about Migration (vgl. Kapitel 2.1). Im Rahmen dieses Projekts haben Kinder mit Migrations- bzw. Fluchthintergrund mit den Medien Fotografie und Video Eigenproduktionen erstellt, diese online publiziert und sich über eine Kommunikationsplattform im Internet ausgetauscht. Die vorliegende Arbeit entstand in der Planungsphase des Projekts und diente der konzeptionellen Vorbereitung für die medienpädagogische Praxis im CHICAM-Club an einer Hauptschule im Raum Stuttgart.[2]

Zunächst wird das interkulturelle Forschungsprojekt CHICAM skizziert und die Fragestellung der Arbeit im Bezug auf das Projekt konkretisiert (vgl. Kapitel 2). Auf der Basis von Erkenntnissen der Migrationsforschung wird die Lebenssituation von Kindern mit Migrations- bzw. Fluchthintergrund nachgezeichnet (vgl. Kapitel 3). Kapitel 4 befasst sich mit dem Praxisfeld interkultureller Medienarbeit. Es wird der Frage nachgegangen, nach welchen Kriterien und mit welchen Zielvorstellungen in der interkulturellen Jugendmedienpraxis gearbeitet wird. In diesem Zusammenhang wird nach Möglichkeiten der didaktisch-methodischen Unterstützung von Lernprozessen für die Zielgruppe Migrantenkinder gesucht und das spezifische Potential der Medien für interkulturelle Kommunikation ausgeleuchtet. In Kapitel 5

2 Im Rahmen der einjährigen Projektpraxisphase, die inzwischen abgeschlossen ist, hatte ich die Gelegenheit, Teile des medienpädagogischen Konzepts in die Praxis umzusetzen. Die Auswertungsphase des Projekts ist noch nicht abgeschlossen, so dass ich in dieser Arbeit keine abschließende Evaluation der Projektpraxis vornehmen werde, sondern lediglich einzelne Befunde und Erfahrungen herausgreifenmöchte.

werden Voraussetzungen für interkulturelle Kommunikation mit Medien erörtert. In kritischer Auseinandersetzung mit kommunikationstheoretischen Positionen werden Kompetenzbereiche und Rahmenbedingungen aufgezeigt, die für interkulturelle Kommunikation mit Medien relevant sind. Außerdem wird der Frage nachgegangen, welche pädagogischen Lernumgebungen die Aneignung der entsprechenden Kompetenzen bzw. die Ausbildung von Kommunikationsmotivation begünstigen.

Da die medienpädagogische Praxis des Projekts CHICAM in einen spezifischen Forschungskontext eingebettet ist, wird das Spannungsfeld von medien-ethnographischer Forschung und medienpädagogischer Praxis reflektiert. Ausgehend von einem Überblick über den aktuellen Diskussions- und Entwicklungsstand des Ansatzes «Eigenproduktionen mit Medien als Gegenstand der Kindheitsforschung» (NIESYTO 2001c). werden die Schwierigkeiten und Herausforderungen, aber auch die Chancen einer adäquaten Verzahnung von Forschung und medienpädagogischer Praxis aufgezeigt. Das Kapitel schließt den Theorieteil der Arbeit mit der Ableitung konkreter Konsequenzen für die medienpädagogische Praxis ab (vgl. Kapitel 6). Als Übergang zum Konzeptionsteil werden die im Theorieteil der Arbeit gewonnenen Ergebnisse gebündelt und theoretisch-konzeptionelle Leitlinien für das medienpädagogische Rahmenkonzept markiert (Kapitel 7).

Im Konzeptionsteil wird in Auseinandersetzung mit Publikationen zur produktiven Medienarbeit zunächst der Versuch unternommen, ein Curriculum medienpädagogischer Lerninhalte und Kompetenzen abzustecken, das die Kinder dazu befähigt, produktive Medienarbeit mit Fotografie, Video und Internet im Rahmen des Projekts CHICAM zu leisten. Außerdem werden verschiedene Konzepte der didaktischen Vermittlung bzw. Aneignung von medienspezifischem Wissen diskutiert (vgl. Kapitel 8). Die Konkretisierung des medienpädagogischen Konzepts erfolgt in Kapitel 9. Es werden konkrete didaktisch-methodische Bausteine und Übungen für die Praxis vorgestellt. Ein selbstkritisches Resümee rundet die Arbeit ab (Kapitel 10).

2 Kontext und Gegenstand der Arbeit

2.1 Das interkulturelle EU Forschungsprojekt CHICAM

2.1.1 Gegenstand

CHICAM steht als Abkürzung für «Children in Communication about Migration». 10 bis 14jährige Kinder, die im Zusammenhang mit Migration oder Flucht in verschiedenen Ländern Europas leben, bekamen für den Zeitraum eines Schuljahres die Möglichkeit, in pädagogisch und wissenschaftlich begleiteten Medien-Clubs Eigenproduktionen mit Medien zu erstellen und diese gegenseitig über das Internet auszutauschen.

Das Konzept des aus EU-Mitteln geförderten Projekts wurde von Liesbeth de Block und David Buckingham an der London University, Institute of Education, entwickelt und in Zusammenarbeit mit Kindern, Medienpädagogen, -künstlern und Wissenschaftlern aus Großbritannien, Italien, den Niederlanden, Griechenland, Schweden und Deutschland im Zeitraum von November 2001 bis Oktober 2004 durchgeführt.

2.1.2 Ziele, Fragestellungen und Methoden

Das Projekt verbindet die Dimensionen (medien-) ethnografische Forschung und Medienpraxis. Es versteht sich als Handlungsforschungsprojekt, d. h. die Erkenntnisse der Forschung sollten unmittelbar an die Praxis rückgekoppelt werden – mit dem Ziel, die (Medien-) Praxis zu verbessern (vgl. ALTRICHTER u. a. 1997 S. 640; vgl. MAYRING 2002 S. 50).[3] Ein weiteres Ziel in diesem Zusammenhang war «… in politischen Institutionen ein stärkeres Bewusstsein für die Lage von Kindern aus Migrations- und Fluchtkontexten …» (HOLZWARTH & MAURER & NIESYTO 2002 S. 19) zu entwickeln.

3 Im Gegensatz zum prototypischen Verständnis von Handlungsforschung (vgl. ALTRICHTER u. a. 1997) übernahm im CHICAM Projekt nicht der Pädagoge selbst die Forschungsarbeit, sondern eine wissenschaftliche Begleitung wohnte dem Prozess bei, um Daten zu erheben.

CHICAM umfasst ein komplexes Gefüge von Fragestellungen, die in insgesamt sieben Workpackages konkretisiert wurden. Die Workpackages 3–6 enthalten Leitfragen, die die Grundlage für die Datenerhebung im Feld darstellen. Projektmitarbeiter[4] aus allen beteiligten Ländern haben Daten zu den in den Workpackages fokussierten Themenfeldern erhoben. Entsprechend ihrer jeweiligen Arbeitsschwerpunkte waren jeweils zwei Kooperationspartner[5] für ein Workpackage hauptverantwortlich – sowohl was die Formulierung von Leitfragen, als auch was die Aufbereitung der Rohdaten im Abschlussbericht betrifft.

Workpackage 1 beinhaltete eine Sichtung und Aufarbeitung bereits durchgeführter Forschungs- und Praxisprojekte im Schnittfeld der Bereiche Kinder, Migration und Medien.

Im Rahmen von Workpackage 2 wurde eine technische Infrastruktur zur webbasierten Kommunikation zwischen den Projektmitarbeitern einerseits und den beteiligten Kindern andererseits aufgebaut.

Workpackage 3 ist eines von insgesamt vier themenbezogenen Workpackages, die sich aus verschiedenen Perspektiven der Lebenswelt von Kindern mit Migrationshintergrund annähern. Peergroup-Beziehungen sind Gegenstand dieses Workpackages, das vom Centre for Research in International Migration and Ethnic Relations (CEIFO, Stockholm) gemeinsam mit dem Greek Council for Refugees (Athen) verantwortet wurde. «Es geht dabei um die Beziehungen innerhalb der Produktionsgruppen (Clubs B. M.), die medienvermittelten Beziehungen zwischen den Ländergruppen und den

4 Im Anhang werden die einzelnen Projektmitarbeiter/innen in ihrer jeweilige Funktion aufgeführt (vgl. 13.1).

5 Folgende Institutionen sind Projektpartner von CHICAM:
  a) London University, Institute of Education, Centre for the study of Children, Youth and Media (Koordination)
  b) WAC Performing Arts and Media College, London
  c) Fondazione Centro Studi Investimenti Sociali (CENSIS), Rom
  d) Centre for Research in International Migration and Ethnic Relations (CEIFO), Stockholm
  e) FORUM Institute of Multicultural Development, Utrecht
  f) Greek Council for Refugees, Athen
  g) Pädagogische Hochschule Ludwigsburg, Institut für Erziehungswissenschaft, Abteilung Medienpädagogik.

Beziehungen, die die Gruppenmitglieder zu anderen sozialen Kontexten oder Institutionen haben» (vgl. HOLZWARTH & MAURER & NIESYTO 2002 S. 20).

Workpackage 4 hatte das Themenfeld Schule zum Gegenstand. Es ging darum, die Möglichkeiten und Grenzen des Lernorts Schule für interkulturelles Lernen mit Medien und interkulturelle Kommunikation auszuloten. Hauptverantwortlich waren das CEIFO in Stockholm und CENSIS in Rom.

Workpackage 5 legte den Fokus auf Familienbeziehungen. Es ging darum, Schwierigkeiten, aber auch Chancen und Potentiale zu erheben, die im Schnittfeld verschiedener kultureller Bezugskontexte entstehen.

Audiovisuelle Kommunikation war der Gegenstand von Workpackage 6. Das Potential von Medien für interkulturelle Kommunikation sollte erforscht und erprobt werden. In diesem Zusammenhang sollten u. a. Medienerfahrungen der Kinder erhoben, Prozesse der Symbolproduktion und des Symbolverstehens analysiert und das Verhältnis zwischen (verbal-) sprachlicher Kommunikation und non-verbaler (audiovisueller) Kommunikation betrachtet werden. Ferner sollten medienpädagogische Konzepte entwickelt werden, die interkulturelle Kommunikation fördern. Die Abteilung Medienpädagogik der Pädagogischen Hochschule Ludwigsburg sowie das Institute of Education, University of London waren die Hauptverantwortlichen dieses Workpackages.[6]

Im Rahmen von Workpackage 7 entstehen bis zum Ende des Projekts im Oktober 2004 verschiedene Datenträger, die eine Auswahl an Medien-Eigenproduktionen sowie Prozessmitschnitte enthalten und die sich an unterschiedliche Zielgruppen richten (z. B. Kinder, Eltern, Lehrer, Medienmacher und Politiker). Die Erstellung der CD ROM wird vom WAC (London) in Zusammenarbeit mit dem Institute of Education (London) übernommen.

6 Das Workpackage 6 ist in folgende vier Dimensionen unterteilt: «Welche Medienerfahrungen haben die beteiligten Kinder und in welcher Form spiegeln sich diese Nutzungserfahrungen in den Eigenproduktionen wider? Aus welchen kulturellen Symbolkontexten bedienen sich Kinder im Rahmen der Kommunikationsprozesse (Herkunftsland, Einwanderungsland, globale Kulturen)? In welchem Verhältnis stehen verbale Sprache (Sprache des Herkunftslandes, Sprache des Einwanderungslandes und Englisch als globale Sprache) und audiovisuelle Symbolik? Welche medienpädagogischen Konzepte und Angebote fördern interkulturelle Kommunikation?» (HOLZWARTH & MAURER & NIESYTO 2002 S. 20).

Die Projektgruppe in Deutschland brachte eine forschungsmethodische Perspektive ein, die bereits im Forschungsprojekt «VideoCulture» (NIESYTO 2003) erprobt wurde. Eigenproduktionen mit Medien werden als zweite Empirie betrachtet, die in Verbindung mit der Dokumentation und Auswertung des Produktionsprozesses einen Einblick in die Lebens- und Medienwelten von Kindern und Jugendlichen verschaffen kann (vgl. Kapitel 6.3). «Der spezifische Erkenntnisgewinn visueller Methoden verbindet sich mit der Dokumentation subjektiver Repräsentationsformen, die mit sprachgebundenen Methoden nicht oder nur eingeschränkt ausgedrückt und erhoben werden können» (NIESYTO 2001a S. 89).

Wie andere Formen qualitativer Forschung orientiert sich dieser Ansatz am Subjekt, an dessen subjektiven Wahrnehmungsweisen, an Deutungs- und Handlungsmustern, an symbolischen Verarbeitungen von Wirklichkeit (vgl. NIESYTO 1991 S. 30). Das Erstellen von Medien-Eigenproduktionen ermöglicht den Subjekten, Schnittstellen und Brüche, tabuisierte Themen, Gefühle und Stimmungen im «präsentativen Modus» (vgl. LANGER 1984 S. 86) sichtbar zu machen, die im Medium der Sprache kaum artikulierbar wären (vgl. NIESYTO 1991 S. 83).

Ergänzend zur kontinuierlichen teilnehmenden Beobachtung des Gruppenprozesses wurden Einzelinterviews und Gruppendiskussionen mit den Kindern durchgeführt, Eltern und Lehrer befragt, Audio- und Videomitschnitte des Prozesses angefertigt u. v. m. Die entstandenen Daten wurden anhand von Leitlinien entlang der Workpackages fallstudienartig ausgewertet.

2.1.3 Projektaktivitäten im Einzelnen

Forschungssubjekte waren Migranten- bzw. Flüchtlingskinder zwischen 10–14 Jahren mit relativ aktueller Migrationserfahrung (nicht länger als ca. 3 Jahre im Einwanderungsland lebend). Um eine nachhaltige Gruppenkohärenz herzustellen, wurden in den beteiligten Ländern so genannte ‹CHICAM Clubs› gegründet. Kinder, die den Projektkriterien entsprachen, wurden eingeladen, Mitglied in einem solchen Club zu werden. Die Clubs wurden über einen Zeitraum von einem Jahr kontinuierlich medienpädagogisch betreut. In dieser Zeit erstellten die Kinder mit Unterstützung von Medienpädagogen und Medienkünstlern verschiedene Medienproduktionen. Der gesamte Prozess wurde wissenschaftlich begleitet.

Die Themen der Medienproduktionen waren einerseits durch das Projekt vorgegeben und entsprachen den Forschungsfragestellungen der Workpackages 3–6 (Freundschaft, Schule, Familie und audiovisuelle Kommunikation). Andererseits waren auch Produktionen zu beliebigen Themen möglich. Produziert wurde mit den Medien Fotografie und Video.

Im Laufe der einjährigen Praxisphase sollten kommunikative und integrative Prozesse auf verschiedenen Ebenen gefördert werden. Neben der Kommunikation zwischen den einzelnen Mitgliedern einer Gruppe ging es insbesondere darum, medial vermittelte Verständigungsformen zwischen den einzelnen Produktionsgruppen in den verschiedenen Ländern zu etablieren. Ein passwort-geschütztes Intranetforum ermöglichte den Kindern, ihre Medienproduktionen online zu publizieren und somit länderübergreifend auszutauschen. Ein *postboard* bot die Möglichkeit zur schriftsprachlichen Kontaktaufnahme. Es konnte von den Kindern autonom für den Austausch mit ihren Peers genutzt werden.

Auch auf lokaler Ebene wurde den CHICAM Clubs ein integratives Forum für Austausch und Feedback geschaffen. Es wurden regelmäßig Veranstaltungen durchgeführt, in welchen die Produktionen der Kinder vorgeführt und mit Eltern, Lehrern und Freunden der Produzent/innen bzw. anderen interessierten Kindern, Jugendlichen und Erwachsenen verschiedener Nationalitäten diskutiert wurden. Das Projekt sollte auf diese Weise auch im sozialen Nahraum verankert und dadurch Gelegenheiten zur Förderung der sozialen Integration von Migrantenkindern vor Ort geschaffen werden (vgl. Buckingham & de Block 2001 S. 6). Nach Abschluss der Produktionsphase (Herbst 2004) wird ein Videosampler erstellt, der eine Auswahl der entstandenen Produktionen enthält sowie exemplarische Ausschnitte aus den Produktionsprozessen. Dieser Sampler wird eingesetzt, um «… in politischen Institutionen ein stärkeres Bewusstsein für die Lage von Kindern aus Migrations- und Fluchtkontexten zu schaffen» (Holzwarth & Maurer & Niesyto 2002 S. 19).

2.1.4 Zeitrahmen

Das Projekt lässt sich in vier verschiedene Phasen einteilen:

a) Vorbereitungsphase von November 2001 bis Mai 2002
b) Pilotphase von Juni 2002 bis September 2002
c) Feldphase von Oktober 2002 bis August 2003
d) Auswertungsphase von September 2003 bis Oktober 2004.

Im Rahmen der Vorbereitungsphase wurden in allen beteiligten Ländern Berichte zu den Themen «Children and Migration» sowie «Children and Media» erstellt und in einen zusammenfassenden Report eingearbeitet (Workpackage 1). Parallel wurden verschiedene Formen von Öffentlichkeitsarbeit unternommen. Die englisch-sprachige internationale Projekt-Homepage[7] richtet sich an alle interessierten Personen aus Forschung und Praxis. Entsprechend des Projektverlaufs wurden und werden bis zum Ende des Projekts im Oktober 2004 kontinuierlich verschiedene schriftliche und audiovisuelle Materialien publiziert. Hierzu zählen u. a. Berichte aus Forschung und Praxis, Ausschnitte aus Medien-Eigenproduktionen der Kinder und kurze Einblicke in den Produktionsprozess (Workpackage 2).

In Deutschland wurde eine CHICAM Projekt-Homepage in deutscher Sprache eingerichtet.[8] Neben konzeptionellen Informationen, Kontaktadressen und Links liegt der Schwerpunkt hier auf der Feldarbeit im CHICAM Club in Deutschland sowie auf der Dokumentation von Erkenntnissen im Forschungsbereich audiovisuelle Kommunikation.

Auf der ersten internationalen Projekttagung in London im November 2001 wurde beschlossen, in allen beteiligten Ländern eine Pilotphase durchzuführen, um erste Erfahrungen mit der Medienarbeit mit Kindern aus Migrationskontexten zu sammeln. Auf dem zweiten internationalen Projekttreffen im Juni 2002 wurden Richtlinien zur Durchführung der Pilotphase festgelegt. In Deutschland begann die Pilotphase bereits im April 2002 und dauerte bis Juli 2002. In einer Gemeinschaftsunterkunft für Flüchtlinge in Schwäbisch Gmünd wurden mit ca. 15 Flüchtlingskindern Medien-Eigenproduktionen erstellt. Die Pilotphase war mit einem Seminar an der Pädagogischen

7 http://www.chicam.net
8 http://www.ph-ludwigsburg.de/medien1/chicam/

Hochschule Schwäbisch Gmünd verknüpft. Das Seminar bot Studierenden die Möglichkeit, Einblicke in das Leben von jungen Asylbewerber/innen zu bekommen und die Kinder bei der Medienarbeit zu unterstützen.
Für die einjährige Praxisfeldphase in Deutschland konnte eine Hauptschule im Raum Stuttgart als Kooperationspartner gewonnen werden, die einen hohen Migrantenanteil unter den Schüler/innen aufweist. Alle Schüler/innen, die an der Praxisphase teilnahmen, besuchten zu Projektbeginn eine Vorbereitungsklasse dieser Hauptschule (VKL).[9] Es handelte sich um eine Gruppe von acht Kindern aus fünf verschiedenen Ländern (USA, Türkei, Tunesien, Kuba, Dominikanische Republik), die im Herbst 2002 ca. ein Jahr in Deutschland gelebt hatten. Der Aufenthaltsstatus aller beteiligten Kinder war relativ stabil.

Der CHICAM Club war Teil des Nachmittagsbetreuungsangebots der Hauptschule. Vormittags fand ‹normaler› Unterricht bis längstens 13.05 Uhr statt, und jeden Nachmittag zwischen 14.00 und 15.30 Uhr wurden im Schulgebäude verschiedene AGs angeboten, an welchen die Schülerinnen und Schüler nach ihren eigenen Interessen teilnehmen konnten. Das Angebot umfasste ca. 16 AGs pro Woche in Bereichen wie Sport, Modellbau, Theater und Tanz, Kunst und Fotografie. Die Wahl der AGs war den Schülerinnen zwar freigestellt, aber es wurde erwartet, dass zwei AGs pro Woche besucht werden.

CHICAM war in diesen Kontext als Medienclub eingebettet, der sich im Gegensatz zu den übrigen Angeboten nicht an alle Schüler, sondern an die bestimmte, vom Projekt vorgegebene Zielgruppe (s. o.) richtete. Es war die einzige AG, die von externen Pädagogen durchgeführt wurde. Alle sonstigen AGs wurden von Lehrerinnen und Lehrern der Hauptschule geleitet. Der Club fand im Klassenzimmer der Clubteilnehmer/innen sowie in einem Computerraum statt. Die Möglichkeit, Technik und Materialien dauerhaft zu installieren, war begrenzt, da das Klassenzimmer vormittags für normalen Unterricht genutzt wurde.

9 «Vorbereitungsklassen werden für Schülerinnen und Schüler eingerichtet, die noch nicht über ausreichende Deutschkenntnisse verfügen. Sie sollen in den Vorbereitungsklassen auf die Teilnahme am Unterricht vorbereitet werden» Quelle: http://www.ssa-lb.de/artikel_detail.php?id=18 (Zugriffsdatum: 25.05.2004). Vorbereitungsklassen sind eine Besonderheit des Schulsystems in Baden-Württemberg. Die Integration in den Regelunterricht erfolgt dann, wenn die Schülerinnen und Schüler über ausreichende Kompetenzen in der deutschen Sprache verfügen.

Die Auswertungsphase schloss sich unmittelbar an die Praxisphase im Sommer 2003 an und dauert noch bis zum Ende des Projekts im Oktober 2004. In allen beteiligten Ländern wurde ein Beirat eingerichtet, der das Projekt vor allem im Hinblick auf praktische und politische Relevanz der Arbeit berät. Die Mitglieder des Beirats repräsentieren unterschiedliche Institutionen und gesellschaftliche Bereiche, für die die Forschungsergebnisse von CHICAM bedeutsam sein können.

2.1.5 Verortung der Arbeit im Kontext des Projekts

Diese Arbeit ist in der medienpädagogischen Dimension des Projekts angesiedelt. Ziel ist die Entwicklung einer medienpädagogischen Rahmenkonzeption für die Praxisphase des Projekts CHICAM. Damit fällt sie thematisch in den Kontext der Workpackages 2 und 6. In Workpackage 2 geht es u.a. um die Entwicklung von pädagogischen Konzepten, die für die interkulturelle Medienarbeit mit Kindern aus Migrations- und Fluchtkontexten geeignet sind (s.o.).

«Sharing and evaluation of good pedagogic practice in youth media production, both in schools and in informal settings, reflecting a range of approaches (media arts, social issue documentary, video letters); and the formulation of pedagogic guidance on this basis» (Buckingham & de Block 2001 S. 3).

«The evaluation of WP2 will result outlining practical pedagogic strategies for working with migrant children: ‹Picture Me In: Using Media for Social Inclusion with Migrant Children›. This report will also contain reviews and examples of teaching materials, and guidelines for schools and youth/community organisations seeking to train staff in this field» (Buckingham & de Block 2001 S. 20).

Bezüglich Workpackage 6 sucht die Arbeit Antworten auf Teilfrage 4: «Welche medienpädagogischen Konzepte und Angebote fördern interkulturelle Kommunikation?» (Holzwarth & Maurer & Niesyto 2002 S. 20).

2.2 Fragestellung der Arbeit

Diese Arbeit verfolgt das Ziel, eine medienpädagogische Rahmenkonzeption für die praktische Medienarbeit mit Fotografie, Video und Internet zu entwickeln, die den Voraussetzungen von Kindern aus Migrationskontexten im Alter zwischen 10 und 14 Jahren gerecht wird und interkulturell-kommunikativen Austausch zwischen den Produktionsgruppen in den beteiligten Ländern anregt. Die Konzeption soll explizit auf Nachhaltigkeit ausgerichtet sein und medienpädagogische Lernprozesse über einen Zeitraum von einem Projektjahr (ca. 2 Stunden pro Woche sowie 4–5 Kompakttermine) langfristig initiieren und Kenntnisse im Bereich der Mediengestaltung vermitteln. Außerdem sollen die speziellen Bedingungen, die der Forschungskontext an die Praxis stellt, berücksichtigt und konzeptionell verarbeitet werden.

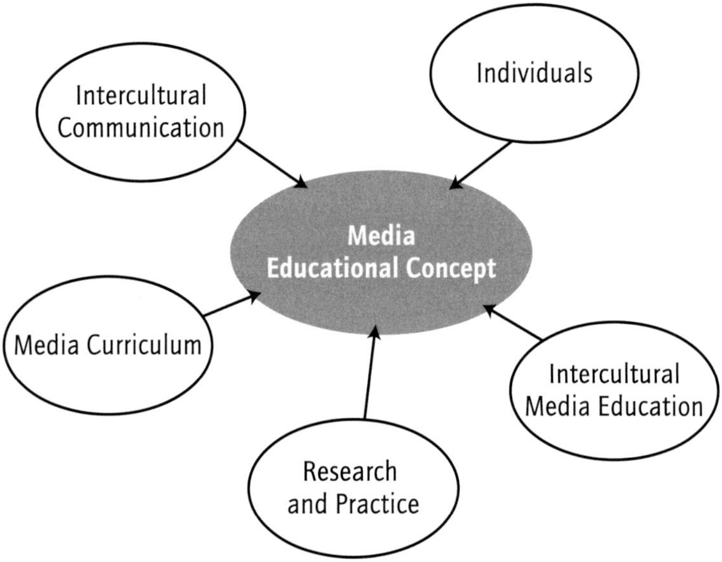

Abbildung 1: Heuristisches Modell der Problembearbeitung

Im Folgenden soll Abbildung 1 als didaktisch-heuristische Grundlage[10] dienen, die die spezifischen Problemhorizonte eröffnet, die mit der Organisation von medienpädagogischen Lernprozessen im Kontext des Projekts zusammenhängen. Das Modell leitet aus der oben genannten Zielstellung fünf Problemfelder ab, die im Folgenden in der Reihenfolge ihrer Bearbeitung aufgeführt und durch Teilfragen konkretisiert werden.

10 Die Begriffe sind in englischer Sprache, da die Grafik in abgewandelter Form im Rahmen der Vorbereitung auf die zweite internationale Projekttagung in London entstanden ist.

A) Zielgruppe des medienpädagogischen Angebots (individuals)
Kinder im Alter von 10-14 Jahren, die nicht in Deutschland geboren sind und deren Migrationserfahrung noch relativ aktuell ist, bringen besondere Dispositionen mit, was sie von ihren Peers der Aufnahmegesellschaft unterscheidet. In Anlehnung an KLAFKIS Bedingungsanalyse (vgl. KLAFKI 1991 S. 272) sollen zunächst die Ausgangsbedingungen der Lernenden erhoben werden. Zur Bearbeitung des Problembereichs A) werden aktuelle Studien im Bereich Migrationsforschung herangezogen und Einblicke in die Lebenssituation von Kindern mit Migrations- bzw. Fluchthintergrund gesucht. Es werden allgemeine Antworten auf folgende Fragen gesucht:

- Wie gestaltet sich die Lebenssituation der Kinder mit Migrations- bzw. Fluchthintergrund?
- Welche Schwierigkeiten und Chancen sind mit dieser Lebenssituation verbunden?
- Welche handlungsleitenden Themen sind für diese Kinder kennzeichnend?
- Über welche Medienerfahrungen verfügen die Kinder (Mediennutzung, Zugang, computer- und bildgestalterische Kompetenzen)?
- Welche Medienpräferenzen haben sie (Genres, Musik, Schauspieler, Sportler, ...)?
- Wie sind die Sprachkompetenzen ausgebildet? Welche Sprachen stehen zur Verfügung?

B) Praxis Interkultureller Medienarbeit (intercultural media work)
Interkulturelle Medienarbeit boomt derzeit in Deutschland und in Europa. In jüngster Zeit haben sich mehrere Initiativen etabliert, die sich für interkulturelle Medienarbeit einsetzen und sowohl praktisch, als auch theoretisch-konzeptionell arbeiten (z. B. das Netzwerk http://www.crossculture.de). Es stellt sich die Frage, inwieweit in der interkulturellen Medienarbeit die Dispositionen der Zielgruppe berücksichtigt werden und ob sich diesbezüglich Erfahrungen auch auf die medienpädagogische Praxis von CHICAM übertragen lassen.

- Welche Konzepte und Ansätze der interkulturellen Medienarbeit sind auszumachen und welche Zielvorstellungen sind mit den jeweiligen Ansätzen verbunden?
- Welche pädagogisch-didaktische Settings sind geeignet, um die diversen Zielvorstellungen zu erfüllen? Sind die Zielvorstellungen realistisch?
- Wie lässt sich das Projekt CHICAM im Kontext der interkulturellen Jugendmedienarbeit verorten?
- Was können speziell Medien zum interkulturellen Verstehen beitragen?
- Welche didaktischen Konsequenzen lassen sich hieraus ableiten?

C) Interkulturelle Kommunikation (intercultural communication)
Im Rahmen des Projekts CHICAM sollen kommunikative Prozesse auf verschiedenen Ebenen gefördert werden (Kommunikation in der Gruppe, länderübergreifend zwischen den Gruppen, verbal und nonverbal, zwischen den Kindern und verschiedenen Öffentlichkeiten außerhalb des Projektkontextes). Es gilt diesbezüglich zu klären, was interkulturelle Kommunikation mit Medien im Idealfall bedeutet und welche Bedingungen maßgeblich sind, um Kommunikation entstehen zu lassen. Gleichzeitig muss auch die Frage gestellt werden, wie Kommunikationsbedingungen durch entsprechende pädagogische Settings hergestellt werden können.

- Welche Formen von Kommunikation spielen im Rahmen von CHICAM eine Rolle?
- Wie lassen sich kommunikative Prozesse im Rahmen von CHICAM medienpädagogisch fördern?

D) Forschung und Praxis (research and practice)
Die Verschränkung von medienpädagogischen Praxiszielen einerseits und Forschungszielen andererseits ist eine Besonderheit des Projekts CHICAM, die bei der Entwicklung eines medienpädagogischen Rahmenkonzepts reflektiert werden muss. Es müssen folgende Fragen geklärt werden:

- Welche Erfahrungen mit der Verknüpfung von medienpädagogischer Praxis und Kindheits- und Jugendforschung liegen vor?
- Welche Problemfelder ergeben sich durch die Verknüpfung von Forschung und Praxis?
- Welche speziellen Anforderungen stellt die Forschungsdimension des Projekts CHICAM an die Praxis?
- Wie können die Anforderungen entsprechend erfüllt werden?

E) Lerninhalte und Methodik (media curriculum)
Migrantenkinder sollen im Rahmen von CHICAM mit den Medien Fotografie, Video und Internet verschiedene Medienproduktionen erstellen und benötigen hierfür bestimmte medientechnische und medienästhetische Kompetenzen. Die Auswahl dieser Kompetenzen und Fertigkeiten (Lerninhalte) soll nicht bloßer Willkür obliegen, sondern vor dem Hintergrund der bearbeiteten Problemfelder A bis D entsprechend didaktisch begründet werden. Ferner ist es notwendig, verschiedene Möglichkeiten der methodischen Vermittlung bzw. Aneignung von Medienwissen aufzuzeigen und zu reflektieren.

- Welche medientechnischen und medienästhetischen Teilkompetenzen werden in existenten Konzepten der handlungsorientierten, produktiven Medienarbeit vermittelt? Ob bzw. inwieweit wird die Auswahl von bestimmten Gestaltungsformen didaktisch begründet?
- Welche medientechnischen und medienästhetischen Teilkompetenzen benötigen die Kinder für die Arbeit in den CHICAM Clubs?
- In welcher Reihenfolge sollen die Kompetenzen angeeignet werden?
- Auf welche Weise sollen die Fähigkeiten erlernt werden? Welche methodisch-struktierten Lernarrangements sind sinnvoll?
- Welche ‹Mediamodels›[11] gibt es und wie eignen sie sich jeweils für die Arbeit in CHICAM? Inwieweit sind die Lerninhalte von den verwendeten Mediamodels abhängig?

11 Der Begriff «Mediamodel» wird im Projektkontext als Kategorie der verschiedenen, möglichen Medien-Eigenproduktionen verwendet. So sind bspw. die Trickfilmanimation und der Dokumentarfilm zwei denkbare Mediamodels. Aber auch kleinere Produktionen wie eine Vorstellung vor der Videokamera, das Anfertigen von Collagen aus Zeitschriften oder das Fotografieren mit einer Einwegkamera können Mediamodels sein.

2.3 Zusammenfassung

Medienpädagogische Arbeit mit 10- bis 14jährigen Kindern unterschiedlicher Nationalitäten und kultureller Hintergründe im Kontext von Forschung bedeutet ein großes Spektrum an sozialen, emotionalen, technischen, ästhetischen und inhaltlichen Herausforderungen, die sowohl auf die Kinder als auch auf die medienpädagogische Begleitung zukommen. Die Intention dieser Arbeit kann nicht sein, Antworten und Lösungen auf alle in diesem Kontext denkbaren Probleme zu entwickeln. Ich möchte mich statt dessen auf die medienpädagogische Dimension beschränken, d. h. es geht einerseits um Lerninhalte, die sich um die produktive Medienarbeit gruppieren, und andererseits um subjektadäquate Ansätze der Vermittlung und Aneignung von medienspezifischem Wissen. Das Ergebnis der Bearbeitung der genannten Problemhorizonte soll nicht ein starres, an ‹materieller Bildung› orientiertes, normatives Curriculum zuzüglich methodischer Rezeptsammlung sein, sondern vielmehr eine reflektierte Auswahl an medienpädagogischen Strukturangeboten und Bausteinen, für die medienpädagogische Praxis mit 10- bis 14jährigen Kindern aus Migrations- und/oder Fluchtkontexten. Diese Bausteine sind je nach Situation, den Rahmenbedingungen, den Neigungen der Lehrenden und Lernenden neu zu kombinieren und methodisch wie thematisch-inhaltlich flexibel einzusetzen.

3 Kindheit und Migration – Die Sicht der Migrationsforschung

«Jedenfalls ist es erforderlich, bei den Konzeptualisierungen von Interkultureller Erziehung genauer und empirischer als bisher die Perspektive der Betroffenen zu ermitteln und zu berücksichtigen» (NIEKE 1999 S. 201).

Studien, die sich mit den Lebenswelten von Migrantenkindern der Altersgruppe 10 – 14 befassen, sind insgesamt eher selten. Sogar in der allgemeinen Kindheitsforschung zeichnet sich ein Desiderat im Altersbereich zwischen 9 und 14 Jahren ab. Für die so genannten «Lückekinder» gibt es kaum systematische Untersuchungsergebnisse (vgl. DU BOIS-REYMOND u. a. 1994 S. 63). So sind die folgenden Ausführungen als vage Annäherungen an die Lebenswelten der CHICAM Zielgruppe zu verstehen, als erste Orientierung für die medienpädagogische Konzeptentwicklung. Weder Vollständigkeit und Systematik, noch uneingeschränkter Transfer wird in diesem Zusammenhang beansprucht.

3.1 Zuwanderer in Deutschland

In der Bundesrepublik Deutschland lassen sich drei Zuwanderergruppen unterscheiden (vgl. HAMBURGER 2001 S. 1213):

3.1.1 Arbeitsmigranten

Auf dem Hintergrund eines Mangels an Arbeitskräften wurden in den 50er, 60er und teilweise 70er Jahren gezielt Arbeiter aus vorwiegend südeuropäischen und arabischen Ländern angeworben (vgl. TERKESSIDIS 2000 S. 18). Dies geschah unter der ökonomischen Prämisse, dass die Arbeitsmigranten mehr wirtschaftlichen Nutzen bringen, als sie Kosten verursachen (vgl. NIEKE 1999 S. 22). Geplant waren kurz- bis mittelfristige Arbeitsaufenthalte und die anschließende Rückkehr ins Heimatland. Ein Rotationssystem sollte für einen kontinuierlichen Austausch der Arbeitskräfte sorgen (vgl. MEIER-BRAUN 2002 S. 40) und Kosten vermeiden, die im Zusammenhang mit Kinderaufzucht, Ausbildung, gesundheitliche Versorgung u. ä. standen (vgl. AUERNHEIMER 1995 S. 42).

Die vergleichsweise schlechten ökonomischen Bedingungen im Heimatland und die Aussicht auf langfristig bessere Beschäftigung in Deutschland waren jedoch ein Grund für viele Migranten, in Deutschland zu bleiben und auch ihre Familien in die BRD überzusiedeln (vgl. Nieke 1999 S. 16/17). Nimmt man Faktoren wie Arbeitsplatz und Wahlrecht als Indikatoren für soziale und strukturelle Integration, so kann man nach wie vor von einer generellen sozialen Benachteiligung der Migranten in Deutschland sprechen (vgl. Auernheimer 1995 S. 48). Sie gehen unterschiedlich mit den äußeren Rahmenbedingungen um und etablieren sich entsprechend unterschiedlich hinsichtlich Bildungsgrad und Berufsstatus.

3.1.2 Aussiedler

Die Gruppe der Aussiedler stammt aus Osteuropa und aus Staaten der ehemaligen Sowjetunion. Es handelt sich meist um Nachkommen deutschsprachiger Auswanderer (z.B. Wolgadeutsche). Nach dem Grundgesetz (Staatsbürgerschaftsrecht) sind Aussiedler deutsche Staatsbürger, ihnen stehen formal alle Möglichkeiten der gesellschaftlichen Teilhabe offen (vgl. Auernheimer 1995 S. 58ff.). Sie verfügen über einen deutschen Pass. Kulturell lassen sich häufig jedoch nur wenige Bezüge zu Deutschland herstellen. Ein breites Spektrum an staatlich geregelten Eingliederungshilfen soll speziell diesem Klientel das Sich-Einfinden in Deutschland erleichtern.

3.1.3 Flüchtlinge

Flüchtlinge haben ihr Land in der Regel aufgrund politischer oder religiöser Verfolgung verlassen und suchen nach Artikel 16 des Grundgesetzes Asyl.[12] Eine Integration ist politisch nicht gewollt (vgl. Auernheimer 1995 S. 51). Dementsprechend wenig wird von staatlicher Seite und von den Kommunen für diese Gruppe der Zuwanderer investiert. Entsprechend labil ist auch deren rechtlicher Status. Die Aufenthaltsdauer der Familien in der Gastgesellschaft ist ungewiss.

12 Politische Motive (Verfolgungen, Vertreibungen, Bürgerkrieg) sind derzeit die einzigen Gründe für die Anerkennung des Asyls in der Bundesrepublik. Dabei sind Fluchtmotive häufig komplexer (z.B. Umweltschäden, Klimakatastrophen, … vgl. Auernheimer 1995 S. 52).

3.2 CHICAM Zielgruppe: Migranten- und/oder Flüchtlingskinder

Zielgruppe von CHICAM sind Kinder mit Migrations- bzw. Fluchthintergrund.[13] Ich gehe davon aus, dass es zwischen den Lebenswelten von Flüchtlingen und Arbeitsmigranten Unterschiede sowie Deckungsbereiche gibt. Ich möchte in den weiteren Ausführungen die Gemeinsamkeiten herausarbeiten und, soweit erforderlich, Präzisierungen in die eine oder andere Richtung vornehmen.

3.2.1 Der Mythos der Opferrolle

‹Zwischen zwei Stühlen sitzend›, von zwei Gegensätzen (Kulturen) angezogen und angesichts dieser Spannung bewegungs- und hilflos - so werden Migranten häufig von der Majorität wahrgenommen (vgl. KRAUSE 1998 S. 272). Nach dem Identitätsmodell Eriksons, das von einem starren Identitätskern ausgeht, der im Jugendalter gebildet wird, ist es kaum vorstellbar, dass eine Person verschiedene Rollen und die jeweils dazugehörigen Identitäten haben kann, ohne in ständiger Verwirrung zu leben (vgl. ATABAY 1994 S. 24). Auf diesem Hintergrund ist es nicht verwunderlich, wenn die vermeintliche Benachteiligung, bspw. das verhältnismäßig schlechte Abschneiden der Kinder und Jugendlichen aus Migrationskontexten im Bildungssystem, mit den Identitätsproblemen dieser Individuen selbst erklärt wird, anstatt nach anderen, exogenen Benachteiligungsfaktoren zu suchen.

Die Aussage ‹Türken haben eben Probleme mit unserer Gesellschaft, weil sie einen anderen religiösen Hintergrund haben› ist ein Beispiel für ein Deutungsmuster, das von der einen an die Nation gebundenen statischen türkischen Kultur ausgeht und diese Schablone auf die in Deutschland lebenden türkischen Migranten überträgt, ohne die spezielle Lebenssituation dieser Minorität zu sehen. Diese verkürzte Betrachtungsweise von Wirklichkeit wird als «Kulturalisierung» (NIEKE 1999 S. 202) bezeichnet und geht einher mit einem starren Kultur- und Identitätsverständnis.

13 Aussiedler fallen nicht in den Projektfokus, da sie aufgrund der spezifischen Vergangenheit des Landes in dieser Form nur in der Bundesrepublik Deutschland vorkommen (vgl. AUERNHEIMER 1995 S. 59). Eine Beteiligung von Aussiedlerkindern würde die Vergleichbarkeit zwischen den beteiligten Ländern erschweren.

Die jüngere Forschung im Bereich Migration nimmt Abstand von kulturalisierenden Deutungsmustern und wendet sich der unmittelbaren Lebenswelt der Migrant/innen zu. Migrantenkinder, so die Erkenntnisse, führen weniger ein Leben zwischen zwei Kulturen, sondern sie fügen verschiedene kulturelle Elemente konstruktiv zu ihrer eigenen Kinderkultur zusammen (vgl. Brenner 2001a S. 253). Dies ist durchaus mit neueren Identitätstheorien kompatibel, die Pluralisierung und Individualisierung als Strukturmerkmale der postmodernen Gesellschaft konzeptionell berücksichtigen. Keupp u.a. verstehen die Identitätsbildung als subjektiven Konstruktionsprozess, in welchem in unterschiedlichen Lebensbereichen Identitätsbausteine gebildet und zu einem Patchwork zusammengefügt werden, was sie in ihrer Lebenswelt handlungsfähig macht (vgl. Keupp u.a. 1999 S. 7).

Identitätsarbeit generell und insbesondere in einer fremden Lebenswelt bedarf materieller, sozialer und psychischer Ressourcen (vgl. Keupp u.a. 1999 S. 53). Erstaunlicherweise gelingt es vielen Kindern mit Migrationshintergrund unter vergleichsweise ungünstigen Bedingungen relativ schnell, im Einwanderungsland Fuß zu fassen (vgl. Anderson 2000 S. 78). Sie entwickeln offensichtlich die notwendige Handlungsfähigkeit, sich die eigene Lebenswelt aktiv und nach ihren Bedürfnissen zu gestalten. Zweifelsohne müssen sie dabei eine andere Form von Identitätsarbeit leisten als Kinder des Einwanderungslandes. Sie müssen vielen verschiedenen Erwartungen gerecht werden (vgl. Atabay 1998 S. 93), sich schwierigen Entwicklungsaufgaben stellen und ihre Chancen nutzen. Sie erleben dabei eine vergleichsweise größere Bandbreite an Lebensstilen, die sie teils ohne größere Schwierigkeiten verarbeiten (DJI-Projekt «Multikulturelles Kinderleben» 2000a S. 106).

3.2.2 Faktische Benachteiligung

Neben all den positiven Potentialen und Kompetenzen der Kinder sollen jedoch die grundsätzlich schlechten Lebensbedingungen (Ressourcen) nicht schöngeredet werden. Anderson stellt fest, dass umfassende, von staatlicher Seite finanzierte Konzepte zur Förderung und Integration von Flüchtlingskindern eher die Ausnahme darstellen (vgl. Anderson 2000 S. 19). So unterbleiben in der Regel Maßnahmen zur Herstellung sozialer Akzeptanz, wie die Vorbereitung der Anwohner auf die fremden Einwanderer (vgl. ebd. S. 31), um Diskriminierungsaktivitäten zu vermindern.

Rechtlich-administrative Bedingungen schränken die Bildungschancen insbesondere von Flüchtlingen erheblich ein (vgl. Weiss u.a. 2001 S. 117). So sind Bildungsmaßnahmen häufig inadäquat und wenig effektiv. Die Eltern der Flüchtlingskinder werden nur in seltenen Fällen über die Notwendigkeit der Nutzung schulischer Bildungsangebote aufgeklärt (vgl. WEISS u. a. 2001 S. 118). Bundesländerspezifische Regelungen zur Schulpflicht und die aufgrund der rechtlichen Bestimmungen ausbleibende Anmeldung der Flüchtlinge bei Einwohnermeldeämtern sorgen für eine geringere Wahrnehmung der Schulpflicht (vgl. AUERNHEIMER 1995 S. 55). Insgesamt kann Flüchtlingskindern eine hohe Lernmotivation bescheinigt werden (vgl. HOLZAPFEL 1999 S. 166). Diese steht in scheinbarem Widerspruch zur fehlenden Zukunftsperspektive und zur Unsicherheit, ob die Ausbildung überhaupt abgeschlossen werden kann (vgl. ANDERSON 2000 S. 47).

Zu den exogenen Benachteiligungen von staatlicher und gesellschaftlicher Seite kommen endogene Faktoren hinzu. Viele Flüchtlingskinder leiden unter psychohygienischen Belastungen, die mit der noch nicht abgeschlossenen Verarbeitung von Erlebnissen in der Vergangenheit zusammenhängen. Posttraumatische Störungen führen teilweise zu psychosomatischen Beschwerden, zu Angstzuständen bis hin zu Suizidgedanken (vgl. WEISS u. a. 2001 S. 63). Kinder, die ohne ihre Familie nach Deutschland migriert sind, sind besonders von diesen Problemen betroffen.[14]

Für Kinder von Arbeitsmigranten stellt sich die Situation in der Regel nicht ganz so drastisch dar, da ihr Aufenthaltsstatus relativ stabil ist. Aber auch sie müssen mit den vielfältigen und oft unbequemen Anforderungen in einem fremden Land umgehen.

3.2.3 Wohnverhältnisse von Flüchtlingen und Arbeitsmigranten

«Asylbewerber wohnen nicht!» (TIMMEL in HOLZAPFEL 1999 S. 70).
Ein Großteil der in Deutschland lebenden Flüchtlinge ist in so genannten Sammel- bzw. Gemeinschaftsunterkünften untergebracht. Diese Unterkünfte gelten politisch als Provisorien, in welchen die Flüchtlinge leben, bis ihre Angelegenheit geklärt ist. Faktisch wohnen viele Flüchtlinge häufig mehrere Jahre dort. Drastisch überfüllte und verschmutzte Räumlichkeiten, mangelhafte Ausstattung und ein insgesamt schlechter Allgemeinzustand sind in

14 An dieser Stelle sei angemerkt, dass Kinder mit derartig schwierigen Biographien häufig besonders ausgelassenes und fröhliches Verhalten nach außen zeigen, um nicht auf ihre Probleme angesprochen zu werden (vgl. WEISS u. a. 2001 S. 73).

vielen Fällen Kennzeichen dieser Sammelunterkünfte. Schäbige Wohnkomplexe – häufig von den Soldaten der Alliierten verlassene Kasernengebäude – umfriedet von mit Stacheldraht versehenen hohen Zäunen; Drehkreuze und Pförtnerbaracken erinnern an die Gestalt von Strafvollzugsanstalten.

Die Unterkünfte sind häufig in abgelegenen Gebieten angesiedelt, häufig Industriegebiete oder soziale Brennpunkte (vgl. Holzapfel 1999 S. 93), was einer räumlichen und auch symbolischen Isolation entspricht. Hinzu kommt, dass die anliegenden Wohngebiete häufig von Familien niedrigen sozialen Status bewohnt werden, die nicht selten den Flüchtlingen feindselig, teilweise rassistisch gegenüberstehen (vgl. Anderson 2000 S. 38/52). In Rostock wurde am 24.08.1992 ein Asylbewerberheim von Neonazis in Brand gesteckt, ohne dass die Anwohner etwas dagegen unternommen hätten (vgl. Ramelsberger 2002). Aber auch jenseits von Attacken dieses erschreckenden Ausmaßes sind Kinder (zumeist verletzenden verbalen) Diskriminierungen ausgesetzt (vgl. Holzapfel 1999 S. 134).

Die Lebensbedingungen und insbesondere die Wohnverhältnisse der Arbeitsmigranten sind vergleichsweise besser einzustufen. Trotzdem ist die Situation nicht ideal, wie Auernheimer deutlich macht. «Fast die Hälfte türkischer Familien ist abgedrängt in Wohnquartiere mit Altbausubstanz, geringem Komfort und zum Teil dürftiger Infrastruktur oder in Quartiere, die aus anderen Gründen für einheimische Arbeiter unattraktiv geworden sind (Nähe zur Industrie, hoher Grad der Luftverschmutzung, Trabantensiedlungen)...» (Auernheimer 1995 S. 48). Als Konsequenz leben viele Arbeitsmigrantenfamilien in ‹Ausländervierteln›, die durch soziale Isolation gegenüber der Einwanderungsgesellschaft integrationshindernd sind (vgl. ebd.).

3.2.4 Familie und Generationenverhältnis

In dieser besonderen Lebenssituation lassen sich Veränderungen bezüglich des Generationenverhältnisses und damit eine binnenfamiliäre Dynamik feststellen (vgl. Stüwe 1988 S. 65). Erwachsene aus Migrations- bzw. Fluchtkontexten erleben sich in einer Situation, in welcher ggf. die Sozialisation des Herkunftslandes keine oder nur begrenzte Gültigkeit mehr besitzt (vgl. Sternecker & Treuheit 1994 S. 48). Sie haben u.U. ihre Berufstätigkeit verloren, ihren Besitz und damit den sozialen Status. Viele leben von Sozialhilfe und befinden sich am unteren Rand der Gesellschaft. Das soziale Netzwerk im Heimatland ist vom Zeitpunkt der Flucht/der Migration an getrennt bzw. stark beeinträchtigt, und es ist eine schwierige und mühsame

Aufgabe, neue soziale Netzwerke im Einwanderungsland aufzubauen (vgl. ANDERSON 2000 S. 34). Veränderungen des Selbstwerts hin zur Depression sind keine Seltenheit. Arbeitsmigrantenfamilien konnten in der Regel die Einwanderung längerfristig planen, doch auch sie müssen der neuen Sprache mächtig werden, Behördengänge unternehmen und sich teilweise vergeblich um Arbeit bemühen.

Die Kinder von Flüchtlingen, so Studien des DJI, gehen mit der schlagartigen Veränderung der Lebenswelt tendenziell produktiver um als die Erwachsenen. Häufig unvoreingenommen suchen sie Freundschaften zu anderen Kindern in ihrer Wohnumgebung. Sprachdefizite und Verständigungsschwierigkeiten nehmen sie als weniger problematisch wahr. Sie kompensieren diese durch den spielerischen Einsatz von Händen und Füßen (vgl. ANDERSON 2000 S. 38). Sie suchen ihre Freunde und Spielkameraden häufig unabhängig von nationalen oder kulturellen Zugehörigkeiten aus, und schaffen dadurch auch Brücken zwischen erwachsenen Angehörigen verschiedener Kulturen (vgl. ebd.).

In der Rolle des Dolmetschers bei Gesprächen der Eltern mit bspw. Angehörigen von Behörden erleben sich die Kinder in einer verantwortungsvollen Position. Es lässt sich sagen, dass Flüchtlings- und Migrantenkinder aufgrund ihrer speziellen Situation eine Form von Verantwortung übernehmen müssen, die deutsche Kinder im selben Alter in der Regel noch nicht kennen. So wird Flüchtlingskindern bescheinigt, dass sie auffallend reife und reflexive Gedanken in Bezug auf Vergangenes und Bevorstehendes entwickeln (vgl. ebd. S. 35).

Der beschriebene Kompetenzvorsprung[15] kann aber auch negative Auswirkungen auf die Psychohygiene der Kinder und auf das Familienklima haben. Kinder und Eltern tauschen teilweise die Rollen. Ein Zustand, der auf beiden Seiten zu Irritationen und Problemen führt. Die Eltern fühlen sich im Bezug auf Alltagshandlungskompetenzen im Einwanderungsland

15 Ein Kompetenzvorsprung der Kinder gegenüber ihren Eltern ist nur dann zu erwarten, wenn beide gleichzeitig in das Aufnahmeland migriert sind. Dies ist bei Flüchtlingen häufiger der Fall als bei Arbeitsmigrantenfamilien. In Arbeitsmigrantenfamilien gibt es ein gebräuchliches Modell, bei dem zunächst ein Elternteil migriert (meistens der Vater), sich in der neuen Umgebung eine finanzielle und soziale Basis schafft und anschließend Frau und Kinder nachholt.

teilweise von ihren Kindern überholt, sie sehen ihre Autorität in Frage gestellt (vgl. ebd. S. 33/34). Die Kinder können angesichts der hohen Belastung überfordert werden, insbesondere auch emotional. Als Dolmetscher werden sie u. U. mit schwierigen Inhalten konfrontiert (Krieg und Verbrechen im Heimatland), die sie teilweise als Bilder im Kopf haben und nun im Detail verbalisieren müssen.

3.2.5 Freundschaft – ein zentrales Thema

«Uli: Ohne Freunde wär' mir halt ganz langweilig»
(Du Dois-Reymond u. a. 1994 S. 76).

Freundschaft ist ein handlungsleitendes Thema des Kindheitsalters. Kinder brauchen Spielgefährten, mit denen sie materielle Dinge und Aktivitäten, die Spaß machen, teilen können (vgl. Baacke 1991 S. 259). Die KIM Studie 2000 bestätigt die hohe Bedeutung des Themas Freundschaft für Kinder im Alter von 6 bis 13 Jahren (vgl. Medienpädagogischer Forschungsverbund Südwest 2001 S. 11). Auch die qualitative Studie von Kommer kommt zu einem ähnlichen Ergebnis (vgl. Kommer 1996 S. 135).

Gegenseitiger Respekt, das Teilen von Gedanken und Gefühlen, ist vor allem bei älteren Kindern ein grundlegendes Merkmal von Freundschaft (vgl. Baacke 1991 S. 259). Für Migrantenkinder, die erst seit kurzer Zeit im Einwanderungsland leben, ist Freundschaft in besonderer Weise relevant. Sie wurden ihrem sozialen Netzwerk, das über Jahre hinweg langsam aufgebaut werden konnte, entrissen und stehen nun vor der Aufgabe, neue Freundschaften aufzubauen. Es ist anzunehmen, dass Migrantenkinder auf dem Hintergrund ihrer besonderen Lebenslage Freundschaft anders, vielleicht existentieller wahrnehmen als die Peers des Einwanderungslandes, die einen solchen Bruch nicht erfahren haben.

Die teilweise wenig attraktiven Wohnbedingungen von Flüchtlingen und Arbeitsmigranten können einen negativen Einfluss auf die Kontaktaufnahme mit potentiellen Spielgefährten der Aufnahmegesellschaft haben. Zum einen fehlt den Kindern in und um die Wohnanlagen und Unterkünfte der nötige Platz zum Spielen, zum anderen schämen sich manche Kinder ihrer schäbigen Wohnverhältnisse (vgl. Anderson 2000 S. 52), und sind aus diesem Grund, was die Einladung von (einheimischen) Kindern angeht, eher zurückhaltend.

3.2.6 Spracherwerb

Die sprachliche Situation von Migrantenkindern ist in manchen Fällen durch das Phänomen der ‹doppelten Halbsprachlichkeit› gekennzeichnet. Diese Kinder operieren in beiden Sprachen mit einem Vokabular von wenigen 100 Wörtern, was zur Alltagsbewältigung ausreicht. Bei komplexeren Situationen scheitern die Kinder jedoch in beiden Sprachen (vgl. ATABAY 1994 S. 55/56). GRANATO kommt zur Einschätzung, dass sich das Phänomen der doppelten Halbsprachlichkeit in vielen Fällen nicht halten lässt. «Entgegen landläufigen Vorurteilen sprechen und verstehen (knapp) 90% der Kinder mit türkischem Hintergrund ihrer Einschätzung nach gut Deutsch. Gleichzeitig verstehen und sprechen mindestens 70% gut Türkisch» (vgl. GRANATO 2000).

Trotzdem lassen sich Sprachschwierigkeiten nicht leugnen. Tatsache ist, dass die Muttersprache insgesamt nur unzureichend gefördert wird – das gilt vor allem für die Schriftsprache. Die schulischen Möglichkeiten sind begrenzt bzw. werden nicht voll ausgeschöpft. Nicht in allen Muttersprachen kann Unterricht angeboten werden, und die muttersprachlichen Lehrer/innen sind oft unzureichend ausgebildet (vgl. ATABAY 1994 S. 60). Auch die deutschsprachigen Lehrer/innen sind in vielen Fällen nicht speziell dafür ausgebildet, Deutsch als Zweitsprache zu unterrichten.

Ob und inwieweit Kenntnisse in der englischen Sprache vorhanden sind, hängt u. a. davon ab, ob Englisch Teil der Erfahrungswelt der Kinder ist. Wird in ihrer Umgebung (z. B. Gemeinschaftsunterkunft von Flüchtlingen) auch Englisch gesprochen, so ist es wahrscheinlich, dass englische Sprachkompetenzen aus alltagspraktischen Gründen von den Kindern angeeignet werden. Ein weiterer wichtiger Zugang zur englischen Sprache wird den Kindern in der Schule angeboten. In der Vorbereitungsklasse, die die Mitglieder des CHICAM Clubs an der am Projekt beteiligten Hauptschule besuchten, war die englische Sprache Bestandteil des Curriculums. Das zentrale Anliegen der Vorbereitungsklassen ist jedoch die Vermittlung der deutschen Sprache.

3.2.7 Freizeitaktivitäten

Die Freizeitaktivitäten speziell der Flüchtlingskinder sind eingeschränkt. Die Teilnahme an kostenpflichtigen Kursen und Angeboten (wie z. B. das Erlernen eines Musikinstruments) ist nur in Ausnahmefällen möglich. Musisch-kreative Angebote werden dann vor allem von Mädchen genutzt (speziell Theater, Tanz) (vgl. DJI-PROJEKT «MULTIKULTURELLES KINDERLEBEN» 2000a S. 28).

Sport ist eine der beliebtesten Freizeitaktivitäten (vgl. ebd.). Gute Leistungen im Sport dienen auch der Integration und der sozialen Anerkennung, wenn bspw. der ortsansässige Fußballverein durch die Leistung eines Migrantenkindes aufsteigt (vgl. ANDERSON 2000 S. 61). Tendenziell ist das Freizeitverhalten der Flüchtlings- und Migrantenkinder weniger stark durchstrukturiert als das der einheimischen Kinder (vgl. ebd. S. 63).

Während Kinder der Einwanderungsgesellschaft häufig Freizeitmanager sind, für die feste Termine ein wichtiges kulturelles und soziales Lern- und Erfahrungsfeld darstellen (vgl. DU BOIS-REYMOND u.a. 1994 S. 86), sind Migrantenkinder weniger termingebunden und haben dadurch mehr individuellen Spielraum, der unterschiedlich intensiv und befriedigend genutzt wird. Offene Angebote werden nur dann genutzt, wenn sie im sozialen Nahraum verortet sind. Viele Eltern können ihre Kinder nicht, wie Eltern der Peers der Aufnahmegesellschaft, mit dem Auto von A nach B fahren (DJI-PROJEKT «Multikulturelles Kinderleben» 2000a S. 31).

Bei pädagogischen Angeboten für Flüchtlingskinder ist erfahrungsgemäß die Einbeziehung der Eltern von großer Bedeutung, sollen die Angebote die Kinder auch tatsächlich erreichen. Die Eltern sind in der Regel sehr daran interessiert, was ihre Kinder machen, mit wem sie Umgang haben und was sie lernen. In diesem Zusammenhang müssen Methoden der Vermittlung von Projektideen bzw. Workshopinhalten angewandt werden, die den kommunikativen Fähigkeiten der Eltern entsprechen (vgl. ebd. S. 35). Durch Vorgespräche lassen sich Barrieren und Ängste abbauen und eine Kontinuität der Teilnahme der Kinder fördern (vgl. ANDERSON 2000 S. 32). Von Vorteil ist es in diesem Zusammenhang auch, wenn sich die Familien der an den Angeboten teilnehmenden Kinder bereits kennen (vgl. DJI-PROJEKT «Multikulturelles Kinderleben» 2000a S. 35).

3.2.8 Mediennutzung

«Lower family income means that migrant teenagers tend to have less access to costly leisure activities, innovative means of communication and computers» (VIENNA INTEGRATION FUND 2000 S. 58).

Studien zur Mediennutzung von Migrantenkindern liegen zwar vor, jedoch beziehen sich diese meist auf türkische Kinder und (vor allem) Jugendliche. Flüchtlingskinder wurden in diesem Zusammenhang bislang nicht beforscht. Zur produktiven Mediennutzung (Gestaltung) von Kindern aus Migrations- und Fluchtkontexten liegen keine Studien vor (vgl. HOLZWARTH & MAURER 2002).

3.2.8.1 Audiovisuelle Medien

99% aller Haushalte der türkischen Wohnbevölkerung besitzen einen Fernseher, 74% besitzen ein Videogerät, Kabelempfangsmöglichkeiten haben 44%, Satellitenempfangsmöglichkeit 71%. (vgl. ZENTRUM FÜR TÜRKEISTUDIEN 1996).[16] GRANATO hat in ihrer Studie «Freizeitgestaltung und Mediennutzung bei Kindern türkischer Herkunft» 255 Kinder türkischer Herkunft im Alter von 6–13 Jahren befragt. Sie stellt fest, dass «Kinder türkischer Herkunft (...) besonders häufig Zeichentrickfilme (71%), Sendungen für Kinder (66%) und Sendungen, die täglich laufen (55%)» (... sehen). «Daneben stehen Filme für die ganze Familie (41%), (Pop)-Musiksendungen (36%) und Sendungen über Tiere (28%) im Vordergrund der wöchentlich mehrmals genutzten Fernsehgenres. Auch Actionfilme (27%), Sportsendungen (23%) und Show- und Quizsendungen (22%) werden mehrmals wöchentlich gesehen» (GRANATO 2000). Der Fernsehkonsum von Migrantenkindern ist tendenziell höher als der von Kindern mit deutschem Hintergrund, so eine Studie des WDR (HOLZAPFEL 1999 S. 108). Auch die Shell Jugendstudie kommt zum Ergebnis, dass insbesondere türkische Jugendliche höhere Fernsehzeiten angeben als ihre deutschen Peers (vgl. SHELL 2000a S. 204). Fernsehen wird u.a. deshalb bevorzugt, weil fehlende Sprachkompetenzen durch Bildinformationen ergänzt werden (vgl. ECKHARDT 2000 S. 268). Das deutschsprachige Radio spielt dagegen (bei Migranten mit türkischem Hintergrund) eine relativ geringe Rolle, weil keine visuellen Informationen vorhanden sind (vgl. GÜNTÜRK 2000, S. 278).

FISCHER (2000 S. 111) weist darauf hin, dass soziale Rahmenbedingungen wie beengte Wohnverhältnisse oder ein geringes Anregungsmilieu durch die Eltern einen extensiven Fernsehkonsum fördern können.

16 Für die Befragung zur Mediennutzung der Menschen mit türkischem Migrationskontext in Deutschland wurden 2052 Privathaushalte telefonisch kontaktiert (GÜNTÜRK 2000 S. 272).

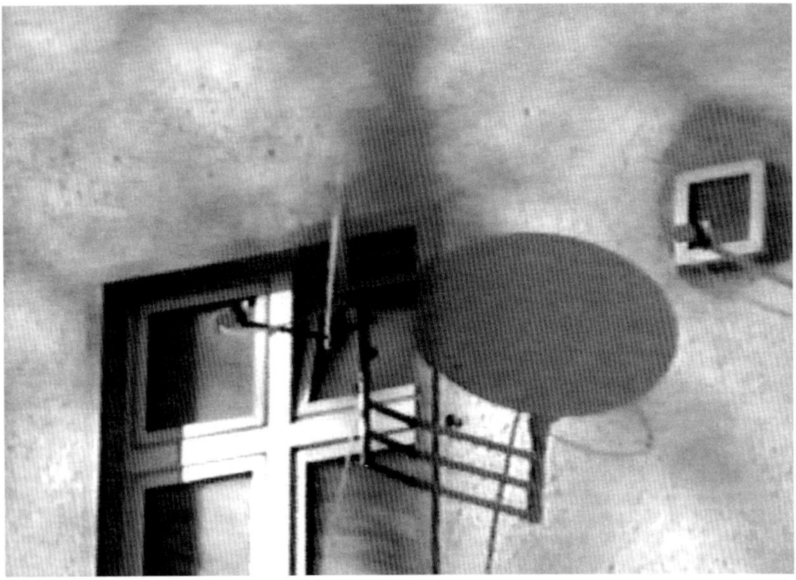

Abbildung 2: Satellitenschüssel in einer Gemeinschaftsunterkunft für Flüchtlinge in Schwäbisch Gmünd.

Von der Nutzungsfrequenz und der Rezeption von Programmen aus den Herkunftsländern[17] abgesehen, unterscheiden sich die Fernsehgewohnheiten und -präferenzen von Kindern aus Migrationskontexten kaum von denen ihrer deutschen Peers. 63% der von GRANATO befragten Kinder mit türkischem Familienhintergrund sehen lieber deutschsprachiges Fernsehen, 30% deutsch- und türkischsprachiges gleich gern. Eine eindeutige Präferenz für türkischsprachiges Fernsehen haben nur 7% der Kinder (vgl. GRANATO 2000).

Es ist anzunehmen – und das haben auch die Erfahrungen aus der CHICAM Pilotphase gezeigt – dass der Zugang zum Medium Fernsehen für Flüchtlingskinder in ähnlicher Weise gegeben ist wie für Kinder von Arbeitsmigranten und dass sie auch ähnliche Nutzungsprofile etabliert haben.

17 Seit 1996 können 15 türkischsprachige Fernsehprogramme empfangen werden (vgl. Bundesministerium für Familie, Senioren, Frauen und Jugend 1998 S. 72).

3.2.8.2 Neue Medien

Die neuen Medien werden inzwischen auch in Migrantenfamilien zunehmend genutzt. Das Internet nutzen beispielsweise 23% der im Rahmen der Shell-Jugendstudie befragten nicht-deutschen Jugendlichen (vgl. SHELL 2000a S. 203). Vergleichsweise nutzen 25% der Jugendlichen mit deutschem Hintergrund dieses Medium. Es sind jedoch insbesondere die älteren Jugendlichen (18–21; Studenten) und bei den türkischen Internetnutzern im Verhältnis vor allem die männlichen Jugendlichen, die mit dem Internet zu tun haben. Die nicht-deutschen Nutzer verbringen jedoch verhältnismäßig mehr Zeit im Internet als deutsche jugendliche Nutzer (vgl. SHELL 2000a S. 202/203).

Was die Nutzung der neuen Medien angeht, so liegen wenige Untersuchungen vor, die speziell das Kindheitsalter in den Blick nehmen. Grundsätzlich scheint die Verfügbarkeit des Mediums Computer und Internet in Migrantenfamilien aber zu steigen, zumal auch hinzukommt, dass die neuen Medien nun verstärkt in schulische Kontexte eingebunden werden. In Bezug auf die Nutzung von Computer und Internet scheint es jedoch einen deutlichen Unterschied zwischen Flüchtlingskindern und Kindern von Arbeitsmigranten zu geben.[18]

18 Von 12 Flüchtlingskindern, die an der Pilotphase von CHICAM teilgenommen haben, hatten nur drei Kinder bereits Computererfahrungen gesammelt. Zwei davon im Rahmen ihres freiwilligen Schulbesuchs und eines bei Familienangehörigen, die bereits seit längerer Zeit mit stabilem rechtlichen Status in Deutschland leben. Die Erfahrungen aus der CHICAM Pilotstudie haben gezeigt, dass die Kinder z. B. Schwierigkeiten mit dem Umgang mit der Maus hatten und für einfache Abläufe viel Zeit benötigten. Auch die Texteingabe auf der Tastatur bereitete Probleme.

3.3 Zusammenfassung

Da die von mir unternommene Darstellung der Lebenssituation von Migranten- und Flüchtlingskindern auf einer Auswahl der wenigen vorhandenen Untersuchungen zu diesem Thema basiert, muss an dieser Stelle darauf hingewiesen werden, dass mit potentiellen Verallgemeinerungen sensibel umgegangen werden muss. Das Kapitel möchte dem Leser einen groben Einblick in die Lebenswelten der Zielgruppe von CHICAM verschaffen, nicht aber die empirische Realität detailliert darstellen. Es soll nicht der Eindruck entstehen, Migrantenkinder in Deutschland seien eine homogene Population, denn das Gegenteil ist der Fall. Zwar teilen sie die Migrationserfahrung, sie sind ansonsten aber sehr unterschiedlich; und angesichts der neuen Eindrücke und des Assimilationsdrucks in einem fremden Einwanderungsland durchaus auch darauf bedacht, ihre eigene Persönlichkeit zu bewahren und auch nach außen zu zeigen.

Der landläufige defizitorientierte Blick auf Migranten ist in der jüngeren Migrationsforschung einer Auffassung gewichen, die die Kompetenzen betont, die sich viele Migranten(kinder) aufgrund ihrer spezifischen Lebenslage angeeignet haben. Zwar sind die Rahmenbedingungen vergleichsweise schlechter als bei Kindern der Einwanderungsgesellschaft aber viele junge Migranten gehen mit ihrer Situation produktiv um und nutzen für sich die (eingeschränkt) vorhandenen Ressourcen. Die Kinder sind häufig unvoreingenommen, bildungsmotiviert[19] und gesellig. Sie verfügen über Kompetenzen, die andere Kinder teilweise (noch) nicht besitzen. Sie gehen teilweise mit Sprachen spielerisch-experimentell um und eignen sie sich häufig ohne große Mühe an. Sie nutzen Medien und teilen Medienerfahrungen und -präferenzen mit den Kindern der Aufnahmegesellschaft (Fotografie, Video und Fernsehen).

19 Häufig ist die Bildungsmotivation von Flüchtlingskindern höher als die der Kinder von Arbeitsmigranten. Das hängt u. a. mit den teilweise unterschiedlichen Bildungsniveaus beider Gruppen zusammen. Flüchtlinge stammen aus allen Gesellschaftsschichten also auch aus Bildungsbürgertum und Oberschicht, während Arbeitsmigranten eher aus der Arbeiterschaft stammen und formal niedrigere Bildungsabschlüsse vorweisen können (vgl. Berg 2000 S. 83/84).

Folgende Gesichtspunkte können für das medienpädagogische Rahmenkonzept für CHICAM von Bedeutung sein:

- Aufgrund möglicher traumatischer Erfahrungen der (Flüchtlings-) Kinder sollte mit medienpädagogischen Strukturangeboten, die explizit die Verarbeitung von Erfahrungen aus der Vergangenheit betreffen, sehr sensibel umgegangen werden. Bildhafter Ausdruck bietet zwar günstige Bedingungen, um an verschütteten und tabuisierten Themen zu arbeiten, was aber nicht bedeuten darf, dass die Kinder zur Verarbeitung gedrängt werden. Der Selbstausdruck mit Medien sollte vielmehr als Angebot und als Möglichkeit gesehen werden, die von den Kindern individuell für die Vergangenheitsverarbeitung genutzt werden können oder eben nicht.
- Für das Gelingen des Projekts kann ein sensibler Umgang mit den Erziehungsberechtigten von entscheidender Bedeutung sein.
- «Die Aufgeschlossenheit der Familien gegenüber außerfamiliären Interessen und Aktivitäten ihrer Kinder sind (...) wesentliche Faktoren für ein multikulturelles Erleben» (DJI-Projekt «Multikulturelles Kinderleben» 2000 S. 68).
- Eltern wollen wissen, was ihre Kinder tun, wo sie sich aufhalten, wann sie nach Hause kommen etc. In bestimmten Kontexten und religiösen Orientierungen sind insbesondere bei Mädchen restriktive Erziehungspraktiken verbreitet. Gerade hier ist die Transparenz der pädagogischen Maßnahmen für die Eltern ein entscheidendes Kriterium für eine kontinuierliche Teilnahme ihrer Kinder. So sind vorab Rahmenbedingungen über Inhalt und zeitlichen Ablauf der Projektarbeit ggf. mit den Eltern und Kindern auszuhandeln und auf eine strikte Einhaltung der Bedingungen zu achten. Falls Arbeitsprozesse, was bei Medienprojekten durchaus vorkommen kann, verlängert werden müssen, so ist das Einverständnis der Eltern in jedem Fall vorab einzuholen.
- Für die Information der Eltern über Ziele und Inhalte des Projekts CHICAM sollten Materialien verwendet werden, die von den Eltern verstanden werden können (kein textlastiges Dokument). Insbesondere sollte dabei deutlich werden, welche Kompetenzen die Kinder aus dem Projekt mitnehmen können.

- Angesichts etwaiger wenig attraktiver Wohnbedingungen sollte auf die Wahrung der Privatsphäre Rücksicht genommen werden, insbesondere wenn die Kinder keine Aufnahmen in ihrer Wohnung machen wollen bzw. wenn die Eltern dies nicht gestatten.
- Medienpädagogische Interaktion im CHICAM Club muss etwaigen Sprachschwierigkeiten der Kinder didaktisch und methodisch Rechnung tragen.
- Gemeinsame Medienerfahrungen im audiovisuellen Bereich können wohl vorausgesetzt werden. Was die Vorerfahrungen mit dem Computer angeht, sollte nicht zu viel erwartet und entsprechende Einführungen in die Computerbedienung im medienpädagogischen Konzept vorgesehen werden.
- Im Sinne der Subjektorientierung sollten im Vorfeld die individuellen Medienerfahrungen der Kinder in den CHICAM Clubs erhoben werden, um gezielt an Lieblingsgenres, inhaltlichen und ästhetischen Präferenzen anknüpfen und Lernprozesse an Bekanntem kristallisieren lassen zu können. Auf diese Weise wird einer Auffassung von Didaktik Rechnung getragen, die beansprucht, die Subjekte bei der Planung der Lernprozesse mit einzubeziehen.
- Migrantenkinder sind nicht gleich, sondern haben individuelle Stärken, Interessen, Wünsche und Neigungen. Die Medienpädagogische Begleitung sollte daher nicht den Anspruch haben, ausschließlich Gruppenproduktionen erstellen zu lassen. Es sind ggf. Formen der inneren Differenzierung sinnvoll, die es Kleingruppen und auch Einzelpersonen ermöglichen, nach eigenen Vorstellungen Medienproduktionen zu erstellen.

4 Theorie und Praxis interkultureller Medienarbeit

Das Potential von Medien für interkulturelle Verstehensprozesse wurde in den letzten Jahren zunehmend erkannt und europaweit für pädagogische Aktivitäten im Rahmen der Kinder- und Jugendarbeit genutzt. Eine Recherche, die im Rahmen der Bearbeitung des CHICAM Projekt-Workpackages 1 durchgeführt wurde, erfasste eine Vielzahl an interkulturellen medienpädagogischen Projekten in Deutschland, die im Zeitraum von 1998 bis 2002 durchgeführt wurden.[20] Institutionen, die interkulturelle Medienarbeit anbieten, stammen überwiegend aus dem außerschulischen Bereich. Das Spektrum reicht vom Bürgerfunk über offene Kanäle[21], Jugend- und Medienzentren bzw. Filmclubs, die einen besonderen Schwerpunkt auf interkulturelle Arbeit gelegt haben, hin zu Onlineplattformen und Magazinen zu interkulturellen Themen.

Im Folgenden geht es darum, zentrale Kriterien und Zielstellungen der interkulturellen Jugendmedienarbeit zu sichten (vgl. Problembereich B), im Kontext der aktiven Medienarbeit bzw. der interkulturellen Pädagogik zu verorten und mit der intendierten Projektpraxis von CHICAM in Verbindung zu bringen. Ausgehend von den erarbeiteten Kriterien werden Fragestellungen zur Didaktik interkultureller Jugendmedienarbeit entwickelt. In diesem Zusammenhang werden einerseits die spezifischen Potentiale audiovisueller Medien für interkulturelle Verstehensprozesse beleuchtet. Andererseits werden unterschiedliche Strategien für den Umgang mit Mehrsprachigkeit und Sprachschwierigkeiten diskutiert.

4.1 Qualitätskriterien interkultureller Jugendmedienarbeit

Im April 2002 fand in Düsseldorf die Tagung «CrossCulture – Konzepte und Qualitätskriterien interkultureller Jugendmedienarbeit» statt, die u.a. vom Jugendfilmclub in Köln und dem Netzwerk CrossCulture[22] organisiert wurde.

20 Vgl. Holzwarth & Maurer 2002.
21 Z.B. http://www.isi-tv.de (Zugriffsdatum: 25.05.2004).
22 Vgl. http://www.crossculture.de (Zugriffsdatum: 25.05.2004).

Im Kreise von Praktikern und Wissenschaftlern wurden Überlegungen zu Qualitätskriterien interkultureller Medienarbeit angestellt[23], die in der Zwischenzeit mehrmals systematisiert und in verschiedenen Zusammenhängen publiziert wurden (vgl. z.B. BÜRGERMEISTER & DÜX 2002 S. 11 und DÜX 2002). Der jüngste Kriterienkatalog (BÜRGERMEISTER & DÜX 2002) vereinigt Grundsätze der aktiven, handlungsorientierten Medienarbeit und Prinzipien der interkulturellen Pädagogik.

4.1.1 Lebensweltorientierung – Partizipation – Kommunikation – Medienkritik

«Interkulturelle und internationale Jugendmedienarbeit geht von den Lebenswelten Jugendlicher aus (…).» Sie *«… nutzt Medien, um Kommunikations- und Identifikationsprozesse anzuregen»* und sie *«… schafft Öffentlichkeit für Jugendliche»* (BÜRGERMEISTER & DÜX 2002 S. 11).

4.1.1.1 Lebensweltorientierung

Lebensweltorientierung – die Orientierung an der individuellen materiellen, kulturellen und sozialen Ausgangslage der Kinder und Jugendlichen – ist ein zentraler Anspruch der aktiven Medienarbeit. Die Lebenswelt der Subjekte soll nicht nur bei der Planung von Lernprozessen durch die Pädagogen im Vordergrund stehen, sondern auch Gegenstand des Prozesses selbst sein (vgl. SCHELL 1999 S. 52). Die Produzent/innen haben die Chance sich durch die Bearbeitung eigener Themen, die ihren Ursprung in ihrer Lebenswelt haben, selbst bewusster zu werden (Wer bin ich? Woher komme ich? Warum bin ich so, wie ich bin? etc.). Derartig selbstreflexive Prozesse können dazu beitragen, eigene Interessen, Bedürfnisse und Fähigkeiten zu erkennen und zu entfalten (vgl. SCHELL 1999 S. 41; MAURER 2001b S. 104). Zudem wird eine Basis für interkulturelles Verstehen gelegt. Denn allem Fremdverstehen – so eine zentrale Annahme im Kontext der interkulturellen Pädagogik – sollte in der Regel Selbstverstehen – insbesondere die Bewusstwerdung des eigenen Ethnozentrismus – vorausgehen (vgl. OTTEN 1994 S. 24; vgl. NIEKE 1999 S. 204).

Traditionelle Massenmedien wie Hörfunk und Fernsehen sind nach wie vor integraler Bestandteil der Lebenswelten von Kindern und Jugendlichen. BAACKE u.a. (1990) prägten in diesem Zusammenhang den Begriff der

23 Im Rahmen dieser Tagung präsentierte ich gemeinsam mit PETER HOLZWARTH (Projektmitarbeiter von CHICAM) das Projekt CHICAM.

«Medienwelten». Eine subjektorientierte Medienarbeit mit Kindern und Jugendlichen integriert daher Massenmedien in medienpädagogische Prozesse und knüpft damit an den subjektiven Mediennutzungsgewohnheiten und -präferenzen der Jugendlichen an (vgl. SCHELL 1999 S. 114).

4.1.1.2 Öffentlichkeit und Partizipation

Auch die Schaffung von Öffentlichkeit und die Partizipation an gesellschaftlicher Realität sind zentrale Anliegen der aktiven Medienarbeit. Beides lässt sich zurückführen auf die Videobewegung der 70er und 80er Jahre bzw. auf die Arbeiterradiobewegung der 20er Jahre. Damals sollten Gegenöffentlichkeiten zu den massenmedial vorproduzierten Medieninhalten geschaffen werden (vgl. SCHELL 1999 S. 37). Durch den produktiven Umgang mit Medien bis hin zur Präsentation vor verschiedenen Öffentlichkeiten konnte eine wechselseitige Medien-Kommunikation ermöglicht werden, die nicht nur auf das Subjekt – in welcher Form auch immer – einwirkt, sondern nun auch dem handelnden Willen des Subjekts unterliegt (vgl. SCHORB 1995 S. 52).

Der Partizipationsgedanke ist auch heute noch aktuell und bekommt politische Bedeutung, wenn z.B. Jugendliche durch das Medium Video ihre Meinung sagen, auf Missstände aufmerksam machen, oder wenn sie sich gegen öffentliche Angriffe (z.B. die bevorstehende Schließung eines Jugendhauses) audiovisuell zur Wehr setzen (vgl. z.B. SCHELL 1999 S. 208ff.). Minderheiten, die ansonsten in den Medien ggf. unterrepräsentiert sind, bekommen die Möglichkeit, Teil des gesellschaftlichen Diskurses zu werden. Sie können mit Medien Kommunikationsangebote für andere machen und dadurch die eigene Lage, Sichtweise und Position anschaulich darstellen und mit der Majorität ins Gespräch kommen (Give them a voice).[24]

24 So hat z.B. eine Gruppe muslimischer Mädchen einen Film über das Tragen von Kopftüchern und den damit verbundenen gesellschaftlichen Schwierigkeiten gedreht. Der Film mit dem Titel «Enthüllungen» wurde im Rahmen des Medienprojekts der Stadt Wuppertal produziert und vertrieben. Die Institution Durchblick e.V. in München unterstützt Filmarbeit mit Personengruppen, «... die in den Medien nicht vertreten sind, die stigmatisiert oder Randgruppen sind» (vgl. LANGE 1993, S.10). Professionelle Filmemacher/innen arbeiten über einen längeren Zeitraum (ca. ein halbes Jahr) mit einer Person/Gruppe (z.B. Flüchtlingskinder) zusammen. Wichtige Ziele sind die Verarbeitung von prägenden (Flucht-) Erfahrungen, das Zurechtrücken von verzerrten Bildern und Vorurteilen und das Auslösen von Denkprozessen in der Öffentlichkeit.

Auf diesem Wege rücken übergreifende Ziele der interkulturellen Pädagogik wie der Aufbau von Akzeptanz und Toleranz gegenüber anderen Lebensformen und Orientierungen (vgl. NIEKE 2000 S. 207) ggf. in greifbare Nähe. Die motivierende Wirkung einer öffentlichen Vorführung von selbstgemachten Medienprodukten ist ein weiterer Grund dafür, weshalb aktive Medienarbeit ohne Öffentlichkeit kaum vorstellbar ist.

«All products, with the agreement of the young producers, should be presented to the public, to produce a discussion between producer and viewer, to support the possibility for public reaction and to produce feelings of success and motivation for continuing work with media» (GOECKE 2000 S. 62).

4.1.1.3 Medienkritik

Das Qualitätskriterium ‹Medienkritik› bezieht sich auf die Analyse von ethnisierenden und kulturalisierenden Medienbildern (vgl. BÜRGERMEISTER & DÜX 2002 S. 11). Produktive Medienarbeit birgt die Möglichkeit, etwaige stereotype Bilder spielerisch aufzulösen und neue zu entwerfen (vgl. ebd.). Medienkritik im Allgemeinen lässt sich als Teilkompetenz der übergeordneten pädagogischen Ziele ‹Emanzipation› und ‹Mündigkeit› verstehen. Mündigkeit ist die Fähigkeit, gesellschaftliche Bedingungen und Wertvorstellungen zu erfassen, zu hinterfragen und im Hinblick auf eigenes Handeln zu bewerten (vgl. BÖHM 1994 S. 481). Emanzipation meint die Befreiung des Menschen aus seiner selbstverschuldeten Abhängigkeit, die auf hierarchischen Herrschaftsstrukturen basiert (vgl. SCHIEFELE in SCHORB 1995 S. 186). Auf diesem Hintergrund ist Medienkritik die Fähigkeit, sich bewusst im Mediennetz zurechtzufinden (vgl. SCHELL 1999 S. 14), «… Zwänge und Abhängigkeiten der Medienproduktion zu erkennen, die zur Fremdbestimmung beitragen» (SCHELL 1999 S. 51). Im aktiv-produktiven Umgang mit Medien, so ein Konsens in der medienpädagogischen Community, können medienanalytische und medienkritische Kompetenzen handlungsorientiert angeeignet werden.

«The critical and analytical skills which can be developed through active deconstruction of media output enable media consumers to question what they see, hear, read or log-on to» (JENKINS 2000 S. 11).

Es ist ein wesentliches Ziel handlungsorientierter Medienpädagogik, den Kindern und Jugendlichen einen Einblick in die mediale Konstruktion von Wirklichkeit zu ermöglichen (vgl. TULODZIECKY 1997 S. 155). Was bei TULODZIECKY noch relativ allgemein formuliert wird, spitzt RÖLL im Rahmen seiner Überlegungen zu einem wahrnehmungsorientierten Ansatz in der Medienpädagogik zu. Bilder, so Röll, richten unbewusste, symbolische Botschaften an die Zuschauer. Dies geschieht durch entsprechende Bildgestaltung, Musikauswahl und Montage. Röll hält es medienpädagogisch für bedeutsam, die Wahrnehmungsfähigkeit der Kinder und Jugendlichen eben hinsichtlich jener Gestaltungsmittel zu fördern, ihnen die Polivalenz von Bildern nahezubringen (vgl. Röll 2000 S. 8). Denn Wahrnehmung sei verschüttet von blockierenden Alltagserfahrungen. Auf dem Weg hin zur bewusstseinsbildenden «authentischen Erfahrung» (vgl. Schorb 1995 S. 186) ist die Sensibilisierung der Wahrnehmung ein Schritt.

4.1.2 Benachteiligung – Integration – Gemeinsame Handlungsfelder

«*Interkulturelle und internationale Jugendmedienarbeit bietet benachteiligten Jugendlichen Integrations- und Beteiligungschancen*» (Bürgermeister & Düx 2002 S. 11), sie «*...eröffnet Jugendlichen mit unterschiedlichen kulturellen Backgrounds gemeinsame Handlungsfelder*» (ebd.).

4.1.2.1 Benachteiligung und Chancengleichheit

Die Bezeichnung ‹benachteiligte Jugendliche› meint nicht, dass die Jugendlichen gewissermaßen endogen benachteiligt sind (z. B. durch niedrige Intelligenz), sondern dass sie angesichts fehlender und begrenzter Ressourcen aus benachteiligenden Verhältnissen stammen. Diese Erkenntnis ist keinesfalls banal, da gerade in der Tradition der interkulturellen Pädagogik (Ausländerpädagogik) Jugendliche aus Migrationskontexten als defizitäre Wesen wahrgenommen werden, deren Mängel durch eine gezielte pädagogische Intervention kompensiert werden müssen (vgl. Hoff 1996 S. 85). Die Herstellung von Chancengleichheit – die Kompensation der benachteiligenden Faktoren – ist m. E. der richtige Weg. Interkulturelle Medienarbeit kann ihren Teil zur Schaffung von Chancengleichheit beitragen. Indem sie Kindern aus sozial benachteiligten Verhältnissen die Möglichkeit zur Qualifizierung im Medienbereich anbietet. Indem sie wichtige medientechnische und -gestalterische Kompetenzen vermittelt, die ggf. Chancen hinsichtlich des beruflichen Werdegangs und damit auch berufliche Integration eröffnen können. In diesem Zusammenhang ist das EU Projekt «Junge Arbeitslose – Neue Perspektiven in der Informationsgesellschaft»[25] zu nennen.

25 Vgl. http://www.ecmc.de/ja/projekt.html (Zugriffsdatum: 25.05.2004).

Die Entdeckung zuvor nicht bekannter Fähigkeiten im Bereich des ästhetischen Ausdrucks und die Präsentation dieser Kompetenzen in Form eines fertigen Produkts können zum Aufbau von Selbstbewusstsein beitragen. Dies ist gerade für Kinder und Jugendliche mit Migrationshintergrund ein wichtiger Punkt, da manche Angehörige von Minderheiten dazu neigen, auf dem Hintergrund ihnen zugewiesener negativer Attribute und menschenverachtender Verhaltensweisen, sich selbst zu stigmatisieren – was ggf. als eigenes Qualitätsmerkmal gedeutet wird «wir sind die Ghettokids!» (vgl. Tertilt 1996 S. 20).

Die medienpädagogische Arbeit mit ‹sozial benachteiligten Kindern und Jugendlichen› verlangt nach niedrigschwelligen Angeboten und Zugängen (vgl. z.B. Niesyto 2000a, Bürgermeister & Düx 2002 S. 11). Die Einbindung medienpädagogischer Aktivitäten in den sozialen Nahraum kann in diesem Kontext ebenso entscheidend für die erfolgreiche Teilnahme dieser Zielgruppe sein, wie der Verzicht auf primär planerisch und kognitiv überfrachtete Arbeitsformen (vgl. Niesyto 2000a S. 36).

4.1.2.2 Schaffung gemeinsamer Handlungsfelder

In der Praxis ist interkulturelle Jugendmedienarbeit zu einem großen Teil Begegnungsarbeit. Jugendliche verschiedener Nationalitäten kommen zusammen und erarbeiten gemeinsam mediale Produktionen. Dies wird im Rahmen von bi- oder polylateralen Austauschprogrammen oder – und das ist die Regel – in Projekten realisiert, wo Kinder und Jugendliche der Einwanderungsgesellschaft auf Angehörige der Minderheiten treffen. Demnach ist es für die interkulturelle Jugendmedienarbeit konzeptionell grundlegend, «... gemeinsame Erfahrungen von deutschen und Jugendlichen aus Zuwandererfamilien zu ermöglichen (...)» (MfFJG 2000 S. 29). Der hohe Aufforderungs- und Motivationscharakter interkultureller Angebote der Jugendmedienarbeit legt dabei den Grundstein für die Bereitschaft und die Neugier, sich auch auf interkulturelle Aspekte, sei es bezogen auf die Zusammensetzung der Gruppe (Begegnungspädagogik), oder auf die Inhalte (z.B. Rassismus und Fremdenfeindlichkeit in der konfliktorientierten Medienpädagogik), einzulassen (vgl. MfFJG 2000 S. 45, vgl. auch Niesyto 2000b S. 19).

4.1.3 Perspektiv- und Rollenwechsel

«Interkulturelle und internationale Jugendmedienarbeit ermöglicht Perspektiv- und Rollenwechsel» (Bürgermeister & Düx 2002 S. 11).

4.1.3.1 Perspektivenwechsel und Rassismus

Angesichts der sich häufenden gewalttätigen Übergriffe gegen Migranten seit den 90er Jahren ist der Abbau von latenter und manifester Fremdenfeindlichkeit sowie Rassismus übergeordnetes und dringliches Ziel der interkulturellen Pädagogik[26] (vgl. Hoff 1996 S. 86, vgl. auch Nieke 2000 S. 210).

Im Rahmen des Wettbewerbs «Sehen – Hören – Handeln» rief der Bielefelder Jugendring e.V. im Jahr 2000 die Bielefelder Bevölkerung (auch speziell Kinder) dazu auf, Produktionen in den Bereichen Theater, Film und Radio zu erstellen, um offen gegen rassistisch motivierte Gewalt zu demonstrieren.[27] Der Jugendfilmclub Köln e.V. stellte 1997 eine Sammlung an Eigenproduktionen von Kindern und Jugendlichen zusammen, die in schulischen und außerschulischen Kontexten zum Thema Fremdenfeindlichkeit entstanden sind.[28] Zum Ende des Jahres 2001 wurde der vom Land Nordrhein-Westfalen geförderte Wettbewerb «Interkulturelle Jugendmedienarbeit – Mixed Linx» ausgeschrieben, der Medienproduktionen mit antirassistischem Hintergrund bzw. innovative Konzeptionen der interkulturellen Medienarbeit würdigt.[29] Perspektivenwechsel im Rahmen interkultureller Medienarbeit umfasst damit u.a. die mediale Aufdeckung und Aufarbeitung rassistischer Strukturen und Handlungsweisen im Alltag – bei anderen, aber auch bei sich selbst (vgl. Bürgermeister & Düx 2002 S. 11).

26 Der Abbau von Rassismus, Klischees und Vorurteilen gegenüber dem Fremden ist eine Aufgabe, die sich auch und aktuell im Kontext des Zusammenwachsens Europas stellt. «Zur Qualifikation für den gemeinsamen Arbeitsmarkt gehört nämlich die Befähigung zur interkulturellen Kommunikation» (Auernheimer 1995 S. 81). So wird u.a. die Einigung Europas als theoretische Legitimation einer Notwendigkeit der interkulturellen Pädagogik angeführt.

27 Vgl. http://www.bielefelder-jugendring.de (Zugriffsdatum: 25.05.2004).

28 Videofilm: Rolle vorwärts. Medienprojekte gegen Rassismus und Fremdenfeindlichkeit in Nordrhein-Westfalen. Eine Recherche des Jugendfilmclubs Köln e.V. Medieninformationszentrum.

29 Vgl. http://www.jfc.info/jfcinfo/mixedlinx.htm (Zugriffsdatum 25.05.2004).

4.1.4 *Virtuelle und reale Begegnungen*

«Interkulturelle und internationale Jugendmedienarbeit nutzt reale und virtuelle Begegnungsebenen in Europa» (BÜRGERMEISTER & DÜX 2002 S. 11).

Die technische Entwicklung macht es inzwischen möglich: orts- und zeitunabhängigen kommunikativen Austausch zwischen Personen, die einen entsprechenden Zugang zur Technik haben. BÜRGERMEISTER & DÜX sehen die Nutzung virtueller Plattformen allerdings in erster Linie im Zusammenhang mit der Durchführung von realen Begegnungen. Virtuelle Kommunikation solle vorrangig dazu dienen, reale Begegnungen vor- bzw. nachzubereiten, persönliche Begegnungserfahrungen zu erweitern, bzw. offline-Aktivitäten im virtuellen Raum weiterzuführen (vgl. ebd.).

4.2 CHICAM im Kontext der interkulturellen Medienarbeit

Das Projekt wendet sich ausschließlich an 10 bis 14jährige Kinder mit Migrations-/Fluchthintergrund. Es handelt sich nicht um ‹klassische› Begegnungspädagogik im Sinne einer unmittelbaren Konfrontation von Kindern der Majorität und der Minoritäten.

Der medienpädagogisch-interkulturelle Kern des Projekts liegt in der Befähigung der Kinder, sich durch die Produktion von Medien ihrer eigenen Lebenslage bewusst zu werden, ihre Möglichkeiten und Grenzen auszuloten und ihre eigenen Erfahrungen mit Kindern aus anderen Ländern, die dort in einer ähnlichen Situation leben, unter Verwendung neuer Kommunikationsmedien auszutauschen (vgl. HOLZWARTH & MAURER & NIESYTO 2002 S. 19). Somit sind die Kriterien Lebenswelt- und Öffentlichkeitsorientierung tangiert. Präsentationsveranstaltungen im sozialen Nahraum geben den Kindern außerdem die Gelegenheit zur Mitgestaltung gesellschaftlicher Realität (Partizipation, Medien als Sprachrohr, Integration). Die Vermittlung bzw. Aneignung verschiedener Medienkompetenzen innerhalb der einjährigen Praxisphase trägt zur Qualifizierung der Kinder und damit zur Herstellung von Chancengleichheit bei.

Es ist eine Besonderheit des Projekts, dass interkulturell kommunikative Prozesse auf mehreren Ebenen ablaufen. Zwischen den Mitgliedern der örtlichen CHICAM Clubs im Rahmen der Produktion von Medien (und auch bei nicht-medialen Aktivitäten) und zwischen einzelnen CHICAM Clubs in verschiedenen Ländern. Zunächst bindet und unterstützt die Produktion von Medien die Kommunikation innerhalb der Gruppe, dann dienen die

Medienprodukte als Kommunikationsstifter, indem sie gegenseitig ausgetauscht werden; gleichzeitig ist das Internet das Medium, in welchem sich länderübergreifende Kommunikation technisch vollzieht.

Der Kriterienkatalog von Bürgermeister & Düx deckt sich also zu einem großen Teil mit den Projektzielen von CHICAM. Es muss allerdings die Frage gestellt werden, wie eine Übertragung der Kriterien auf die konkrete medienpädagogische Praxis möglich ist. Welche didaktischen Settings sind geeignet, um Medienarbeit mit der spezifischen Zielgruppe (Migrantenkinder und -jugendliche) so durchzuführen, dass die Qualitätskriterien erfüllt werden?

4.3 Didaktische Fragen

Didaktik im Allgemeinen ist die Wissenschaft vom Lehren und Lernen (vgl. Gudjons 1994 S. 213). Sie schließt sowohl die Theorie der Lerninhalte – den Gegenstand des Lernprozesses –, die Subjekte des Lernprozesses, und auch die methodische Initiierung von Lernprozessen mit ein (vgl. Kopp 1970 S. 11). Bei der didaktischen Konzeption medienpädagogischer Aktivitäten müssen daher einerseits Überlegungen zur Auswahl konkreter Lerninhalte angestellt werden, andererseits ist die Schaffung eines methodischen Rahmens zur Gestaltung von subjektadäquaten Lernprozessen Aufgabe des Pädagogen. Vor diesem Hintergrund lassen sich folgende Fragen zur Didaktik interkultureller Jugendmedienarbeit ableiten.[30]

30 Die didaktischen Fragen basieren auf der theoretischen Grundlage der «kritisch-konstruktiven Didaktik» Klafkis (Klafki 1991) und der «lehrtheoretischen Didaktik» von Schulz (Schulz 1987).

- Welche Erfahrungen zur Motivation der Zielgruppe liegen vor? Welche handlungsleitenden Themen, sozio-kulturellen Kontexte, allgemeine und medienbezogene Präferenzen bringen Kinder und Jugendliche aus Migrationskontexten ein? Auf welche Weise können diese Daten in die Planung von didaktischen Settings mit einfließen?
- Welche Möglichkeiten der Vermittlung bzw. Aneignung von medientechnischen und medienästhetischen Kompetenzen werden eingesetzt, welche erweisen sich als besonders geeignet (selbstentdeckendes Lernen, Visualisierung, Frontalbeschulung, …)?
- Welches ästhetische Anschauungs- und Beispielmaterial (z. B. Filmsequenzen) ist geeignet, um bestimmte gestalterische Strategien zu veranschaulichen (Medieneinsatz)?
- Welche medienpädagogischen Teilkompetenzen werden als Lernziele formuliert und wie wird die Auswahl didaktisch begründet (z. B. Transfer auf andere Wissensbereiche, hoher exemplarischer Gehalt, …)?
- Welche Möglichkeiten der Evaluation des individuellen Lernfortschritts haben sich bewährt? Wie kann Evaluation so arrangiert werden, dass die Kinder und Jugendlichen aus ihren Fehlern lernen können?
- Wie kann der Lernprozess konkret aber flexibel so arrangiert werden, dass genügend Freiraum für situative Geschehnisse und Entwicklungen bleibt?
- Wie können die Subjekte in die Planung ihrer Lernprozesse mit einbezogen werden (vgl. Verständigungsnotwendigkeit von Lehrer und Schüler hinsichtlich Ziele, Ausgangslage, Medien, …)?
- Welche Möglichkeiten der Binnendifferenzierung sind im Rahmen von Gruppenproduktionen denkbar und sinnvoll?

Es liegt auf der Hand, dass der Kriterienkatalog von Bürgermeister & Düx nicht den Anspruch verfolgt, diese und ähnliche Fragen zu beantworten. Eine Analyse von Praxisprojekten, die mit Kindern und Jugendlichen aus Migrationskontexten durchgeführt wurden, müsste dagegen eher Antworten auf solche Fragen liefern. Das Netzwerk für interkulturelle Jugendmedienarbeit in Nordrhein-Westfalen «Crossculture» bspw. umfasst ein breites Spektrum an Projekten, die sich in vielen Fällen durch interessante Ideen und innovative Konzepte auszeichnen. Eine Sichtung der im Netz zugänglichen Projektbeschreibungen hat jedoch gezeigt, dass sich zwar die Qualitätskriterien interkultureller Jugendmedienarbeit mehr oder weniger explizit spiegeln, Hinweise zur didaktisch-methodischen Konzeption jedoch in der Regel nicht formuliert werden. Nur in wenigen Fällen werden medienpädagogische Lernziele und Teilkompetenzen bestimmt.[31] Didaktische Überlegungen zum Umgang mit Sprachschwierigkeiten, wie sie für CHICAM interessant wären, sucht man häufig vergebens.

Bader, der am Wissenschaftlichen Jugendhilfswerk Freiburg medienpädagogisch arbeitet, ist einer der Wenigen, die sich mit Didaktik in der außerschulischen Medienarbeit beschäftigen und theoretisch-konzeptionelle Anregungen für die Praxis bieten. Sein Fokus ist zwar nicht primär die interkulturelle Medienarbeit, aber er entwickelt gezielt Konzepte für sozial benachteiligte Jugendliche. Er greift den Ansatz des «situierten Lernens» auf (vgl. Mandl u. a. 1997 S. 166 ff.). Komplexe Probleme, die an der Lebenswelt der Jugendlichen anknüpfen und so einen Bezug zum Vorwissen zulassen, werden zum Ausgangspunkt für Lernprozesse der Medienproduktion. Für die Aneignung neuer Handlungskonzepte ist das Gleichgewicht zwischen Freiheit, der Möglichkeit des Ausprobierens und der individuellen Spezialisierung einerseits und strukturierten pädagogischen Settings in der Form von Aufgabenstellungen andererseits zentral. Um der Produktion von Medien Sinnhaftigkeit zu verleihen, werden auch Aufträge von externen Institutionen angenommen und bearbeitet (Produktorientierung) (vgl. Bader 2001 S. 370). Regelmäßige Reflexionsbesprechungen, die an die Fixpunkte der Projektarbeit nach Frey erinnern, sollen planerische Aktivitäten wie Drehbucherstellung ersetzen und für mehr Flexibilität sorgen.[32]

Bader gibt theoretisch-konzeptionelle Hinweise für die Gestaltung der Praxis. Auf die Ebene der konkreten methodischen Ausgestaltung von Lernprozessen geht er jedoch weniger ein. Auch Krauss & Schmittinger stellen didaktische Überlegungen zur interkulturellen Medienarbeit an. Sie gehen davon aus, dass die Mediensozialisation von Kindern und Jugendlichen neue

31 Ein Beispiel für ein Projekt, welches Lernziele bzw. pädagogische Ziele formuliert, ist das Hiphop-Projekt http://www.hiphop-projekt.de/docs/hiphop_konzept.rtf (Zugriffsdatum: 30.01.2003).

32 Vgl. Bader, Roland: Förderung von Handlungskompetenz in der pädagogischen Arbeit mit PC und Internet. http://www.medienpaedagogik-online.de/mk/00383/druck.pdf (Zugriffsdatum: 22.02.2003).

Kommunikationsräume eröffnet (vgl. KRAUSS & SCHMITTINGER 1994 S. 182). Voraussetzung sei es, dass Alphabet der Bildsprache aktiv für Selbstausdruck nutzen zu können (vgl. ebd. S. 197). Auf dieser Grundlage skizzieren sie eine Didaktik interkultureller Medienarbeit, die sehr stark von visuellem Material ausgeht, Assoziationsspielräume eröffnet und planerisch-kognitive Aktivitäten zugunsten von assoziativ-spielerischen Methoden in den Hintergrund drängt (vgl. ebd. S. 190/192). Aus der Entwicklungspsychologie ist bekannt, welch große Bedeutung die Handlungsform ‹Spiel› für Kinder hat. Das Spiel ist eine zweckfreie, spontane, freiwillige, intrinsisch motivierte, mit lustvollen Gefühlen besetzte Tätigkeit (vgl. SCHAUB & ZENKE 1997 S. 325). Das Spiel eröffnet Lern- und Erfahrungsprozesse auf verschiedenen Ebenen, ist mit Spaß verbunden und verzichtet auf Leistungsorientierung. Beim Spiel geht es also nicht wie beim situierten Lernen primär darum, Probleme zu bearbeiten, sondern sich Freiräume anzueignen, ungezwungen mit sich und der Umwelt umzugehen, sich an Regeln zu orientieren und neue Regeln zu erfinden.

Um nicht missverstanden zu werden: ich erwarte keineswegs eine Übertragung schulischer Prinzipien und Arbeitsformen auf den außerschulischen Bereich. Das würde der Intention sozialer Arbeit widersprechen. Ich möchte aber bezweifeln, dass pädagogisch-konzeptionelle Formeln wie ‹Projektarbeit›, ‹soziale Lernprozesse› und ‹Teilnehmerorientierung› (vgl. z. B. BADER 2001 S. 366ff.) lustvoll erlebte Medienarbeit für Kinder mit Migrationshintergrund garantieren. Ich bin außerdem nicht mit BADER der Ansicht, eine sorgfältige didaktische Planung – hierzu zählt aus meiner Sicht auch die didaktische Analyse von Lernangeboten und die Formulierung von Lernzielen – unterlaufe möglicherweise die Prinzipien der Lebenswelt- und Subjektorientierung. Im Gegenteil. Lebensweltorientierung setzt aus meiner Sicht eine didaktische Planung voraus.[33] Ohne ein entsprechendes didaktisches Konzept bleibt sie zusammen mit den übrigen Qualitätskriterien interkultureller Jugendmedienarbeit lediglich pädagogische Wunschvorstellung.

33 Die Kunst besteht in der Fähigkeit und Bereitschaft des Pädagogen, von geplanten Aktivitäten Abstand zu nehmen und auf die spontanen Reaktionen der Kinder und Jugendlichen einzugehen.

4.4 Medien und interkulturelles Verstehen

Was in der Praxis der interkulturellen Jugendmedienarbeit u. a. didaktisch zu wenig reflektiert wurde, ist das spezifische Potential der verschiedenen Medien für interkulturelle Prozesse. Erfolgserlebnisse, Lebensweltorientierung, Partizipation, sozialen Austausch und den Aufbau des Selbstbewusstseins wollen auch andere pädagogische Teildisziplinen wie die Erlebnispädagogik, die Musikpädagogik, die Kunstpädagogik oder die Spiel- und Theaterpädagogik leisten. Welche Möglichkeiten eröffnen gerade Medien für interkulturelle Lernprozesse? Wissenschaftliche Untersuchungen, die explizit diese Frage aufgreifen, fehlen bisher fast gänzlich (vgl. MFFJG 2000 S. 11). Einige Autor/innen versuchen sich dennoch dieser Frage anzunähern.

4.4.1 Das spezifische Potential der Medien

Ein revolutionäres Potential der neuen Medien ist die Möglichkeit zur weltweiten, zeit- und ortsungebundenen Kommunikation über das Internet. Da auf diesen Aspekt bereits in Kapitel 4.1.4 eingegangen wurde, soll er an dieser Stelle nur genannt, nicht aber weiter ausgeführt werden.

Das nonverbale Potential: Ein häufiges Argument für den Einsatz von Medien in der interkulturellen Pädagogik ist das non-verbale Potential. Medien bieten die Möglichkeit, durch verschiedene non-verbale Gestaltungsmittel Bedeutung zu produzieren und Bedeutung herzustellen. «Die Kommunikation mittels Bilder, Musik und Körpersprache ist von Anfang an offener, mehrdeutiger angelegt (...). Gleichzeitig sind in der Welt präsentativer Symbolik archaische (...) Muster angelegt, die zusammen mit aktuellen, konventionalisierten Mustern (...) eine Matrix für transkulturelle Kommunikation bieten» (NIESYTO 2003 S. 19). Wenn die Sprachkompetenzen bei interkulturellen Begegnungen nicht ausreichen, ermöglicht mediale Arbeit vielfältige alternative ästhetische und emotional sinnstiftende Kommunikationsformen (vgl. z. B. OTTEN 1994 S. 27).

«Da Bilder und der Diskurs der Bilder universale Elemente und die Sprachbarrieren auflösen, halten wir die averbale Kommunikation der Bildmedien für besonders geeignet, um bei internationalen und interkulturellen Begegnungen in kommunikativen Austausch zu gelangen» (RÖLL 1996b S. 263).

Das non-verbale Potential der Medien kann insbesondere auch Kindern und Jugendlichen eine adäquate Ausdruckshilfe sein, die aus welchen Gründen auch immer Schwierigkeiten mit verbal- und schriftsprachlichem Ausdruck haben.

Globalisierung von Medienwelten: Eine günstige Bedingung, ja Voraussetzung für interkulturelles Verstehen über Bilder ist das Voranschreiten der kulturellen Globalisierung (vgl. NIESYTO 2003 S. 15). Im Kontext der kulturellen Globalisierung werden Menschen länder- und nationenübergreifend «... durch ähnliche Medienerfahrungen in Bedeutungsgeflechte und Symbolsysteme verwoben» (HOLZWARTH 2001 S. 14). Man geht auf diesem Hintergrund von mehr oder weniger gemeinsam geteilten und allgemein verständlichen Codes der Bildsprache aus (vgl. KRAUSS & SCHMITTINGER 1994 S. 196). «So stehen (...) der goldene Schnitt für Harmonie und die Diagonale für Spannung. (...)» (RÖLL 1996b S. 282). Neben den gestalterischen Formen der Bildsprache werden auch bestimmte in den Medien repräsentierte Lebensstile, Mode, Computericons, Musikpräferenzen etc. gemeinsam geteilt (vgl. HOLZWARTH 2001 S. 23f.). Pädagogisch betrachtet können gemeinsame Medienerfahrungen eine solide Basis für interkulturellen Austausch liefern.[34]

Standortabhängigkeit von Wahrnehmung: Medien laden dazu ein, lebensweltliche Selbstverständlichkeiten spielerisch und experimentell in Frage zu stellen (vgl. DÜX 2002 S. 45). Am Beispiel der Fotografie schlägt RÖLL die Brücke von der Erkenntnis der Standortabhängigkeit von Wahrnehmung durch das Anlegen mehrerer Perspektiven auf einen Gegenstand hin zur Entwicklung einer toleranteren Wahrnehmung des Fremden nicht nur im ästhetischen, sondern auch im zwischenmenschlichen Bereich (vgl. RÖLL 1996b S. 277). «Die Fotografie deckt auf, dass wir selektiv sehen. Sie macht deutlich, dass es keine objektive Wahrnehmung gibt» (RÖLL 1996b S. 283).

Vorurteile durch ästhetische Erfahrung aufweichen: Der präsentative Charakter der visuellen und audiovisuellen Medien kann in besonderer Weise zum Abbau von Vorurteilen, zur Relativierung von festgesetzten Standpunkten und Meinungen beitragen (vgl. 4.1.3.1). Fremdenhass und -feindlichkeit, so

34 Vor dem Hintergrund der kulturellen und medialen Globalisierung hat das Projekt VideoCulture untersucht, inwieweit sich das Medium Video sich für interkulturell-kommunikative Prozesse eignet. «Als Ergebnis lässt sich feststellen, dass das Projekt VideoCulture Jugendlichen ermöglichte, Gefühle und Erfahrungen und zum Teil auch kurze Geschichten zu kommunizieren (...). Es zeigte sich, dass das Medium Video Jugendlichen interkulturelle Kommunikation ermöglichte, wobei eine eindeutige Deckung von Aussageabsicht und Interpretation nicht immer möglich und auch nicht nötig war» (WITZKE & HOLZWART & MAURER 2002 S. 51).

RÖLL, beruhen häufig auf Angst und Unsicherheit (vgl. ebd. S. 281). Diese sind an Emotionen gekoppelt, welche selten kognitiv-rational angeeignet werden, sondern Ausdruck eines unterbewussten visuellen und ästhetischen Konzepts sind (vgl. ebd.). RÖLL ist der Ansicht, dass ästhetisch motivierte Ansichten nur durch ästhetische Prozesse in Frage gestellt werden können (vgl. ebd., vgl. auch KRAUSS & SCHMITTINGER 1994 S. 197). In herkömmlichen kognitiven Lernprozessen ließen sich Vorurteile dagegen nur sehr mühsam abbauen (vgl. RÖLL 1996b S. 263).

Medien als ‹Mittler› (vgl. KRAUSS & SCHMITTINGER 1994 S. 196): Es ist denkbar, dass es Kindern und Jugendlichen mit Sprachschwierigkeiten leichter fällt, sich über ein Medium zu artikulieren, als life in einer ‹Face to Face Kommunikationssituation› zu agieren. Der Umgang mit Fremdheit ist für viele Menschen schwierig, weil die eigenen Deutungsmuster im Fremdheitskontext nicht greifen. Unsicherheit ist die Folge, die wiederum ein manifester oder latenter Grund für viele Angehörige der Majorität wie auch der Minoritäten darstellt, den Kontakt zu Angehörigen anderer Kulturen entweder nicht aktiv zu suchen, oder gar kategorisch abzulehnen. Interkulturelle Jugendmedienarbeit kann dieser Tatsache entgegenwirken, indem sie der Kommunikation ein Medium oder mehrere Medien zwischenschaltet und Produzenten und Rezipienten die Möglichkeit gibt, medial-vermittelt zu kommunizieren.

Es ist festzustellen, dass namhafte Vertreter der Interkulturellen Pädagogik in Theorie (z.B. NIEKE 2000, AUERNHEIMER 1995) und Praxis (BÖHM u.a. 1999, LOSCHE 2000) das Potential der Medien für interkulturelle Kommunikation bis heute noch zu wenig thematisieren und reflektieren. In verschiedenen Ansätzen zu ‹Deutsch-als-Fremdsprache› werden Medien meist ausschließlich als Unterrichtsmedien zur Vermittlung von Unterrichtsinhalten verstanden (vgl. z.B. HENRICI & RIEMER 1994).

4.4.2 Reflexion und didaktische Konsequenzen

Das non-verbale Potential der audiovisuellen Medien kann dann am besten genutzt werden, wenn non-verbale Darstellungsformen tatsächlich aufgegriffen werden. So macht es didaktisch wenig Sinn, ausschließlich Filme zu produzieren, die hauptsächlich auf verbalen Interviews aufbauen (talking heads). Kulturelle Globalisierung schafft günstige Rahmenbedingungen für interkulturellen Austausch zwischen Kindern und Jugendlichen. Es stellt sich allerdings die didaktische Frage, ob die Tatsache eines gemeinsam geteilten Bedeutungsgewebes bereits ausreicht, um Kommunikation entstehen zu lassen. Es kann m. E. didaktisch erforderlich sein, die Kinder überhaupt erst die Erfahrung machen zu lassen, dass sie Bedeutungswelten teilen und teilweise aus ähnlichen Symbolvorräten schöpfen.

Aspekte von Bildsprache mögen zwar gemeinsam geteilt und damit interkulturell verstehbar sein, es muss aber danach gefragt werden, um welche Aspekte es sich handelt und ob und inwieweit die Kinder und Jugendlichen auf dem Hintergrund ihrer Medienerfahrungen dazu in der Lage sind, diese Codes in ihren Eigenproduktionen bewusst zur Bedeutungsproduktion einzusetzen. Falls dies nicht oder nur eingeschränkt der Fall ist, muss didaktisch reflektiert werden, welches mediengestalterische Wissen sich die Kinder aneignen müssen und auf welche Weise diese Aneignungsprozesse methodisch unterstützt werden können. Die ästhetisch-gestalterische Form darf insgesamt der inhaltlichen und thematischen Arbeit nicht nachgeordnet werden. Bürgermeister weist zurecht auf eine einseitige Ausrichtung der interkulturellen Jugendmedienarbeit hin:

«Der thematischen Aufarbeitung eines Themas wird (...) oft mehr Aufmerksamkeit gewidmet als der gestalterischen Arbeit. Eine intensivere Auseinandersetzung mit der technischen Handhabung und den filmischen Gestaltungsmöglichkeiten ist nicht nur wünschenswert, sondern für eine längerfristige Perspektive der Medienarbeit auch notwendig» (Bürgermeister in MFFJG 2000 S. 66).

Dies erfordert von der medienpädagogischen Begleitung ein breites Wissen über mediengestalterische Strategien und ein flexibles didaktisches Handlungswissen zur Vermittlung und Aneignung des non-verbalen Potentials der Medien.

Was die Sensibilisierung der Standortabhängigkeit von Wahrnehmung angeht, so bin ich skeptisch, ob sich diese bei Kindern automatisch einstellt, wenn sie fotografieren und dabei mit verschiedenen Perspektiven experimentieren. Die Abstraktion hin zum eigenen Erkenntnisgewinnungsprozess von Wirklichkeit halte ich für sehr anspruchsvoll. Eine Aufweichung von einzelnen Vorurteilen durch ästhetische Erfahrung halte ich dagegen eher für möglich. Der Blick durch die Kamera kann dazu motivieren, Objekte, Sachverhalte, Personen und Personengruppen intensiv wahrzunehmen und gründlich zu recherchieren. Einen Automatismus möchte ich aber auch hier nicht annehmen. Es stellt sich m. E. die didaktische Frage, wie ich die Auseinandersetzung mit Vorurteilen von der ästhetischen Erfahrung der

Einzelperson in der Gruppe zum Thema machen und «ästhetische Reflexivität» an «verbale Reflexivität» (MAURER 2001a S. 177) koppeln kann. Die Tatsache, dass Medien als Mittler fungieren können, führt zur didaktischen Konsequenz, den Produktionsprozess auf Öffentlichkeiten hin auszulegen.

4.5 Zusammenfassung

Die Intention dieses Kapitels lag darin, herauszuarbeiten, welche Ziele, Kriterien und didaktisch-methodische Aspekte interkultureller Jugendmedienpraxis für die Entwicklung eines medienpädagogischen Rahmenkonzepts für das Projekt CHICAM von Bedeutung sind. Die genannten Qualitätskriterien Lebensweltorientierung, Partizipation, Öffentlichkeit, Chancengleichheit für benachteiligte Kinder und Jugendliche bieten eine erste konzeptionelle Orientierung, die jedoch noch weiter didaktisch und methodisch auf die Bedingungen der Praxis zu konkretisieren ist.

5 Interkulturelle Kommunikation mit Medien

«The project will involve studying groups of such (migrant B. M.) children, aged 10–14, who are using new communications media in order to communicate with each other across national boundaries.» (Buckingham & De Block 2001 S. 2)

Das Projekt CHICAM verfolgt u. a. die Intention, Prozesse interkultureller Kommunikation zwischen Migrantenkindern aus verschiedenen europäischen Ländern zu ermöglichen und zu erforschen. In diesem Kontext ist es die Aufgabe der medienpädagogischen Begleitung, geeignete kommunikationsfördernde Bedingungen zu schaffen.

Um Kommunikation entsprechend fördern zu können, muss zunächst geklärt werden, was Kommunikation grundsätzlich ausmacht, was die Kriterien und Merkmale erfolgreicher Kommunikation aus der Perspektive des Projekts sind, welche Voraussetzungen und welche Kompetenzen die Akteure benötigen, um entsprechend kommunizieren zu können.

Es ist nicht das Ziel dieses Kapitels, normative Kommunikationsstandards zu entwickeln, die in der Projekt-Praxis 1:1 umgesetzt werden sollen. Vielmehr soll ein Spektrum von Kommunikationsmöglichkeiten aufgezeigt und in Auseinandersetzung mit kommunikationstheoretischen Ansätzen kommunikationsfördernde pädagogische Settings entwickelt werden.

5.1 Prozesse interkultureller Kommunikation

Zunächst soll geklärt werden, welche Formen interkultureller Kommunikation im Rahmen der Projektkonzeption von CHICAM vorgesehen sind. Vorläufig soll die Kommunikations-Definition von Maletzke (1963), in welcher die Aspekte des sich Ausdrückens und des sich Verständigens betont werden, als Arbeitsdefinition dienen.

«‹Kommunikation› steht für die Tatsache, ‹daß Lebewesen untereinander in Beziehung stehen, daß sie sich verständigen können, daß sie imstande sind, innere Vorgänge oder Zustände auszudrücken, ihren Mitgeschöpfen Sachverhalte mitzuteilen oder auch andere zu einem bestimmten Verhalten aufzufordern›» (Maletzke 1963 S. 16 in Maletzke 1998 S. 37).

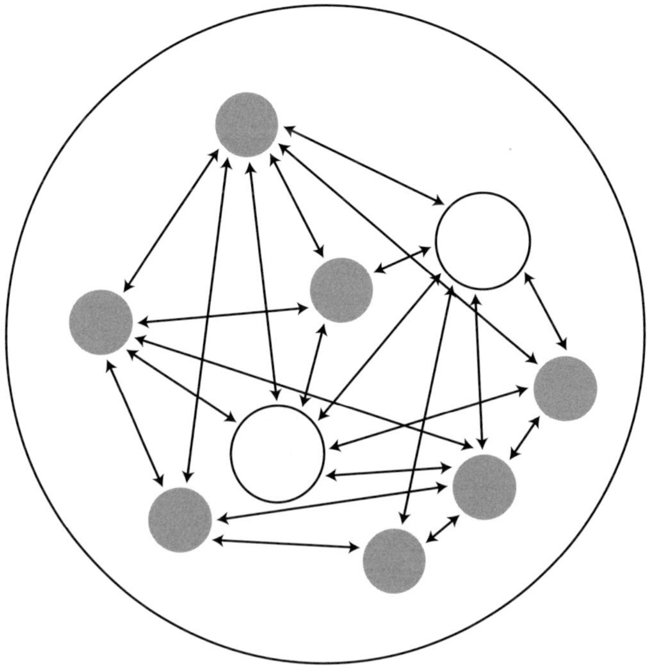

Abbildung 3: Kommunikationsebenen innerhalb eines CHICAM Clubs

5.1.1 Interkulturelle Kommunikation im CHICAM Club

Abbildung 3 deutet Kommunikationsprozesse an, die innerhalb eines CHICAM Clubs stattfanden. Es handelt sich um ‹Face to Face Kommunikation› zwischen Individuen, die unterschiedliche kulturelle Hintergründe haben. Die größeren weißen Kreise symbolisieren Medienpädagoge und Forscher, die grau gefüllten, etwas kleineren Kreise stehen für die Kinder. Teil dieser Kommunikation sind auch die Vermittlung bzw. Aneignung von medienspezifischem Wissen (Schüler-Lehrer-Kommunikation) sowie die Erhebung von Daten z.B. in Interviews oder Gruppendiskussionen. Im Folgenden soll jedoch die medial vermittelte Projektkommunikation im Vordergrund stehen

5.1.2 Länderübergreifende Kommunikation zwischen den CHICAM Clubs

Die länderübergreifende interkulturelle Kommunikation vollzieht sich über ein passwortgeschütztes Intranet, welches vom Weekend-Arts-College in London entwickelt wurde. Das Intranet ermöglicht das Streamen von Medien-Eigenproduktionen aller Art. Mit einem internetfähigen Computer und entsprechender Verbindung (tdsl und schneller) können kleinformatige Videos in Echtzeit angeschaut werden. In einem Intranet-Forum können die Kinder auf ihre Medien-Eigenproduktionen direkt schriftlich Bezug nehmen (Postboard) und themenspezifische Diskussionen führen. Auf dieser technischen Basis sind verschiedene Dimensionen von Kommunikation möglich.

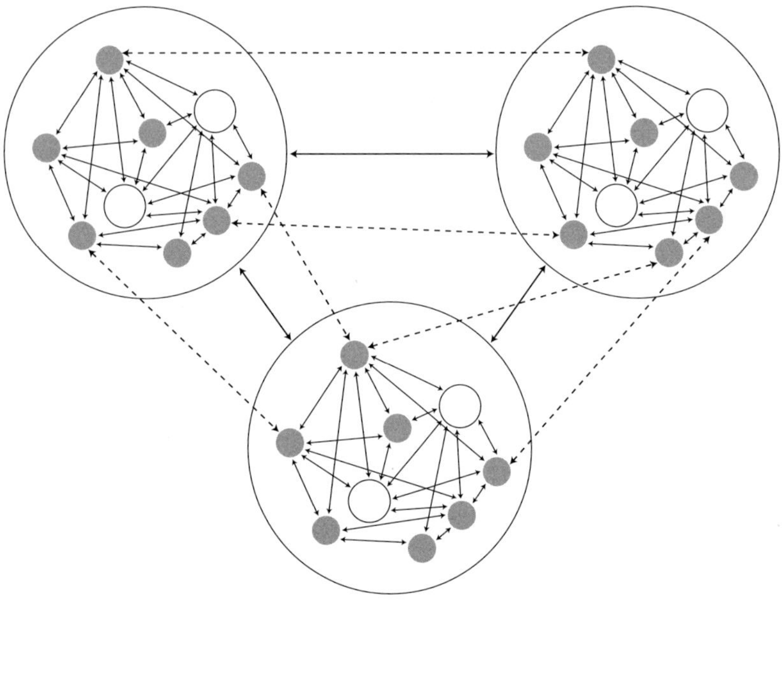

Abbildung 4: Kommunikationsmodi der länderübergreifenden Kommunikation

Abbildung 5: CHICAM Intranet

Audio/visueller Text vs. schriftsprachlicher Text

Präsentative (audiovisuelle) und diskursiv-symbolische (schriftsprachliche) Formen können gleichermaßen als Kommunikate dienen. Audio/visuelle Texte sind z.B. Filme, Fotografien, Homepages und Tonaufnahmen. In audiovisuellen Texten kann auch Schrift- und Wortsprache enthalten sein (z.B. im Titel, Untertitel, in Dialogen bzw. Erzählpassagen). Schriftsprachliche Texte enthalten in der Regel keine audiovisuellen Elemente.[35] Denkbar sind Kombinationen der folgenden Art:

35 Eine Ausnahme stellt die literarische Gattung der ‹Konkreten Poesie› dar, die schriftsprachliche Elemente aus den Fesseln der Syntax löst und neu kombiniert, so dass sich optisch-ornamentale Wirkungen einstellen (vgl. von Wilpert 1989 S. 474).

- Rein schriftsprachlicher Austausch (z. B. «Was habt ihr für Hobbys?» Antwort: «Lesen, Süßigkeiten essen, Fernsehen, ...»)
- Rein audiovisueller Austausch (z. B. Gruppe X und Gruppe Y produzieren einen Film zu einem ähnlichen Thema und tauschen die Filme gegenseitig aus)
- Mischformen (z. B. «Zeigt uns eure Schule!» die Partnergruppe dreht einen Film über ihre Schule. Oder: Gruppe X dreht einen Film, Gruppe Y stellt Fragen an die Produzent/innen).

Im Medium der schriftsprachlichen Kommunikation stellt sich das Problem, dass die beteiligten Kinder nicht notwendigerweise über eine gemeinsam geteilte Sprache verfügen. Der bewusste Selbstausdruck mittels audiovisuellen Texten erfordert ein bestimmtes Maß an medienspezifischem Wissen (vgl. 4.4.2).

Direkte Kommunikation vs. übersetzte Kommunikation

Direkte Kommunikation vollzieht sich unmittelbar zwischen den Kommunikationspartnern. Als Voraussetzung für direkte Kommunikation müssen die Kommunikate für sich stehen können. D. h. die Rezipienten müssen über das jeweilige Dekodierungswissen verfügen (z. B. zwei Kinder führen eine schriftliche Diskussion in ihrer Muttersprache. Oder: Gruppe X und Gruppe Y stellen sich gegenseitig pantomimisch ihre Hobbys dar).

Wenn das nötige Dekodierungswissen bei den Rezipienten nicht vorhanden ist, ist die Intervention des Medienpädagogen erforderlich. Dieser nimmt dann die Rolle des Übersetzers ein. Er übersetzt bspw. verbale Kommunikationsinhalte der Gruppe X in die Landessprache der Gruppe Y bzw. in die Projektsprache Englisch. Oder er übersetzt die verbalen Elemente einer Videoproduktion (z. B. Dialoge) der Gruppe Y in die Landessprache der Gruppe X.[36]

36 In diesem Zusammenhang muss angemerkt werden, dass jede Übersetzung gleichzeitig eine Interpretation ist, und auf dem Wege der übersetzten Kommunikation viele ‹Reibungsverluste› durch Hin- und Herübersetzungen entstehen können.

Gruppenkommunikation vs. individuelle Kommunikation
Es ist denkbar, dass sich kommunikative Prozesse sowohl eher gruppenbezogen als auch eher individuell vollziehen. Eine Einzelperson könnte der ganzen Gruppe X eine Rückmeldung auf ihren Film geben. Es könnten sich interessensbezogene Diskussionen zwischen Einzelpersonen entzünden. Gruppe X könnte als Gruppe auftreten und eine Gruppenmeinung an Gruppe Y senden.

Einwegkommunikation – wechselseitige Kommunikation
«Interaktivität ist (...) ein integraler Bestandteil oder anders ausgedrückt, die Schlüsseleigenschaft interpersonaler computervermittelter Kommunikation» (Fix 2001 S. 40).

Einwegkommunikation beschreibt eine Kommunikationsform, nach welcher ein Kommunikationspartner ein Kommunikat anbietet, andere potentielle Kommunikationspartner jedoch nicht darauf reagieren. Man kann dagegen von wechselseitiger Kommunikation sprechen, wenn auf ein Kommunikat mindestens eine Reaktion (weiteres Kommunikat) folgt. Ferner sind verschiedene Komplexitätsgrade von wechselseitiger Kommunikation denkbar (Gruppe X richtet ein Kommunikat an Gruppe Y, diese wiederum richtet ein Kommunikat an Gruppe X, das Gruppe X erwidert, usw.).

Autonome Kommunikation vs. pädagogisch gestützte Kommunikation
Es ist denkbar, dass die Kinder zur Kommunikation keine pädagogische Unterstützung wollen bzw. benötigen. Sie kommunizieren selbstständig mit ihren Kommunikationspartnern. Andererseits ist ein Szenario denkbar, nach welchem die Kinder zur Kommunikation angeleitet, motiviert, angeregt, gestützt werden wollen/müssen.

Im Projekt CHICAM können die aufgezeigten Dimensionen in verschiedenen Kombinationen eine Rolle spielen. So ist beispielsweise eine pädagogisch gestützte, gruppenbezogene, übersetzte, wechselseitige Kommunikation über audiovisuelle Texte möglich, oder eine autonome, direkte, individuelle, Einwegkommunikation im schriftsprachlichen Modus u.v.m.

Nachdem die Dimensionen von Kommunikation grob umrissen wurden, geht es im Folgenden darum, die Qualität von Kommunikationsprozessen näher zu beleuchten. Welche Kriterien muss Kommunikation erfüllen, um das Label ‹erfolgreich› tragen zu dürfen? Die Beantwortung dieser Frage macht den Einbezug von Erkenntnissen und Theorien der Kommunikationswissenschaft erforderlich. Ich werde mich auf einige ausgewählte Kommunikationskonzepte beschränken, die ich mit dem Blick auf die Beantwortung der Teilfragen im Problembereich C) (vgl. Kapitel 2.2) für relevant halte.[37] Es wird der Versuch unternommen, aus den verschiedenen Theorien jeweils pädagogische Konsequenzen abzuleiten.

5.2 Kommunikation als Übermittlung von Information

Im klassischen Kommunikationsmodell von Shannon & Weaver, das im Kontext der mathematischen Informationstheorie zu sehen ist, steht die fehlerfreie Übermittlung von Information im Vordergrund. Shannon/Weaver beschreiben Kommunikation als einen Prozess, in welchem ein Sender eine Botschaft in ein Signal enkodiert und an einen Empfänger sendet. Der Fokus liegt auf der Frage, ob und in welcher Qualität die Botschaft den Empfänger erreicht. Die Messung der Informationsmenge, der Grad der Beeinflussung von Botschaften durch Störgeräusche, die Ursache von Störgeräuschen sowie die Verminderung von Störungen waren technische Problemfelder, die Shannon & Weaver zu bearbeiten versuchten (vgl. z.B. Badura 1992 S. 17).

Die frühe (Massen-)Medienwirkungsforschung stützte sich auf das Modell von Shannon & Weaver und entwickelte das ‹Containermodell›, mit welchem die Vorstellung verbunden war, dass Informationen vom Sender in Container verpackt werden, die zum Empfänger transportiert werden, und anschließend Sender und Empfänger identische Vorstellungen über den vermittelten Gegenstand haben (vgl. Vollbrecht 2001 S. 104). Kritisiert wird an diesen Modellen die Tatsache, dass sie einen einseitigen, linearen Prozess der Kommunikation suggerieren, der keine Rückkoppelung zulässt und ähnlich behavioristischen Ansätzen eine grundsätzliche Abhängigkeit des Empfängers vom Sender unterstellen (vgl. Maletzke 1998 S. 105). Ferner werden die Instanzen ‹Sender› und ‹Empfänger› kontextenthoben konzeptionalisiert, d.h. Aspekte wie das Weltwissen, Interessen, Emotionen der Kommunikatoren werden nicht berücksichtigt (vgl. Badura 1992 S. 19).

37 Nicht weiter thematisiert werden im Folgenden bspw. die Theorie selbstreferentieller Systeme von Niklas Luhmann (vgl. Luhmann 1984) sowie die handlungstheoretische Konzeption von Hartmut Esser (vgl. Esser 1993).

Pädagogische Konsequenzen
Bezieht man das informationstheoretische Modell von Shannon & Weaver auf CHICAM, so lässt sich bereits eine erste notwendige Voraussetzung für das Entstehen von Kommunikation ableiten: Eine adäquate technische Infrastruktur. Es müssen ausreichend Computer zur Verfügung stehen. Gestreamte Videos müssen ohne Ruckeln und ohne Tonschwierigkeiten ablaufen, die Internetverbindung muss entsprechend schnelle Datenübertragung ermöglichen, die Bildgröße der dargestellten Videos muss ausreichend sein, dass auch Details und Untertitel noch erkannt werden können. Ferner ist zu klären, wer die Videofilme ins Internet stellt, welches Format die Bilder haben müssen, etc.

5.3 Kommunikation als intentionales, partnerbezogenes Verhalten

Die linguistische Teildisziplin Pragmatik versteht Kommunikation als intentionales, partnerorientiertes, symbolisch-interaktives Verhalten (vgl. Linke u.a. 1994 S. 173). Ausgangspunkt ist die Annahme, dass Sprachäußerungen stets eine Intention verfolgen und somit kommunikative Handlungen darstellen.[38] Es wird versucht Methoden und Regeln zu entwickeln, deren Anwendung bzw. Einhaltung Sprachhandlungsprozesse erfolgreich verlaufen lassen (Linke u.a. 1994 S. 189).

Ein erfolgreicher Sprachhandlungsprozess ist dadurch gekennzeichnet, dass sich zwei oder mehrere Sprecher verständigen können. In diesem Zusammenhang sind Eindeutigkeit und die störungsfreie Übermittlung von Information notwendige Bedingungen für das Gelingen von Kommunikation. Verständigung meint dann die Übereinstimmung zwischen der Aussageabsicht des Senders und der Interpretation des Empfängers.

Ruft bspw. ein Polizeibeamter einem Bankräuber zu: «Stehenbleiben oder ich mache von der Schusswaffe Gebrauch», und der Räuber versteht diesen Satz aufgrund störender Hintergrundgeräusche bzw. aufgrund der Zugehörigkeit zu einer anderen Sprachgemeinschaft nicht, so handelt es sich um ein verhängnisvolles Missverständnis. Intention (Aussageabsicht) und Interpretation decken sich in diesem Fall nicht. Eine Deckung wäre aber notwendig gewesen.

38 Intentionales, d.h. bewusst eingeleitetes Verhalten wird aus handlungstheoretischer Perspektive als Handlung bezeichnet (vgl. Hacker 2000 S. 275).

Abbildung 6 zeigt in gradueller Abstufung das Scheitern bzw. Gelingen von zielgerichteter Kommunikation auf dem Hintergrund des pragmatischen Kommunikationsbegriffs.[39] Die Absicht, die ein Produzent mit seinem Kommunikat verfolgt, wird nur dann erfüllt, wenn es Überschneidungen zwischen Intention und Interpretation gibt.

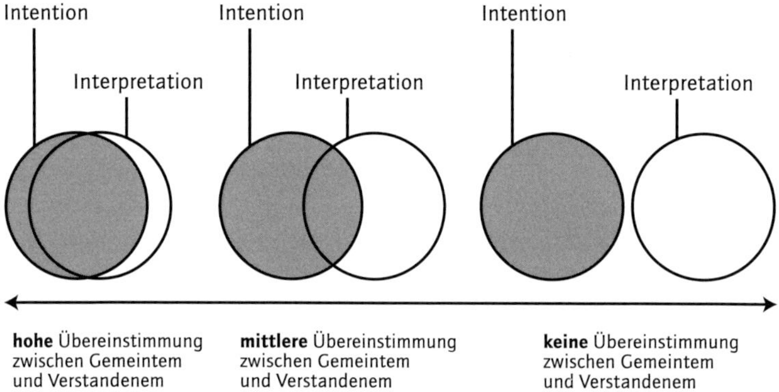

Abbildung 6: Die Pragmatik bemüht sich um hohe Übereinstimmungen zwischen Gemeintem und Verstandenem.

Das pragmatische Kommunikationsmodell (vgl. Abbildung 7) basiert zwar wie die behavioristischen Ansätze auf der Sender-Empfänger-Botschaft-Triade, es wurde jedoch um verschiedene Dimensionen erweitert. Die Lebenswelt beider Kommunikationspartner wird in den Kategorien ‹Weltwissen›, ‹Sprachwissen›,[40] und ‹Gesprächssituation› berücksichtigt. Für Kommunikation sind demnach große Schnittmengen in allen beschriebenen Bereichen konstitutiv. «Heute geht man aus von einem wechselseitigen Verstehensprozess zwischen den Partnern mit einer gemeinsamen Basis, also von der Voraussetzung, daß ein «dem Sender und Empfänger gemeinsamer Symbolvorrat (shared code) als das minimum communale aller Kommunikation zugrundeliegt» (GRAUMANN in MALETZKE 1998 S. 38).

39 Diese Grafik habe ich zusammen mit Peter Holzwarth im Rahmen des VideoCulture Projekts entwickelt (vgl. HOLZWARTH 2001 S. 30).
40 Ein Beispiel aus dem Bereich Sprachwissen ist die Notwendigkeit, am Ende von Interrogativsätzen (Fragen) die Stimme anzuheben.

Da Handlungen (also auch Sprachhandlungen) per definitionem stets eine Intention zugrunde liegt, lässt sich Kommunikation aus pragmatischer Sicht als die Fähigkeit bezeichnen, eigene Interessen und Intentionen durch die Verwendung entsprechender Regeln und Normen des Kommunizierens umzusetzen (vgl. LINKE 1994 S. 176). Der Sender produziert auf dem Hintergrund seiner Intention, seines Motivs ein Kommunikat, von dem er möchte, dass es beim Empfänger ankommt und eine Reaktion seitens des Empfängers im Sinne seiner Intention auslöst. Ist kein Motiv vorhanden, entsteht keine Kommunikation (vgl. MALETZKE 1998 S. 40).

Pädagogische Konsequenzen

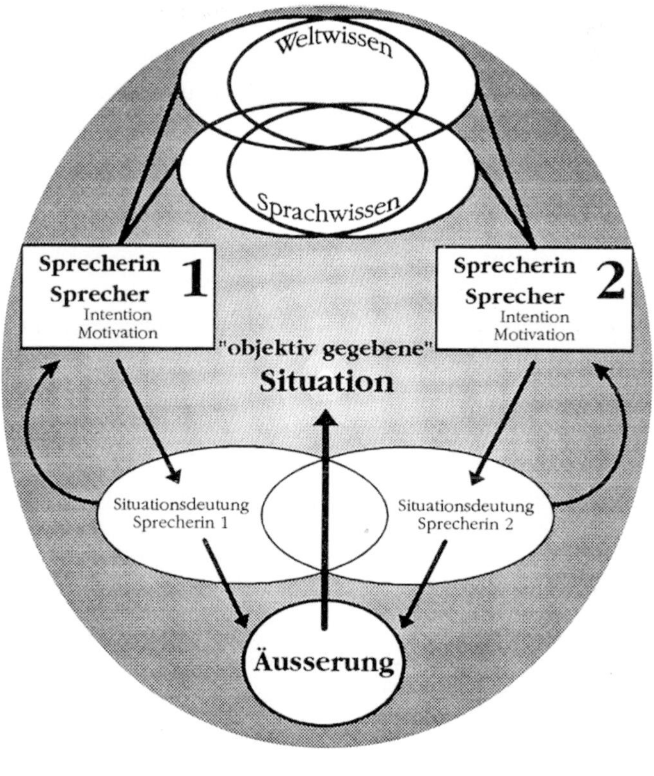

Abbildung 7: Kommunikationsmodell der Pragmatik (Linke *u. a.* 1994 *S.* 175)

5.3.1 Gemeinsamkeiten entdecken lassen

«*Kommunikation bezeichnet einen Vorgang, der auf bestimmten Gemeinsamkeiten zwischen verschiedenen Subjekten beruht*» (MALETZKE 1998 S. 39).

Kommunikation setzt Gemeinsamkeiten der beteiligten Kommunikationssubjekte voraus. Für die CHICAM Zielgruppe sind verschiedene Gemeinsamkeiten anzunehmen. Alle Kinder teilen den Migrationshintergrund und haben ein ähnliches Alter. Viele Kinder teilen dasselbe Geschlecht, die Familienkonstellation (z.B. Teile der Familie noch im Heimatland), einige Kinder teilen die selbe Muttersprache und manche die Nationalität. Das potentielle Spektrum der Überschneidungsbereiche (vgl. Abbildung 7) ist breit, zumal sich aus einer ähnlichen Lebenssituation (Migration) auch ähnliche Herausforderungen, Chancen und Schwierigkeiten ergeben können (vgl. 3.3). Eine zentrale Grundvoraussetzung für Kommunikation ist hiermit gegeben. Gemeinsamkeiten sind aber erst dann kommunikationsfördernd, wenn sie den Beteiligten bekannt sind. Eine pädagogische Konsequenz kann also sein, die Kinder dabei zu unterstützen, Gemeinsamkeiten zu entdecken. Die wissenschaftliche Begleitung erhebt in allen Clubs eine Fülle von Daten über die Kinder. Diese Daten werden unter den Projektmitarbeiter/innen ausgetauscht. Mit einem auf Kontextinformationen basierenden ‹Meta-Blick› kann die medienpädagogische Begleitung nun als Vermittler von Gemeinsamkeiten auftreten und Kanäle für Kommunikation etablieren. Bspw. können im Intranet Channels eingerichtet werden, in welchen jeweils eine Sprache gesprochen wird (der spanische Kanal, der türkische Kanal, ...). Auch themenspezifische Kanäle sind denkbar (z.B. meine Lieblingsbands, Freizeitangebote in unserer Stadt, ...). Die Einrichtung von Kanälen kann auch gemeinsam mit den Kindern entsprechend ihrer Interessen vorgenommen werden.[41]

5.3.2 Sprachwissen (und Medienwissen) entwickeln und vertiefen

Auch geteiltes Wissen über das Kommunikationssystem an sich gehört zu den für Kommunikation notwendigen Gemeinsamkeiten zwischen Subjekten. Kenntnisse (Regeln) in den Bereichen Lexik, Semantik und Syntax

41 Kommunikation in themenspezifischen Kanälen eignet sich eher für den Austausch zwischen einzelnen Individuen als für den Austausch zwischen Gruppen.

ermöglichen den Angehörigen einer Sprachgemeinschaft erst den kommunikativen Austausch in ihrer Sprache. Sprachwissen schließt auch die Fähigkeit mit ein, «... die Reichweite der eigenen Landessprache im Kontext interkultureller Kommunikation einzuschätzen und diese entsprechend zu nutzen» (Holzwarth 2001 S. 112). Holzwarth bezeichnet diese Fähigkeit als «verbale» bzw. «diskursive Kompetenz» (ebd.).

Entsprechend setzt die audiovisuelle Kommunikation über Medien ein medienspezifisches Wissen voraus, das Produzent und Rezipient teilen (z. B. wie funktioniert Narration?, wie wird Spannung erzeugt?, welche filmgestalterischen Mittel passen zu welcher Intention? etc.). Vor dem Hintergrund der kulturellen Globalisierung und der Mediatisierung der Welt ist anzunehmen, dass die beteiligten Subjekte bereits durch ihre Medienerfahrungen über rezeptives Medienwissen verfügen (vgl. Buckingham u. a. 1995 S. 211). Die medienpädagogische Aufgabe besteht m. E. darin, dieses vorhandene Wissen auszubauen und auch für die Produktion von Medientexten verfügbar zu machen (vgl. 4.4.2).

5.3.3 Chatiquette – Verhaltensregeln aushandeln

Neben der Kenntnis von sprachstrukturellen Regeln sind insbesondere für medial vermittelte Kommunikation auch soziale Verhaltensregeln von Bedeutung (vgl. Fix 2002 S. 54). Im Bereich der textbasierten virtuellen Kommunikation in Chatrooms hat sich in diesem Zusammenhang der Begriff «Chatiquette» etabliert. Der Begriff umfasst ein Spektrum an sozialen Verhaltensregeln in virtuellen Räumen (z. B. Fairness, gegenseitiger Respekt, ...), die auch für die netzbasierte Kommunikation im Rahmen von CHICAM relevant sind. Es ist m. E. sinnvoll, gemeinsam mit den Subjekten Verhaltensregeln für den webbasierten Austausch im CHICAM Intranet zu erarbeiten.

5.3.4 Kinder zur Kommunikation motivieren

Menschen «... müssen zur Kommunikation disponiert und motiviert sein» (Maletzke 1998 S. 40).

Kommunikation setzt auf allen Seiten Motivation und Bereitschaft voraus. Kommunikation kann scheitern, wenn ein Gesprächspartner sich weigert bzw. nicht dazu in der Lage ist, ein Kommunikat herzustellen; wenn ein Rezipient nicht bereit ist, zuzuhören, oder wenn er aus welchen Gründen auch immer nicht auf das rezipierte Kommunikat reagiert. Die Pragmatik spricht in diesem Zusammenhang von der Notwendigkeit zur Kooperation (vgl. Linke u. a. 1994 S. 196).

Es sind eine Reihe von Motiven vorstellbar, weshalb sich Kinder mit Migrationshintergrund auf die Produktion von Medien im Rahmen eines internationalen Forschungs- und Praxisprojekts einlassen. Die motivierende Wirkung aktiver Medienarbeit wird von verschiedenen Autoren betont (vgl. z.B. NIESYTO 2000b S. 33ff., vgl. auch 4.1.2.2). Die Kinder können Spaß haben, gleichzeitig dabei etwas lernen; sie können anderen etwas von sich erzählen, ihre Produkte verschiedenen Öffentlichkeiten zugänglich machen und dadurch Feedback und Bestätigung erhalten u.v.m.

Die Art des Publikums kann für die Produktionsmotivation bedeutsam sein. Ein den Kindern bekanntes und von ihnen geschätztes Publikum motiviert möglicherweise stärker zur Kommunikation als ein anonymes Publikum. Im Projekt VideoCulture wurde die Erfahrung gemacht, dass in manchen Fällen das Publikum in den anderen Ländern zu wenig in den Köpfen der Produzenten präsent war (vgl. NIESYTO 2003). Eine Face-to-Face Begegnung zu Beginn eines interkulturellen Medienprojekts könnte dazu beitragen, dass kommunikative Prozesse über Internet/Medien weitergeführt werden. Die Beteiligten hätten dann die Möglichkeit, an der gemeinsamen Erfahrungswelt der Begegnung anzuknüpfen. Die Verbindung von virtuellen und realen Begegnungen ist ein zentrales Qualitätskriterium interkultureller Jugendmedienarbeit (vgl. 4.1.4).

Falls reale Begegnungen aus Mangel an Ressourcen nicht möglich sind, muss nach alternativen Möglichkeiten gesucht werden, wie das zunächst fremde Publikum vertraut gemacht werden kann. Einige Ideen sind im Folgenden aufgeführt:

a) Das Senden von Postkarten auf dem herkömmlichen Postweg
b) Das Verschicken von Fotografien der Gruppenmitglieder als Hardcopy
c) Das Verschicken von kleinen, landestypischen Objekten (z.B. kleine Spielzeuge, Süßigkeiten, Jugendzeitschriften, ...).

5.4 «Man kann nicht nicht kommunizieren»

Das Kommunikationsaxiom «Man kann nicht nicht kommunizieren» (WATZLAWICK u.a. 2000 S. 53) ist Ausdruck der Annahme WATZLAWICKS, dass jegliches Verhalten in einer zwischenmenschlichen Situation, sei es verbal oder nonverbal, Mitteilungscharakter hat, d.h. interpretiert werden kann und damit Kommunikation ist.

«Der Mann im überfüllten Wartesaal, der vor sich auf den Boden starrt oder mit geschlossenen Augen dasitzt, teilt den anderen mit, daß er weder sprechen noch angesprochen werden will, und gewöhnlich reagieren seine Nachbarn richtig darauf, indem sie ihn in Ruhe lassen» (Watzlawick u. a. 2000 S. 51).

Abbildung 8: Körpersprache im Aufzug. «Auf engem Territorium (...) suchen die Augen immer einen ablenkenden Blickpunkt, um die Konfrontation mit dem anderen zu vermeiden...» (Molcho *1983 S. 118*).

Man kann, so Watzlawick u. a., bereits von Kommunikation sprechen, wenn vom Produzenten bewusst oder unbewusst ein Signal ausgesendet wurde und ein Rezipient dieses Signal interpretiert. Ob eine empfangene Mitteilung mit der Ausgesandten übereinstimmt, ist für Watzlawick in diesem Zusammenhang weniger relevant (vgl. Watzlawick u.a 2000 S. 52). Bewusstheit, Intentionalität und gegenseitiges Verstehen sind keine notwendigen Bedingungen für das Zustandekommen von Kommunikation (vgl. ebd.).

«Man kann (...) nicht sagen, daß Kommunikation nur dann stattfindet, wenn sie absichtlich, bewußt und erfolgreich ist, d. h., wenn gegenseitiges Verständnis zustande kommt» (Watzlawick u. a. 2000 S. 52).

Mit seiner Kommunikationsauffassung schreibt Watzlawick dem Rezipienten im Kommunikationsprozess die Rolle des Interpreten zu, der das Verhalten des Produzenten, häufig unabhängig von dessen Intention, subjektiv deutet. Die Deutung des Verhaltens eines Anderen ist demnach bereits Kommunikation. Damit unterscheidet sich diese Auffassung deutlich von der der Pragmatik, nach welcher nur dann von erfolgreicher Kommunikation gesprochen werden kann, wenn das Ziel ‹Verständigung› (Deckung zwischen Aussageabsicht und Interpretation) erreicht ist (vgl. 5.3).

Kommunikation nach dem Verständnis von WATZLAWICK entspricht sicher nicht den Idealvorstellungen von interkultureller Kommunikation im Rahmen von CHICAM. Schließlich sollen kommunikative Prozesse zwischen den CHICAM Clubs nicht beliebig, sondern bewusst und möglichst dialogisch-interaktiv verlaufen.[42] WATZLAWICK bringt aber einen neuen Gedanken ein, der meines Erachtens insbesondere für die Kommunikation über Medien-Eigenproduktionen hilfreich sein kann. Die Möglichkeit, dass der Rezipient Signale des Produzenten anders deuten kann, als sie gemeint sind, eröffnet den Blick auf die Konstruktion von Sinn und Bedeutung in kommunikativen Prozessen.

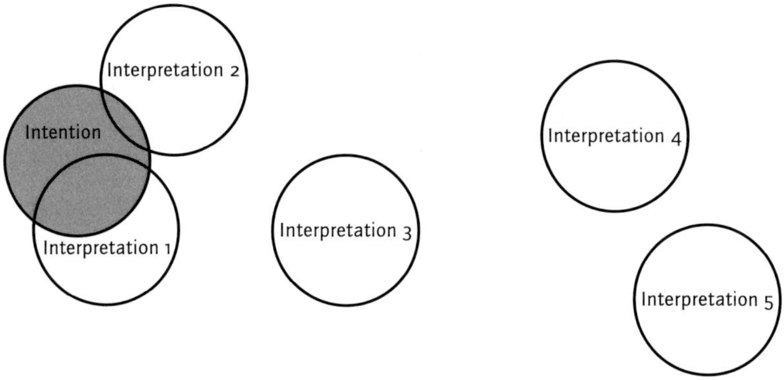

Abbildung 9: Interpretation von offenen Texten

Die Rezeptionsästhetik – ein Konzept der Literaturdidaktik, das sich auf neuere Literaturtheorien (Dekonstruktivismus, Poststrukturalismus) stützt (vgl. BREMERICH-VOS 1996) – geht davon aus, dass Sinn nicht eine Eigen-

42 Schickt ein CHICAM Club einen Videofilm an einen anderen CHICAM Club mit der Bitte um ein kurzes Feedback und der Empfänger-CHICAM-Club meldet sich darauf nicht, dann handelt es sich nach WATZLAWICK bereits um Kommunikation. Die Filmproduzent/innen wundern sich wahrscheinlich, warum das Feedback ausbleibt, sind schließlich enttäuscht und unterlassen ggf. weitere Kontaktversuche mit dem Empfänger-Club.

schaft der Dinge ist (z. B. eines literarischen Textes), sondern vom Menschen den Dingen zugeschrieben wird (vgl. WALDMANN 1999 S. 14). Vertreter der Cultural Studies argumentieren semiotisch, indem sie mediale Texte als polysem, d. h. mehrdeutig bezeichnen (vgl. WINTER 1997 S. 51) und sich auf die Leerstellentheorie von ISER (vgl. ISER 1970) beziehen. ISER sieht in der Leerstelle die Basis für das sinnkonstruierende Geschehen in der Interaktion von Text und Rezipient (vgl. NÜNNING 1998 S. 307). Leerstellen provozieren den Rezipienten dazu, die Unbestimmtheiten durch eigene Sinnentwürfe und Interpretationen zu einer individuell bedeutsamen und plausiblen Wirklichkeit auszufüllen (vgl. WALDMANN 1998 S. 17). Durch die subjektiven Lesarten des Rezipienten enthält ein Text immer mehr Bedeutung (Assoziationen, Konnotationen) als es der Autor beabsichtigt hat.

Abbildung 9 visualisiert die am Rezipienten orientierte Kommunikationsauffassung, nach welcher es zwar unterschiedliche Annäherungen und Überschneidungen von Lesarten mit der Intention gibt, jedoch die alternativen Lesarten nicht weniger gültig sind.[43] Zentrales Kriterium für Kommunikation ist also nicht die Deckung zwischen Aussageabsicht und Interpretation, sondern die Produktion von Lesarten und – im Idealfall – die Rückmeldung der Lesarten an den Produzenten.

Pädagogische Konsequenzen

Medien-Eigenproduktionen lassen sich nicht auf eine Intention reduzieren. Sie sind per definitionem mehrdeutig und provozieren Lesarten unterschiedlicher Komplexität. Diese Erkenntnis kann bedeutende medienpädagogische Konsequenzen haben. Für die Produzenten kann es interessant sein, zu erfahren, welche Lesarten und Bedeutungsvarianzen die Rezipienten anhand ihrer Produktionen entwickeln. Die Rezipienten werden zu kreativen Bedeutungsproduzenten, die auf dem Hintergrund ihrer Erfahrungen, ihrer Assoziationen und ihres Wissens in einem pädagogischen Setting zur Lesartenproduktion angeregt werden. Alternative Lesarten, die den Kern der Intention, soweit vorhanden, nicht treffen, sind kein Kommunikationsproblem, sondern können für die Produzenten interessant und bereichernd sein (vgl. HOLZWARTH 2001 S. 30). Die medienpädagogische Herausforderung

43 Diese Grafik habe ich zusammen mit Peter Holzwarth im Rahmen des VideoCulture Projekts entwickelt (vgl. HOLZWARTH 2001 S. 30).

besteht einerseits darin, eine Umgebung zu schaffen, in welcher die Produktion von Lesarten angeregt wird. Andererseits müssen die individuellen Lesarten ausgedrückt, gesammelt und an die Produzent/innen rückgemeldet werden.[44]

Die Lesartenproduktion kann jedoch nur dann stattfinden, wenn die Kinder dazu bereit sind, sich intensiv auf Kommunikate anderer CHICAM Clubs einzulassen. Dies kann sich in der Praxis als schwierig erweisen, da eine intensive Auseinandersetzung mit audiovisuellen Texten ein hohes Maß an Konzentration und Aufmerksamkeit erfordert. Insbesondere die Diskussion über individuelle Lesarten ist anspruchsvoll, sollen die Lesarten/Feedbacks über ein «ich fand den Film toll» hinausgehen. Meines Erachtens lässt sich die Rezeptions- und Interpretationsbereitschaft auf zwei Wegen fördern. Der eine Weg führt über das Produkt und unterliegt damit den Produzenten. Der zweite Weg besteht in der Schaffung adäquater Rahmenbedingungen für die Rezeption.

5.4.1 Rezeptionsbereitschaft durch das Kommunikat wecken

«Das erste, womit das Verstehen beginnt, ist (…) daß etwas uns anspricht» (Gadamer 1990 S. 304).

Es liegt auf der Hand, dass inhaltlich uninteressante und ästhetisch wenig gelungene Produktionen die Rezeptionsbereitschaft eines Publikums eher einschränken als fördern. Die gezielte Orientierung an den Ansprüchen und Wahrnehmungsgewohnheiten und -präferenzen der Rezipienten kann dagegen bewirken, dass die Rezipienten einen Zugang zum Kommunikat finden (vgl. 6.4.4).

44 Das Projekt VideoCulture hat gezeigt, dass sich das Medium Video zur nonverbalen Verständigung zwischen Jugendlichen aus verschiedenen Ländern eignet (vgl. Niesyto 2003). Ein Blick auf die methodische Dimension von VideoCulture macht aber deutlich, dass neben non-verbalen Elementen auch verbalsprachliche Elemente für das Gelingen von Kommunikation von Bedeutung waren. Die Interpretationen der Jugendlichen, die Filme aus einem Partnerland gesehen haben, wurden in Interviews, Diskussionen und in einer Fragebogenerhebung verbalisiert und in verschriftlichter Form an die Produzent/innen rückgemeldet. Im Projekt VideoCulture war die non-verbale Kommunikation nicht eine Alternative, sondern eine sinnvolle Ergänzung zur verbalen Kommunikation.

5.4.1.1 Bezüge zur Lebenswelt der Rezipienten herstellen

Bereitschaft und Motivation sind häufig an Interesse geknüpft (vgl. LINKE u.a. 1994 S. 196). Vergegenwärtigt man sich den ursprünglichen Wortsinn von Interesse, nämlich ‹dazwischen sein›, ‹zwischen den Dingen stehen› bzw. – in einer freieren Übersetzung – ‹sich in einer Sache auskennen (wollen)›, so lässt sich im Bezug auf die Kommunikationspartner sagen, dass sie zwischen ähnlichen Dingen stehen, also gemeinsam geteilte Erfahrungswelten haben.

«Wenn ihm (dem Produzenten B. M.) aber daran liegt, daß der Text auch ankommt, daß die Aussage im intendierten Sinn gelesen, rezipiert wird, gilt es von Anfang an, sich in die Lage des Adressaten zu versetzen» (DOELKER 1997 S. 172).

Produzenten, die bewusst Aspekte audiovisualisieren, die für die Rezipienten bedeutsam sind, nutzen die kommunikationsstiftende Funktion des gemeinsamen Interesses. Sie schaffen dabei eine Möglichkeit für die Rezipienten, sich mit der Produktion zu identifizieren bzw. sich hineinzuentwerfen (vgl. HOLZWARTH 2001 S. 80).[45]

5.4.1.2 Das Ungewohnte - Neue (ästhetische) Trends setzen

Häufig ist es aber nicht nur das Bekannte, sondern auch das Neue, Unerwartete, was die Aufmerksamkeit und das Interesse von Menschen weckt. Im Werbebereich wird aus diesem Grund nach immer neuen Stilmitteln und Trends gesucht, um Menschen zu überraschen und zu beeindrucken. Ein in diesem Zusammenhang relevanter Befund des Projekts VideoCulture war, dass Jugendliche unterschiedliche Erwartungshaltungen an Videofilme haben. «Einerseits Vertrautes wieder zu finden und eine Art ‹Gefühlsgemeinschaft› zu spüren (bezüglich lebensweltlicher Themen, eigener Weltsichten und ästhetischer Vorlieben), andererseits aber auch Ungewohntes zu entdecken, verbunden mit einer gewissen Neugier und einem Bedürfnis nach Authentizität ...» (NIESYTO 2003 S. 67).

45 NIESYTO (2003 S.71) stellt als ein Ergebnis des VideoCulture Projekts fest, dass Jugendliche insbesondere dann keinen Zugang zu Medien-Eigenproduktionen anderer Jugendlicher finden, wenn sich weder auf der ästhetischen, noch auf der inhaltlichen Ebene Bezüge zum eigenen subjektiven Geschmack und zu lebensweltlichen Erfahrungen herstellen lassen.

5.4.1.3 Dramaturgie

Um die Aufmerksamkeit der Zuhörer zu gewinnen und zu halten, wird ein Geschichtenerzähler verschiedene Stilmittel des Erzählens anwenden. Zum Beispiel die Retardation – die Verzögerung (vgl. von Wilpert 1989 S. 767) kurz vor dem Höhepunkt, um die Spannung zu steigern. Ähnlich gehen auch die Produzenten von Daily Soaps vor. Um die Zuschauer an die Serie zu binden, setzen sie u. a. das Element des Cliffhangers ein. Dabei wird die jeweilige Serienfolge mit einem Spannungsmoment beendet, der sich erst in der folgenden Sendung auflöst. Durch eine bewusst gestaltete Dramaturgie können auch CHICAM Produzent/innen die Aufmerksamkeit des Publikums an sich und ihre Produktion binden. Beispielsweise, indem sie einer Geschichte eine unerwartete Wendung geben oder – im nicht-narrativen Film – die besten, überzeugendsten Bilder an das Ende des Films setzen.

5.4.1.4 Polyvalenz – bewusste Offenheit

Im Forschungsprojekt VideoCulture wurde die Erfahrung gemacht, dass eine gewisse Offenheit der Produktion die Rezeptionsbereitschaft und auch die Produktion von Lesarten befördern kann. Holzwarth macht diese Erkenntnis an der Auswertung von Interpretationen Jugendlicher fest, die mit Hilfe von Fragebögen und Gruppendiskussionen erhoben wurden. Konkreter Interpretationsgegenstand war u. a. eine Videoproduktion mit dem Titel «Die Liebe», die von zwei 15–16jährigen Mädchen mit Migrationshintergrund erstellt wurde.

«Möglicherweise ist es die innerhalb des Rahmenthemas ‹Liebe› bestehende Offenheit, die es den Interpretierenden ermöglicht, eine Verbindung zwischen der verdichteten Erfahrung im Film und eigener Lebenserfahrung herzustellen» (Holzwarth 2001 S. 79). Wenn die strukturelle Eigenschaft der Offenheit[46] die Produktion von Lesarten anregt, kann eine pädagogische Konsequenz sein, die Produzent/innen explizit dazu anzuregen, Leerstellen in ihren Produktionen zu setzen. Offenheit ist nicht mit einer völligen Beliebigkeit gleichzusetzen. Es geht vielmehr darum, bewusst rezeptionsleitende Strukturen zu schaffen und dabei wiederum bewusst Leerstellen zu lassen. Eine konkrete Möglichkeit der Produktion von Leerstellen besteht bspw. darin, das Ende einer Produktion (in diesem Fall Film) wegzulassen und ggf. die Rezipienten dazu anzuregen, selbst ein Ende zu produzieren.

46 Jurga gibt einen Überblick über Möglichkeiten der strukturellen Offenheit von Medienprodukten (vgl. Jurga 2002 S. 124ff.).

5.4.2 Rezeptionsbereitschaft durch medienpädagogische Strukturangebote während der Rezeption

Der zweite Weg zur Förderung von Rezeptions- und Interpretationsbereitschaft führt über den Prozess des Interpretierens und über medienpädagogisch motivierte Settings und Strukturangebote. Im Folgenden werden einige Möglichkeiten skizziert und reflektiert.

5.4.2.1 Einsatz eines Fragebogens

Zur Erhebung der Interpretationen von Videofilmen durch die Partnergruppen wurde im Projekt VideoCulture in den Ländern Tschechien und Deutschland ein offener Fragebogen eingesetzt (vgl. Niesyto 2003 S. 32). Der Fragebogen enthielt eine Sympathiefrage (Was hat dir gefallen? Was hat dir nicht gefallen?), eine Assoziationsfrage (Was fällt dir zum Film ein?), eine Titelfrage (Gib dem Film einen Titel), eine Intentionsfrage (Was wollte die Gruppe, die den Film gemacht hat, deiner Meinung nach ausdrücken? Nenne Beispiele, die das deutlich machen), eine Rückmeldungsfrage (Was möchtest du der Produktionsgruppe gerne sagen? z. B. Lob, Kritik, Nachfragen zu etwas, das dich interessiert oder das du nicht verstanden hast), eine Frage, die Einstellungsänderungen gegenüber dem Film nach dem Ausfüllen des Fragebogens erheben sollte (Nun hast du alle Fragen beantwortet. Wie findest du den Film jetzt?), und eine Frage zur Bestimmung des Alters und des Geschlechts (vgl. Niesyto 2003 S. 34). Die Interpretationssituation wurde von der medienpädagogischen Begleitung methodisch stark strukturiert:

a) Präsentation der Produktion, Raum für spontane Bemerkungen
b) Einführung des Fragebogens
c) nochmaliges Anschauen der Produktion
d) 10 Minuten Bearbeitungszeit
e) Diskussion in der Gruppe anhand der ausgefüllten Fragebögen.

Die Vorteile dieser Methode lagen u. a. darin, dass Einzelmeinungen (individuelle Lesarten) unabhängig vom Einfluss möglicher Opinionleaders in der Gruppe erfasst werden konnten. Durch das Interpretationssetting war sowohl ein spontanes Interpretieren möglich, als auch eine intensivere Auseinandersetzung mit dem Produkt anhand von Leitkategorien. Der Fragebogen diente den beteiligten Jugendlichen als Interpretationsbesteck bzw. als Kristallisationspunkt für potentielle Lesarten.

Andererseits verlangt die Fragebogenmethode eine schriftliche Verbalisierung von Gedanken, Assoziationen, Lesarten. Dies ist ein Problem, das sich besonders mit der Zielgruppe von CHICAM stellt. Es muss ein Transfer von der präsentativen zur diskursiven Symbolik erbracht werden (vgl. HOLZWARTH 2001 S. 45). Diese Transferleistung wurde von den im Rahmen von VideoCulture befragten Jugendlichen in unterschiedlich intensiver Weise erbracht. «Vom Trend her füllten Jugendliche aus Realschulen und Gymnasien den Fragebogen ausführlicher aus, Jugendliche aus dem Hauptschulmilieu antworteten eher knapper» (NIESYTO 2003 S. 35). Die Fragebogenmethode in Verbindung mit der relativ stark strukturierten Interpretationssituation provozierte bei manchen Jugendlichen die Assoziation ‹Klassenarbeit› und dass es darum ginge, eine einzig gültige Interpretation (Lösung) herauszufinden (vgl. HOLZWARTH 2001 S. 44).[47] Der individuelle Stil der medienpädagogischen Begleitung sowie die Art der Einführung dieses Erhebungsinstruments kann die Aneignung des Fragebogens durch die Subjekte in positiver wie negativer Weise beeinflussen.[48] Grundsätzlich gehe ich davon aus, dass rezeptionsleitende Fragen im heuristischen Sinn Interpretationsprozesse befördern können.

5.4.2.2 Gruppendiskussionen

Möglicherweise sind Gruppendiskussionen, die von der medienpädagogischen Begleitung durch Leitfragen strukturiert werden, eher dazu geeignet, um die Kinder zur (mündlichen) Lesartenproduktion anzuregen. Die Gruppendiskussion hat gegenüber dem Fragebogen den weiteren Vorteil, dass die medienpädagogische Begleitung Aspekte, die von den Kindern selbst angesprochen werden, aufgreifen und durch Nachfragen vertiefen kann.

47 Methoden der traditionellen Literaturdidaktik, die sich überwiegend auf das Prinzip der «Werkautonomie» berufen (vgl. KÜGLER 1996), stellen häufig die Frage «Was will uns der Autor mit seinem Werk sagen?» und legen dadurch schon die Existenz einer einzig richtigen Lösung nahe. Noch problematischer wird die Situation, wenn der Lehrer die einzig richtige Lösung für sich beansprucht und keine alternativen Lesarten gelten lässt.

48 Bestandteil der Fragebogenerhebung im Rahmen des Projekts VideoCulture war der deutliche Hinweis, dass alle Antworten interessant sind und es eben nicht jene eine Lösung gibt.

Die rezeptionsleitenden Fragen werden also nicht von den Pädagog/innen und Forscher/innen vorab bestimmt, sondern subjektnah mit den Kindern gemeinsam im Gespräch entwickelt.

5.4.2.3 Produktbegleitende Fragen

Eine weitere subjektnahe Methode, mit welcher Interpretationsbereitschaft durch heuristische Strukturen geschaffen werden kann, ist die Verknüpfung des Produkts mit rezeptionsleitenden Fragen, die von den Produzent/innen selbst formuliert werden. Die Rezipient/innen bekommen als Ergänzung zu dem zu interpretierenden Medienprodukt einen Fragenkatalog, in welchem die Produzent/innen Aspekte zusammengestellt haben, die sie im Bezug auf ihr Produkt und hinsichtlich der Interpretation ihres Produktes durch die Partnergruppen interessieren. Das können sowohl Fragen sein, die sich direkt auf das Produkt beziehen, als auch Fragen, die das Lebensumfeld der Rezipient/innen betreffen und das Produkt lediglich als Anknüpfungspunkt für weitere Einblicke in die Lebenswelt der anderen nutzen (vgl. Bild als Erzählstimulus).

5.4.2.4 Non-verbale Interpretationsmöglichkeiten

Die bisher aufgeführten Methoden zur Förderung der Interpretationsbereitschaft waren in erster Linie an Verbalisierungsleistungen gebunden. Angesichts der Schwierigkeiten, die insbesondere sozial benachteiligte Kinder und Jugendliche mit Verbalisierungsprozessen haben, es sinnvoll, über alternative, weniger logozentrische Interpretationskonzepte nachzudenken. Insbesondere dann, wenn die Zielgruppe zu reflexiv-interpretatorischen Aktivitäten motiviert werden soll. Symbolische Kommunikation – die Produktion und Interpretation von Bedeutungen, so Belgrad & Niesyto in Bezug auf Hülst, solle sich nicht notwendigerweise und einseitig am «… Heraussuchen von jeweils konventionell festgelegten und textuell nahegelegten lexikalischen Bedeutungen beliebiger Zeichen …» (Hülst in Belgrad & Niesyto 2001 S. 9) festmachen, sondern sich vielmehr an ästhetisch-reflexiven, spielerisch-intuitiven Methoden der Weltaneignung orientieren (vgl. ebd.). Im Projekt VideoCulture wurde dies in Ansätzen versucht, konnte jedoch aufgrund begrenzter zeitlicher und finanzieller Ressourcen nicht weiter vertieft werden (vgl. Niesyto 2003 S. 36). «Auf der Suche nach alternativen assoziativen Interpretationsmethoden wurden unter anderem die szenische Interpretation und die Selektion von zentralen Einzelbildern einer Produktion mit der Möglichkeit der verbalen Kommentierung in der Praxis erprobt» (Maurer 1999 S. 31).

5.4.2.5 Rahmenbedingungen der Interpretation

Die Aussage, dass Rahmenbedingungen einen zentralen Einfluss auf den Verlauf pädagogischer Prozesse haben, mag banal klingen. Tatsache ist aber, dass man bereits durch die Schaffung der Rahmenbedingungen den Stellenwert der Interpretationssituation zum Ausdruck bringen kann. Aus kommunikationstheoretischer Sicht ist Rezeption ebenso wichtig wie Produktion. Folglich müssen beide Komponenten im Prozess ähnlich gewichtet werden. Da aktive Medienproduktion per se viel Zeit beansprucht, besteht die Gefahr, dass Rezeptions- und Interpretationsprozesse an den Rand gedrängt und vernachlässigt werden. Dieser Gefahr muss durch eine entsprechende Zeitplanung entgegengewirkt werden. Um die Konzentration der Kinder zu bündeln, empfiehlt sich die Wahl einer Umgebung, in welcher störende Faktoren möglichst ausgeblendet werden können (Verdunklungsmöglichkeit, keine Gegenstände mit Aufforderungscharakter (z.B. Videokamera), kein Zutritt für dritte Personen). Die räumliche Situation sollte allerdings nicht bedrückend steril, sondern eher gemütlich sein, so dass die Kinder sich wohl fühlen. Neben den benötigten Präsentationsgeräten (Computer mit Internetanschluss, Fernseher, evt. Beamer, Videorekorder, ...) sollte ausreichend Platz vorhanden sein, um szenische Interpretationseinheiten durchführen zu können.

6 Das Spannungsfeld von Medienforschung und Medienpraxis

Dieses Kapitel wird von der These geleitet, dass Medienpädagogik, die in den Kontext von Medienforschung eingebettet ist, speziellen Bedingungen unterliegt, die für ‹forschungsunabhängige› Medienpädagogik so nicht gelten. Im Spannungsfeld von Medienpraxis und Medienforschung treffen unterschiedliche Subjektansprüche aufeinander, die sich gegenseitig befruchten (vgl. Allespach & Held 2001 S. 115), aber auch in Konflikt geraten können. Im Folgenden soll dieses Spannungsfeld von Medienforschung und praktischer Medienarbeit beleuchtet werden.

6.1 Medien-Eigenproduktionen von Kindern als Forschungsgegenstand

Zunächst werden allgemeine Erfahrungen mit der Verknüpfung von medienpädagogischer Praxis und Kindheits- und Jugendforschung gesichtet, die aus verschiedenen Projekten bereits vorliegen.

6.1.1 Bisherige Forschungsprojekte in Deutschland

Eine lange Tradition hat die Kinderzeichnungsforschung. Neuss erforscht mediale Rezeptions- und Verarbeitungsstrategien von Kindern durch die dialogisch-kommunikative Analyse von Kinderzeichnungen (vgl. Neuss 1999a S. 206). Fernseherlebnisse lassen sich, so Neuss, durch die Kinderzeichnung als «kindadäquate Symbolisierungsform» (Neuss 1999a S. 205) zur ästhetischen Erfahrung verarbeiten (vgl. Neuss 1999a S. 216), wodurch dem Forscher ein Einblick in das Medienverstehen von Kindern eröffnet wird. Neuss richtet seinen Fokus auf den kommunikativen Austausch zwischen zeichnendem Kind und Interpret. Durch Rücksprache lassen sich bspw. bildliche Verarbeitungen akustischer Reize, doppelte Bezeichnungen von Bildelementen, oder Gegenstände, die nur imaginär außerhalb des Bildausschnittes vorhanden sind, am ehesten ermitteln.

Neuerdings ist das ästhetische Verhalten von Kindern bei der Produktion digitaler Kinderzeichnungen am Computer Gegenstand kunstpädagogischer Forschung (vgl. Von Criegern & Mohr 1999, Kirchner 2000). Hier wird der Frage nachgegangen, in welcher Weise mediale Spezifika des Computers und der entsprechenden Software das digitale Produzieren von Bildern beeinflussen (vgl. KIRCHNER 2000 S. 34). Eine besondere Bedeutung wird dem Produktionsprozess zugeschrieben. Aufgrund der technischen Eigenschaften des Mediums und den dadurch eröffneten experimentellen Spielräumen wird «die Tätigkeit (...) zum eigentlichen (ästhetischen B. M.) Ereignis, das Ergebnis Bild scheint nur ein eher nebensächliches Produkt zu sein» (VON CRIEGERN & MOHR 1999 S. 257). Im Vergleich zum gemeinsamen Malen mit herkömmlichen Mitteln scheint die Gemeinschaftsarbeit am Computer die verbale Kommunikation der Kinder zu fördern und sogar zu verlangen (VON CRIEGERN & MOHR 1999 S. 259). Perspektivisch wird der Computer als potentiell geeignetes Hilfsmittel gesehen, das die Diskrepanz zwischen dem subjektiven Darstellungsvermögen (z. B. zeichnerischer Kompetenz) und dem Anspruch an das eigene zu gestaltende Produkt (Bildkonzept) zu überwinden hilft (vgl. KIRCHNER 2000 S. 43) und dadurch das Interesse der ins Jugendalter übergehenden Kinder am bildhaften Ausdruck aufrecht erhält (vgl. KIRCHNER 2000 S. 44).

In jüngster Zeit findet man qualitativ angelegte Projekte, die sich mit Kindern als Produzenten und – das ist die Regel – als Rezipienten im virtuellen Raum des Internet befassen. Das Projekt «Internet – außerschulische Lernangebote für Kinder und Jugendliche bis zum 14. Lebensjahr» untersucht unter anderem, wie sich Kinder im Netz darstellen und über welche Gegenstände sie kommunizieren. Schreibwerkstätten, Gästebücher, Pinnwände und Diskussionsforen sind Orte, an denen Kinder im Internet vorwiegend Spuren hinterlassen (vgl. FEIL 2000 S. 21). Die Gestaltung eigener Homepages kann in der Regel dann beobachtet werden, wenn die Kinder von Erwachsenen unterstützt und beraten werden (vgl. ebd.). Generell seien (insbesondere jüngere) Kinder bei der Nutzung des Internets auf Beratung angewiesen. Mangelnde Englischkenntnisse, die Schwierigkeiten beim Abspeichern und Wiederfinden verschiedener Dateiformate, das Downloaden und Installieren von Zusatzprogrammen stellen Hürden dar, die ohne Hilfe nur schwer überwindbar sind (vgl. FEIL 2000 S. 21/22).

Das Experiment «Kinderspuren im Netz»[49] des SIN (Studio im Netz e.V. München) trägt dieser Erkenntnis Rechnung. Es stellt 100 Kindern einen

49 Vgl. http://www.sin-net.de/sin-net/Aktivitaeten/Professional/Kinderspuren/Projektbeschreibung/start.htm (Zugriffsdatum: 15.05.2004).

eigenen virtuellen Raum zur Verfügung, den sie mit individueller und kontinuierlicher Unterstützung von Medienpädagog/innen nach Belieben mit Text, Fotos, kurzen Videoclips, Audiofiles und gemalten Bildern ausgestalten können (vgl. PALME & FRIEDRICH 2001 S. 124). Der virtuelle Raum besteht für einen Zeitraum von 13 Jahren und kann von den heranwachsenden Kindern beliebig oft und freiwillig ge-updated werden (vgl. PALME & FRIEDRICH 2001 S. 129). Ziel ist neben der Schaffung einer virtuellen Heimat im World Wide Web und der Beobachtung und Auswertung der inhaltlichen und ästhetischen Entwicklung in diesem Zeitraum (vgl. PALME & FRIEDRICH 2001 S. 129) insbesondere die Befähigung der Kinder zum selbstverständlichen (auch produktiven) Umgang mit dem neuen Medium Internet (vgl. PALME & FRIEDRICH 2001 S. 127).

Die Studie «Medienpädagogik und soziokulturelle Unterschiede» (NIESYTO 2000a) erhebt bisherige Erfahrungen von medienpädagogischen Angeboten mit Kindern und Jugendlichen aus benachteiligenden Verhältnissen, um Konsequenzen für eine konzeptionelle Weiterentwicklung dieser Angebote abzuleiten. Die Projektgruppe um NIESYTO befragte 67 Expert/innen, die bis zum Befragungszeitpunkt langjährig in der medienpädagogischen Praxis tätig waren (vgl. NIESYTO 2000a S. 8). Das Ergebnis ist ernüchternd. Aktive Medienarbeit ist zu einem großen Teil mittelschichtzentriert (vgl. ebd. S. 27). Zielgruppenspezifische, niedrigschwellige Angebote, die an individuellen Stärken von Kindern und Jugendlichen aus sozial und bildungsmäßig benachteiligten Kontexten anknüpfen, sind selten (vgl. ebd. S. 7). Entsprechend spricht sich NIESYTO für eine Ausdifferenzierung medienpädagogischer Konzeptionen aus, um Kindern und Jugendlichen spezifische Zugänge zur produktiven Arbeit mit Medien zu ermöglichen (vgl. ebd. S. 6).

6.1.2 Bewertung der Ergebnisse

Erst in jüngster Zeit werden Forschungsprojekte durchgeführt, die sich insbesondere auch mit dem produktiven Umgang von Kindern mit neuen Medien auseinandersetzen. Es fehlt jedoch bis heute eine systematische Reflexion dieser Forschungsrichtung und insbesondere hinsichtlich der Suche nach Möglichkeiten, «... Eigenproduktionen von Kindern und Jugendlichen in Forschungsdesigns zu integrieren und als spezifische Quelle für wissenschaftliche Forschung zu nutzen» (NIESYTO 2001c S. 7). Wie angesichts dieser Tatsache nicht anders zu erwarten, tragen die skizzierten Forschungsprojekte nur begrenzt zur Klärung der Anforderungen an Medienpädagogik im Kontext von Forschung bei. Die Notwendigkeit pädagogischer Arrangements wird in den Studien von Feil und Palme & Friedrich zwar angedeutet, nicht aber weiter konkretisiert.

In den Studien von Kirchner und Von Criegern & Mohr wiederum spielt die medienpädagogische Begleitung eine weniger große Rolle, es geht hier eher um die Exploration des Umgangs der Kinder mit bestimmten Computerprogrammen und um die Bearbeitung ästhetischer Aufgabenstellungen. Dabei werden strukturelle Eigenschaften von Medien herausgearbeitet, die für den medienpädagogischen Rahmen von CHICAM durchaus interessant sind. So seien beispielsweise das Zwischenspeichern von Ergebnissen, die Möglichkeit, Schritte rückgängig zu machen und die Existenz von Effekten mediale Spezifika, die Kinder dazu anregen, zu experimentieren und die Möglichkeiten der Software selbstentdeckend zu erschließen (vgl. von Criegern & Mohr 1999 S. 259 und 264).

Lebensweltliche Aspekte von Kindern, wie sie im eher ethnographisch angelegten CHICAM Projekt relevant sind, werden explizit nur in der Forschungsarbeit von Neuss zum Gegenstand gemacht. In diesem Fall sind es Medienerfahrungen als Teil der Lebenswelt von Kindern, die durch die kindliche visuelle Verarbeitung beim Zeichnen dem Forscher zugänglich gemacht werden sollen. An dieser Stelle finden sich erste Hinweise für die medienpädagogische Begleitung, obwohl hier eher an den Forscher gerichtet. Neuss betont die Bedeutung kommunikativ-validierender Elemente für die Begleitforschung im Kontext von kindlich-ästhetischem Ausdruck und kindlicher Symbolbildung (vgl. Neuss 1999a).

«Dabei wird die Selbstorganisation der ästhetischen Äußerung anerkannt, jedoch auch die Bedeutung und Notwendigkeit des kommunikativen Handelns in qualitativen Forschungsprozessen und innerhalb der Medienerziehung hervorgehoben» (Neuss 1999b S. 13).

Eine Form der kommunikativen Validierung meint die Rückspiegelung der subjektiven Interpretationen der Forscher an die Forschungssubjekte (vgl. Flick 1999 S. 245), was ein Grundprinzip qualitativer Forschung darstellt. Kontinuierliche kommunikative Validierung ist insofern zentral, als Erkenntnisgewinn und Veränderung, Forschung und Praxis im Sinne einer dialogischen Wahrheitsfindung zyklisch und nicht linear ablaufen sollen. Der Forschungsprozess wird auf diese Weise für alle Beteiligten zum Lehr- und Lernprozess. Ich sehe den Interpretations- und Bedeutungsabgleich zwischen Forschern und Kindern als einen integralen Bestandteil des medienpädagogischen Konzepts. Zum einen muss hierfür ausreichend Raum eingeplant werden und zum anderen bedarf es innovativer Konzepte, wie kommunikative Validierung zielgruppengemäß methodisch durchgeführt werden kann.

Konkrete Überlegungen zur Rolle der medienpädagogischen Begleitung lässt NIESYTO in seine Studie einfließen. Er entwickelt theoretisch-konzeptionelle Kriterien für die Praxis mit sozial- und bildungsmäßig benachteiligtem Klientel. Er plädiert für handlungsorientierte, sinnlich-assoziative Verfahren, in welchen sich Jugendliche die entsprechenden Medien spielerisch-experimentell aneignen können. Er entwickelt ein Qualifikationsprofil für medienpädagogische Mitarbeiter/innen, welches ästhetischen, technischen und insbesondere pädagogischen Anforderungen Rechnung trägt (vgl. NIESYTO 2000a S. 28ff.). Seine Überlegungen zur Schaffung infrastruktureller Rahmenbedingungen reichen bis in die Lehreraus- und Weiterbildung hinein (vgl. ebd. S. 39).

Die Sichtung bereits durchgeführter Forschungsprojekte, die Medien-Eigenproduktionen von Kindern zum Gegenstand haben, macht eines deutlich: Die Bedeutung des Spannungsfeldes zwischen Medienforschung und Medienpädagogik ist abhängig von der jeweiligen Forschungsintention. Diese kann eher medienstrukturell, ästhetisch oder eher medien-ethnographisch ausgerichtet sein. Während in Studien, die ihren Fokus auf das Medium selbst (z. B. Technik, Umgangsweise mit der Technik) legen, die medienpädagogische Perspektive zweitrangig ist und auch nicht reflektiert werden muss, kann sie in eher ethnographischen Projekten eine ganz entscheidende Rolle spielen. Konsequenzen für die pädagogische Praxis müssen daher auch direkt am Gegenstand – dem Projekt CHICAM selbst – abgeleitet werden.

6.2 Medien-ethnographische Forschung

Medien-ethnographische Forschung fokussiert im Allgemeinen die Erhebung des kontextgebundenen Umgangs der Menschen mit den Medien (vgl. WINTER 1998 S. 18). Dieser Ansatz nimmt die Menschen als aktive und selbstbestimmte Mediennutzer ernst und fragt nach der Verankerung der Medien im Alltag der Forschungssubjekte (vgl. ebd.).

Ein Beispiel für ein medien-ethnographisches Projekt, das auch eine medienpädagogische Dimension beinhaltete, ist das Projekt VideoCulture, das zwischen 1997 und 2000 in Deutschland, England, Tschechien, Ungarn und den USA stattfand. Jugendliche zwischen 14 und 19 Jahren hatten die

Möglichkeit, kurze Videofilme zu den Rahmenthemen ‹Being young› und ‹Opposites attract› zu erstellen. Die Besonderheit des Projekts lag darin, die eigenen Gefühle, Gedanken, Erfahrungen und Geschichten nur mit Bildern und Musik auszudrücken und möglichst auf Wortsprache zu verzichten. Anschließend wurden die Filme ausgetauscht und von den Jugendlichen gegenseitig interpretiert. Die Forscher/innen beobachteten die Entstehungskontexte der Videoproduktionen, erhoben mit verschiedenen Methoden die Interpretationen der Jugendlichen und formulierten eine Reihe von Beobachtungen und Befunden zu den vorhandenen (medialen) Kompetenzen der Jugendlichen auf dem Hintergrund soziokulturell unterschiedlicher Bedingungen (vgl. Niesyto 2003).

Der dem Projekt VideoCulture zugrunde liegende Forschungsansatz «Eigenproduktionen mit Medien» hat die Prämisse, dass Forschende sich auf die vorhandenen Ausdrucksweisen und medialen Eigenproduktionen von Kindern und Jugendlichen einlassen, um sich ethnografisch-verstehend subjektiven Lebens- und Medienwelten anzunähern (vgl. Niesyto 2001a; 2001b; vgl. Holzwarth & Maurer 2002).

Hauptfokus von VideoCulture war weniger der Einblick in die Lebenswelten der Jugendlichen, sondern primär die Exploration einer interkulturell geteilten Bild- und Symbolsprache in Eigenproduktionen Jugendlicher. Insofern entspricht das Projekt CHICAM, dem es ja explizit um die Erhebung von Daten zu den Themenschwerpunkten ‹Familie›, ‹Peergroup› und ‹Schule› geht, noch eher dem Kern des Ansatzes «Eigenproduktionen mit Medien» als das Vorgängerprojekt VideoCulture.

6.3 Der Forschungsansatz «Eigenproduktionen mit Medien»

6.3.1 Theoretische Grundlegung

In der qualitativen Forschung werden visuelle Daten als Möglichkeit zur Exploration von Lebenswelten zunehmend erkannt und verwendet (vgl. Flick 1999 S. 176). «Einerseits ist die Überschreitung des gesprochenen Worts und des Berichts über Handlungen zugunsten der Analyse der Handlungen in ihrem Verlauf der Grund, andererseits, daß einige Formen der Beobachtung ohne Interventionen in das untersuchte Feld auskommen» (Flick S. 176). Mit dem Einsatz von Foto und Video im Kontext medien-ethnographischer Forschung knüpft der Ansatz «Eigenproduktionen mit Medien» an den Traditionen der visuellen Soziologie an (vgl. Niesyto 2001a S. 89). Er stellt jedoch insofern eine methodologische Weiterentwicklung dar, als nicht nur visuelle Daten über die Kinder und Jugendlichen im Sinne traditioneller visueller Methoden (teilnehmende Beobachtung, Videoaufzeichnungen von Prozessen, Fotografie) erhoben werden, sondern dass die Forschungssubjekte selbst mit Medien produzieren und die entstandenen Produktionen neben der Dokumentation des Produktionsprozesses gewissermaßen als zweite Empirie selbst zum Forschungsgegenstand werden (vgl. NIESYTO 1997 S. 8).

«In selbsterstellten Videofilmen haben Jugendliche die Chance, eigene Bilder des Welterlebens über körper- und gegenstandsbezogene sowie über mehr abstrahierende Symbolisierungen auszudrücken» (NIESYTO 2001a S. 90).

Indem man als Forscher Kindern und Jugendlichen die Möglichkeit gibt, sich mit audiovisuellen Medien auszudrücken, verspricht man sich Einblicke in subjektive Repräsentationsformen von Wirklichkeit, die mit logozentrischen Methoden nur teilweise oder gar nicht erforscht werden können (vgl. NIESYTO 2001a S. 89). Welche Schwierigkeiten mit der Transformation von präsentativer Wirklichkeit in diskursiven Text verbunden sind, wissen wir spätestens seit der Diskussion um die ‹Krise der Repräsentation› in der qualitativen Sozialforschung, die poststrukturalistische Strömungen Mitte der 70er Jahre eingeläutet haben (vgl. FLICK 1999 S. 37).

«Die Orientierung auf schriftsprachliche und verbale Ausdrucksformen enthält (…) Begrenzungen. So stellt sich in der Kindheits- und Kindermedienforschung vor allem aus altersspezifischen Gründen die Notwendigkeit, non-verbale Methoden wie Rollenspiele, Malen, Gestalten einzubeziehen, da Kindern Wort und Schrift nur begrenzt zur Verfügung stehen …» (NIESYTO 2001c S. 8).

Assoziativ-intuitive, audiovisuelle Symbolbildungsprozesse, so die These, knüpfen eher an den Ambivalenzen kindlicher und jugendlicher Wirklichkeitswahrnehmung und ästhetischen Denkformen an als klassische sprachorientierte, kausal-logische Formen (z.B. Interview) (vgl. z.B. RÖLL 1996a S. 210). Wirklichkeitswahrnehmung ist geprägt von den Medienwelten, in welchen Kinder und Jugendliche heute aufwachsen, sozialisiert werden und sich selbst aktiv sozialisieren (vgl. MÜLLER 1998). «Medien sind in unsere moderne Welt derart eingebunden, daß wir uns in ihren Spiegelungen bewegen, als wäre dies unser Alltag, und es ist deswegen unser Alltag» (BAACKE 1997 S. 30). Globalisierte und internationalisierte medienästhetische Formen wie Musikclips, Lifestyle-Ästhetik in Werbung, Spielfilm und dokumentarischen Darstellungsformen, ermöglichen Jugendlichen in aller Welt symbolische

Grenzüberschreitungen jenseits ihrer lokalen, sozialräumlichen Einbindungen (vgl. Niesyto 2001b S. 159). Insbesondere die digitale Ästhetik sorgt für fließende Übergänge und neue Wirklichkeit schaffende Verwischungen zwischen realen und fiktiven Symbolangeboten (vgl. ebd.).

Nach der Theorie des «ästhetischen Stoffwechsels» (vgl. Maurer 1999) beeinflussen Rezeptionsformen immer auch Ausdrucks- und Verarbeitungsformen. Medien beeinflussen jugendkulturelle Stil- und Symbolbildungen, jedoch nicht in einem kausal-analytischen monodirektionalen Sinne (was machen Medien mit den Menschen?), sondern Jugendliche wählen aktiv aus, spielen in kreativer Weise mit dem (auch) medial vermittelten gesellschaftlichen Stil- und Symbolvorrat und bilden dabei ihre spezialisierten personalen Identitäten und Erlebnisformen heraus (vgl. Vogelgesang 1996 S. 234). Niesyto plädiert für ein Umdenken in der qualitativen Jugendforschung, das den Veränderungen der Wahrnehmung im Medienzeitalter Rechnung trägt.

«Wenn die Einschätzung stimmt, dass die Medienförmigkeit der Wahrnehmung an Bedeutung gewonnen hat, kann dies nicht ohne Auswirkung auf theoretisch-konzeptionelle und methodische Überlegungen bei der Entwicklung von Forschungsdesigns bleiben» (Niesyto 2001d S. 56).

Die obigen Überlegungen zur Weltaneignung von Kindern und Jugendlichen bzw. zum Verständnis von qualitativer Forschungsarbeit im Medienzeitalter kulminieren in der These:

«Wer in der heutigen «Mediengesellschaft» etwas über die Vorstellungen, die Lebensgefühle, das Welterleben von Jugendlichen erfahren möchte, sollte ihnen die Chance bieten, sich – ergänzend zu wort- und schriftsprachlichen Formen – auch in präsentativ-symbolischen Formen auszudrücken» (Niesyto 2001d S. 57).

Medienpädagogische Jugendforschung erfüllt demnach ihren Zweck, wenn die Forschungssubjekte durch die Produktion mit Medien in die Lage versetzt werden, ihre Themen, Erfahrungen, ihre (kollektiven) Orientierungs- und Deutungsmuster einzubringen (vgl. Niesyto 2001a S. 92).

Der Einbezug von audiovisuellem Material in Forschungskontexte wirft jedoch auch Probleme und offene Fragen in den Bereichen der Datenerhebung und der Datenauswertung auf. Die Auswertung visueller Daten ist insbesondere durch die Schwierigkeit der Mehrdeutigkeit und des Umgangs mit dieser Mehrdeutigkeit gekennzeichnet (vgl. Niesyto 2001c S. 10). Dies ist u. a. ein Grund für die wissenschaftskonservative Skepsis, die dem Ansatz von verschiedenen Seiten entgegengebracht wird. Dabei existieren inzwischen einige theoretisch-konzeptionelle Überlegungen und Konzepte zu diesem Problem (vgl. dazu z. B. Müller-Doohm 1993). Auf die Interpretation der Daten soll an dieser Stelle jedoch nicht näher eingegangen werden.

6.3.2 Varietäten des Ansatzes

Der Forschungsansatz «Eigenproduktionen mit Medien» ist kein homogener, sondern es haben sich mehrere Strömungen etabliert. Allespach & Held umgehen gewissermaßen das Problem der medienpädagogischen Begleitung und ziehen es angesichts der komplexen technischen Anforderungen (vgl. Allespach & Held 2001 S. 120) an Pädagogen, Forscher und Jugendliche vor, die eigentliche Medienarbeit von professionellen Medienmachern durchführen zu lassen. Die Profis erledigen zwar die Aufnahmen und den Schnitt, «… sie setzen aber nur das um, was von den Jugendlichen intendiert ist» (Allespach & Held 2001 S. 121). Diese Methode ist m. E. problematisch. Es wird quasi vorausgesetzt, dass die Profis immer genau wissen, was die Jugendlichen intendieren. Im Prozess der kommunikativen Validierung lassen sich zwar Unstimmigkeiten ausgleichen, letztendlich verläuft diese Art der Kommunikation wiederum auf der verbalen Ebene, was der Intention des Forschungsansatzes «Eigenproduktionen mit Medien» zuwiderläuft. Außerdem bestimmen die professionellen Kamerateams alleine die filmgestalterisch-ästhetische Dimension, die neben der Technik nicht vergessen werden darf. Gerade in der ästhetischen Dimension lassen sich eigene Medienerfahrungen und ästhetische Präferenzen verarbeiten, was zur ästhetischen Standortbestimmung, zur jugendkulturellen Stilbildung beiträgt. Es hängt wohl vom Einzelfall ab, wie groß die Anteile der Kinder und Jugendlichen an den Produktionen der Filmemacher sind. Letztlich ist es eben ein zentrales Kriterium für den Ansatz «Eigenproduktionen mit Medien», dass die Forschungssubjekte die Produktionen selbst herstellen müssen (vgl. Niesyto 2001a S. 7). Trotz allem können auf diesem Weg Einblicke in die Lebenswelten der Forschungssubjekte gewonnen werden.

Andere Konzepte verzichten ganz auf die medienpädagogische Begleitung und lassen die Kinder und Jugendlichen ohne Beratung Medienproduktionen erstellen, die sie anschließend auswerten. Besteht für die Forscher/innen die Möglichkeit, während des Prozesses präsent zu sein, können zusätzlich Kontextinformationen zur Entstehung der Produktionen erhoben und in die Analyse eingearbeitet werden. Ansonsten muss die Analyse produktimmanent bleiben, mit allen damit verbundenen Vor- und Nachteilen. Im ersten

Fall kann es m. E. Schwierigkeiten mit der Legitimation der Anwesenheit des Forschers geben, der sich am Prozess inhaltlich nicht beteiligt und den Kindern und Jugendlichen keine verwertbaren Impulse anbietet. NEUSS äußert sich hinsichtlich des zweiten Falls eher skeptisch.

«Um die Funktion der Zeichnung im Lebens- und Aneignungszusammenhang des Kindes zu erfahren, kann nicht mehr ausschließlich das Produkt das Interesse bestimmen, sondern es interessiert vielmehr die Perspektive des Kindes und seine Beziehung zu dem entstandenen Produkt» (NEUSS 1999 S. 50).

Eine weitere Form des Ansatzes «Eigenproduktionen mit Medien» lässt Kinder und Jugendliche mit Unterstützung von Medienpädagog/innen Medienproduktionen erstellen (vgl. NIESYTO 2001a S. 91). Es handelt sich um eine Form der medienpädagogischen Kindheits- und Jugendforschung (vgl. ebd. S. 92). SCHMIDT differenziert an dieser Stelle noch die Formen «nicht auf Präsentation angelegt» und «auf Präsentation angelegt» (SCHMIDT 2001 S. 54), wobei mit «Präsentation» nicht die Präsentation der Forschungsergebnisse, sondern die Präsentation der entstandenen Medienprodukte gemeint ist. CHICAM lässt sich als medienpädagogische Kindheitsforschung bezeichnen, die auf Präsentation angelegt ist.

6.4 Anforderungen der Forschung an die CHICAM Projekt-Praxis

6.4.1 Der Zugang zum Feld

Ein Hauptproblem qualitativer Forschung liegt im Zugang zu den Forschungsubjekten. «Wie gewinnt der Forscher seine potentiellen Untersuchungsteilnehmer zur Mitwirkung, und wie kann er erreichen, daß die entsprechende Bereitschaft nicht nur geäußert wird, sondern zu konkreten Interviews oder anderen Daten führt?» (FLICK 1999 S. 70).

Wie kann vermieden werden, dass sich die Kinder und deren Eltern als potentielle Versuchskaninchen wahrnehmen und aus diesem Grunde die Teilnahme am Projekt verweigern? Wie kann eine Kontinuität der Teilnahme am Projekt gesichert oder zumindest gefördert werden? Eine schlichte Information in schriftlicher Form reicht für diese Zielgruppe (Sprachschwierigkeiten der Eltern) bei weitem nicht aus. Der Zugang zum Feld muss methodisch aufbereitet werden. Das Prinzip, «You'll never get a second chance to make a first impression» sollte in jedem Fall handlungsleitend sein.

Beim ersten CHICAM Projektbeiratstreffen wurde die Bedeutung eines sensiblen Vorgehens in diesem Zusammenhang von den anwesenden Experten betont. Die Teilnahme eines Kindes am Projekt steht und fällt mit dem Einverständnis und dem Wohlwollen der Eltern (vgl. Kapitel 3.3). Dieses erreicht man kaum durch unsensibles, forderndes und offensives Verhalten, sondern durch den sensiblen Aufbau eines Vertrauensverhältnisses. Wie schon in Kapitel 3.3 angedeutet, sind Schlüsselpersonen, die bereits in einem Vertrauensverhältnis zu den Eltern und Kindern stehen, eine Möglichkeit, den Zugang herzustellen.

6.4.2 Spektrum der individuellen Subjektansprüche

«(…) (Es) ist zu berücksichtigen, dass nicht nur die jugendlichen Medienproduzenten, sondern auch die Forscher/Medienpädagogen ihre eigenen Interessen und Ziele haben, und dass diese transparent gemacht und verhandelt werden müssen.» (ALLESPACH & HELD 2001 S. 118)

Die Verbindung von Medienpädagogik und Feldforschung bedingt ein breites Spektrum an Subjektzielen, -erwartungen und -ansprüchen, die teils miteinander verflochten (Schnittmengen, geteilte Erwartungen) und teils schwer zu vereinbaren sind. Beteiligte Subjekte sind im Fall von CHICAM nicht nur die Kinder, deren Familien und Freunde, sondern auch die Pädagog/innen und Künstler/innen, die Forscher/innen in den beteiligten Ländern, und im weiteren Sinne die Forschungsauftragsgeber, das potentielle Publikum bei Präsentationsveranstaltungen und viele mehr. Die verschiedenen Ziele unterliegen jeweils den Kontexten und den strukturellen Zwängen und Möglichkeiten, in welchen sich die Subjekte befinden. Ein fiktives Szenario soll die Vielfalt der Ziele und Erwartungen veranschaulichen:

Die Motivation der Migrantenkinder liegt bspw. in der Aussicht, mit anderen Kindern gemeinsam etwas zu machen und dabei Spaß zu haben (vgl. NIESYTO 2000b S. 19). Vielleicht genießen sie auch die Aufmerksamkeit, die ihnen durch das Angebot und die beteiligten Personen entgegengebracht werden. Sie bekommen eine Abwechslung im Alltagsleben und haben die Möglichkeit, Langeweile sinnvoll und erfüllt zu überbrücken. Vielleicht sind sie gar nicht so sehr daran interessiert, mit den Kindern aus anderen Ländern Kontakt aufzunehmen. Sie orientieren sich in diesem Fall möglicherweise an den Öffentlichkeiten im sozialen Nahraum.

Die Forschungsziele der Forscher sind durch die Projektkonzeption festgelegt und für dritte Personen in schriftlicher Form zugänglich. Da Forschungsprojekte finanzieller und personeller Ressourcen bedürfen, sind die

Forschungsziele in vielen Fällen antragsstrategisch ausgerichtet (und gehen oftmals an der Praxis vorbei). Ich verzichte an dieser Stelle auf eine erneute Aufzählung und verweise stattdessen auf das Kapitel 2.1.2 und auf den Projektannex (vgl. Buckingham & De Block 2001). Die subjektiven Ziele der Forscher/innen sind in den Forschungszielen jedoch nicht enthalten. Subjektive Ziele könnten u.a. die Erreichung aussagekräftiger Ergebnisse sein, um die eigene Position in der Forschungslandschaft zu schärfen bzw. den eigenen Namen bekannt zu machen, oder sich angesichts der Tatsache, einen guten Dienst an einer Minorität zu leisten, aufgewertet und sozial engagiert zu fühlen.

Auch im Ziel- und Erwartungshorizont der Pädagogen lassen sich subjektive und objektive Ziele unterscheiden. Ein objektives Ziel ist bspw. die Vermittlung spezifischer Medienkompetenzen, die für den Arbeitsprozess in CHICAM notwendig sind. Ein Beispiel für ein eher subtiles Interesse ist das Bedürfnis, eigene ästhetische Vorstellungen in den Produktionen der Kinder durchzusetzen, insbesondere dann, wenn die Produktionen einer Öffentlichkeit zugänglich gemacht werden. Die medienpädagogische Arbeit kann in diesem Fall als Folie zur Selbstdarstellung bzw. Selbstverwirklichung des Pädagogen instrumentalisiert werden.

Die Erwartungen der anderen Subjekte möchte ich hier nicht vertiefen. Fakt aber ist, dass Auftraggeber Berichte («Deliverables») und konkrete verwertbare Konzepte erwarten, dass Medienarbeit für Eltern mit Migrationshintergrund nicht unbedingt Priorität hat, dass sie wenig daran interessiert sind, ausgeforscht zu werden, und dass Publika je nach Art und Funktion bestimmte Wahrnehmungsgewohnheiten, -erwartungen und ästhetische Vorlieben haben.

Die medienpädagogische Praxis von CHICAM ist das sozial-ästhetische Feld, auf welchem die unterschiedlichen Interessen und Erwartungen aufeinander treffen, sich gegenseitig befruchten oder in Konflikt geraten können. Subjektorientierung als Qualitätskriterium qualitativer Forschung bedeutet, die subjektiven Interessen weitmöglichst zu berücksichtigen. Interessen zu berücksichtigen setzt voraus, dass Interessen bekannt sind. Um Irritationen und Enttäuschungen zu vermeiden, ist es sinnvoll die Interessen nicht nur zu Beginn des Prozesses, sondern auch kontinuierlich im Prozessverlauf zu reflektieren, transparent zu machen und abzugleichen.

Eine Aufgabe, die sich im Kontext des Prinzips der Transparenz zunächst stellt, ist die Offenlegung der Forschungsziele gegenüber den Forschungssubjekten. Dies ist besonders im Rahmen der Bemühungen um einen Zugang zum Feld von Bedeutung.

6.4.3 Das Problem der Authentizität

Die Verknüpfung von ethnografischen und medienpädagogischen Zielen stellt die medienpädagogische Begleitung vor weitere Herausforderungen. Einerseits muss sie den Kindern technische, ästhetische und soziale Hilfestellung geben, um sie bei der audiovisuellen Realisierung ihrer subjektiven Themen angemessen zu unterstützen[50] – sie übt also Einfluss aus. Andererseits darf der Einfluss nicht so groß sein, dass die audiovisuellen Aussagen der Kinder in dem Maße verzerrt werden, dass von subjektiver Stil- und Symbolbildung letztendlich keine Rede mehr sein kann. Das Problem der Authentizität (vgl. ALLESPACH & HELD 2001) ist in diesem Zusammenhang Gegenstand des wissenschaftlichen Diskurses.

«Wenn man in der Medienarbeit Forschung betreiben will, kommt es darauf an, dass die jungen Medienproduzenten, mit denen man forscht, sich authentisch als Subjekte einbringen können» (ALLESPACH & HELD 2001 S. 116). Das Authentizitätsproblem wiederum ist verknüpft mit der Frage, ob die Gestaltungsaktivitäten auf der Eigeninitiative der Kinder als Ausdruck einer originären Lebenspraxis basieren, oder ob sie von Forschungsabsichten und pädagogischen Zweckbestimmungen überfrachtet sind (vgl. dazu SCHMIDT 2001 S. 53). Letztlich wäre es wohl blauäugig, anzunehmen, dass mediale Produkte, die innerhalb pädagogischer Interaktionen entwickelt werden, jemals autonome Hervorbringungen kindlicher Lebenswelten sein können. Es kann sich immer nur um «… ein Amalgam aus Vorstellungen des Pädagogen/der Pädagogin, implizit in Anschlag gebrachten Erziehungszielen (…) sowie Ideen und Bedürfnissen der Jugendlichen» (SCHMIDT 2001 S. 63) und der Kinder handeln.

Ich halte es für durchaus legitim, dass die medienpädagogische Begleitung eigene ästhetische Präferenzen und Kompetenzen einbringt, und dass diese sich in den Produktionen der Kinder in Form von Lernfortschritten auch niederschlagen dürfen, sofern dies entsprechend dokumentiert wird. Dennoch sind restriktive und normative Formen der medienpädagogischen Begleitung denkbar, die weniger Raum für die subjektiven Ausdrucksbedürfnisse lassen als non-direktive Formen. In diesem Zusammenhang postuliert NIESYTO

50 Erfahrungen im Forschungsprojekt VideoCulture haben verdeutlicht, wie stark das Bedürfnis vieler Jugendlicher nach Unterstützung während des Produktionsprozesses ist. Das gilt insbesondere dann, wenn die Jugendlichen nicht über Video-Vorerfahrungen verfügen (vgl. MAURER 1999).

die Grundsätze «... Subjektorientierung, Prozessorientierung, methodische Offenheit und Flexibilität (...), um die Medienpraxis von Jugendlichen nicht ‹heimlichen Lehrplänen› zu subsumieren» (Niesyto 2001a S. 92). Im theoretisch-konzeptionellen Verständnis sind Emphatie und Einfühlungsvermögen allgemeine Voraussetzungen der Subjekt- und Prozessorientierung, die der Medienpädagoge einbringen muss.

«Das Agieren von PädagogInnen im Kontext medienpädagogischer Jugendforschung bedarf sorgfältiger Vorbereitung und Begleitung, um jugendzentrierte Produktionen durch einfühlsame Beratungsformen zu gewährleisten» (Niesyto 2001a S. 92).

Wie aber kann angesichts der unterschiedlichen kommunikativen Stile der medienpädagogischen Begleitung (vgl. Einfluss) die Qualität, die «... Güte von Video-Eigenproduktionen als Quelle wissenschaftlicher Erkenntnis» (Niesyto 1999) sichergestellt werden? Die Wichtigkeit der intensiven Dokumentation des Produktionsprozesses durch eine wissenschaftliche Begleitung wird in diesem Zusammenhang von verschiedenen Autoren betont (vgl. Niesyto 1991, Schorb 1995).

«Um das Endprodukt (...) angemessen analysieren zu können, ist es notwendig, etwas über den Prozess seines Zustandekommens zu wissen» (Schmidt 2001 S. 53).

6.4.4 Professionalität – ästhetischen Erwartungen gerecht werden

«Will man über den Kreis der unmittelbar Involvierten, ihrer Freunde und Familien hinaus etwas vermitteln, so muß (...) (die Medienproduktion, B. M.) nahezu professionellen Standards und Qualitätskriterien entsprechen» (Guggelberger & Haider 1999 S. 11).

Publika haben stets bestimmte Wahrnehmungsgewohnheiten und ästhetische Ansprüche. Diese können stark variieren. Während die ästhetischen Ansprüche vieler Eltern bereits dadurch erfüllt werden, dass ihre Kinder in den Medienproduktionen zu sehen sind, fällt dieser Bonus, der durch den Identifikationsfaktor («das ist mein Kind!») bedingt ist, bei anderen Publika in der Regel weg. «Hierfür ist es notwendig, das Material ästhetisch anspruchsvoller zu bearbeiten und zu präsentieren, um auf vorhandene Sehgewohnheiten Rücksicht zu nehmen» (Niesyto 2001a S. 98). Niesyto legt m. E. zu Recht einen Schwerpunkt auf die Ästhetik, denn die technische Qualität ist inzwischen auch im Amateurbereich kein Problem mehr. Digitale

Videoaufnahmen und deren Nachbearbeitung am Videoschnittcomputer bringen technisch gesehen annähernd professionelle Ergebnisse.

«Da die Forscher nun einmal primär Forscher sind und keine Medienexperten, sind sie der Aufgabe heutiger Medienproduktion kaum gewachsen. (…) können auch sie sich den technischen Herausforderungen nicht in dem erforderlichen Ausmaß stellen. Die Folge sind oft Produkte, die kaum den heutigen Standards entsprechen. Einer weiteren Öffentlichkeit sind sie kaum zuzumuten» (Allespach/Held S. 121).

Allespach & Held reduzieren hier die Anforderungen m. E. zu sehr auf den technischen Bereich. Der Gedanke der «Zumutung» jedoch spiegelt die schwierige Situation der medienpädagogischen Begleitung und der agierenden Kinder anschaulich wieder. Ästhetisch und inhaltlich ‹schlecht gemachte› Produktionen sind nicht nur unattraktiv, sie können ggf. sogar eine Zumutung für die Rezipienten darstellen. Im Projektkontext von CHICAM hätte dies negative Folgen für die Erreichung der Projektziele (vgl. 5.4.1).

Vor diesem Hintergrund muss die medienpädagogische Begleitung das Spannungsfeld zwischen Produkt- und Prozessorientierung ausloten. Dabei besteht die Gefahr, dass inhaltliche und gestalterische ‹Defizite› durch eine direktive, sich an professionellen Kriterien orientierende medienpädagogische Begleitung kompensiert werden. Soziale Prozesse zwischen den Teilnehmer/innen können in diesem Zusammenhang leicht in den Hintergrund geraten (vgl. Bader 2001 S. 373). Der Anspruch der Subjektorientierung wird fallengelassen, was mit einer Überforderung der Kinder einhergehen kann.

6.4.5 Medienkompetenzentwicklung

Auf das Problem der Überforderung im Kontext professioneller Produktion wurde bereits hingewiesen. An dieser Stelle sei angemerkt, dass eine Unterforderung ebenso problematisch sein kann. Csikszentmihalyi beschreibt in seinem Konzept des *Flowerlebnisses*, dass ein Gleichgewicht zwischen den Handlungsmöglichkeiten einerseits und den Fähigkeiten andererseits bestehen muss. «Übersteigen dagegen unsere Fähigkeiten die vorhandenen Anwendungsmöglichkeiten, ergibt sich Langeweile» (Csikszentmihalyi 1993 S. 76). In Kapitel 3.3 wurde herausgearbeitet, dass insbesondere Kinder mit Fluchthintergrund eine hohe Lernmotivation aufweisen. Lernzuwachs ist nach dem Verständnis von verschiedenen Autoren gar ein zentrales Kriterium einer gelungenen Medienarbeit (vgl. Allespach & Held 2001 S. 116 und Schell 1999 S. 53).

In ‹Action Research› Projekten geht es darum, sozial und gesellschaftlich relevante Themen und Probleme aufzudecken, praktikable Lösungen im Forschungsprozess zu entwickeln und in das Praxisfeld zurückfließen zu lassen (vgl. Klafki in Neuss 1999b S. 16). Die Lebenssituation von Migrantenkindern ist u. a. geprägt durch schlechte Zukunftsperspektiven insbesondere hinsichtlich der beruflichen Chancen. Es ist die Rede vom «Digital Divide», von den «Usern», die die digitalen Medien kompetent nutzen, und den «Losern», die keinen Zugang finden. CHICAM will in diesem Sinne auch einen Beitrag zur Chancengleichheit leisten. Die Kinder sollen im Laufe eines Produktionsjahres die Möglichkeit bekommen, sich Medienkompetenz auf mehreren Ebenen anzueignen, ihre gestalterischen und kommunikativen Fähigkeiten zu entdecken und auszubilden. Die Praxis im Rahmen von CHICAM enthält damit auch eine Qualifizierungsfunktion, was wiederum einen gewissen Anspruch an Prozess und Produkt nicht nur legitimiert, sondern auch voraussetzt. Die medienpädagogische Begleitung muss sich der pädagogisch-ästhetischen Gratwanderung zwischen Unterforderung und Überforderung unterziehen, was eine Erhebung der individuellen Fähigkeiten und Kompetenzen der Kinder voraussetzt.

Im Rahmen des Projekt-Workpackages 6 soll die Medienkompetenzentwicklung der Kinder dokumentiert werden. Hierzu zählen auch die Fähigkeiten und Kompetenzen, über welche die Kinder bereits zu Beginn verfügen. Das bedeutet, dass methodische Arrangements entwickelt werden müssen, die eine Evaluation der bestehenden Kompetenzen überhaupt erst zulassen. Mediale Kompetenzen und ästhetisches Wissen, welche(s) die Subjekte bereits teilweise über eigene Medienrezeptionserfahrungen mobilisieren können, müssen nicht notwendigerweise von Grund auf vermittelt werden, so bequem die Orientierung an einer zuvor entwickelten curricularen Systematik für die medienpädagogische Begleitung auch sein mag.

6.4.6 Der Umgang mit Produktionsdruck

Im Projekt CHICAM ist die Erstellung von mehreren Produktionen geplant. Diese Produktionen knüpfen thematisch an die inhaltlichen Dimensionen der Workpackages an (vgl. 2.1.3). Die medienpädagogische Begleitung hat die Aufgabe, den Rahmen zu schaffen, in welchem diese Produktionen angefertigt werden können. Die Produktionen müssen teilweise zeitgleich erstellt werden, damit ein interkultureller Austausch über das CHICAM Intranet möglich ist. Dadurch entsteht Produktionsdruck, der von der Medienpädagogischen Begleitung bewusst oder unbewusst auf die Kinder übertragen werden kann. Es gibt verschiedene Möglichkeiten, mit dem Produktionsdruck umzugehen:

a) Die generellen Ansprüche an das Produkt können gesenkt werden, was sich negativ auf die Wirkung beim Rezipienten und die eigene Zufriedenheit mit dem Produkt auswirken kann (vgl. 6.4.4).
b) Die Ansprüche an die Komplexität der Produkte können herabgesetzt werden. Nach dieser Lösung kann bspw. ein einziges Foto bereits ein Produkt sein.
c) Was die individuellen Lernprozesse angeht, können Abstriche gemacht werden, indem die medienpädagogische Begleitung zentrale Teile der Produktionsarbeit übernimmt (z.B. die Postproduktion). Dies widerspricht jedoch dem Ziel der Medienkompetenzbildung (vgl. 6.4.5).

Ferner sind verschiedene Kombinationen aus den genannten Möglichkeiten denkbar. Es ist jeweils vom Kontext abhängig, welche Alternative am sinnvollsten ist. Entsprechend der vorhandenen technischen, zeitlichen, personellen und motivationalen Ressourcen müssen die Alternativen im Einzelfall abgewogen werden.

6.4.7 *Die Themenbereiche sind unterschiedlich heikel*

Die Medienproduktionen sollen sich auf die drei Themenbereiche Schule, Freundschaft und Familie beziehen. Forschungsziel ist es jeweils, lebensweltliche Daten zu den verschiedenen Bereichen zu erheben. In diesem Zusammenhang ist die Reihenfolge der Themenbearbeitung möglicherweise nicht unerheblich. Der Grad der persönlichen Privatheit steigt vom Bereich Schule über den Bereich Freundschaft bis hin zum Bereich Familie. Entsprechend müssen die Subjekte weniger von sich preisgeben, wenn sie anderen etwas von ihrer Schule zeigen, als wenn sie Einblicke in die familiäre Situation geben würden. In Kapitel 3.3 wurde darauf hingewiesen, dass die Privatsphäre der Subjekte sensibel zu handhaben ist und dass die Kinder das Recht haben, ihre Privatsphäre zu wahren. Zu Beginn der CHICAM Praxisphase bietet es sich daher an, Erfahrungsfelder zu wählen, die weniger heikel sind, wie z.B. den Bereich Schule, den die Mitglieder eines örtlichen CHICAM Clubs ohnehin teilen. Wenn sich nach einiger Zeit eine Basis des gegenseitigen Vertrauens aufgebaut hat, fällt es den Kindern ggf. leichter, die anderen Bereiche[51] zu bearbeiten.

6.4.8 Die Zuordnung von Forschungsfragestellung und medienpädagogische Aktivität

Eine zentrale Herausforderung der medienpädagogischen Praxis im Kontext von Forschung ist eine sinnvolle Zuordnung von inhaltlichen Forschungsfragestellungen und -methoden einerseits zu konkreten medienpädagogischen Aktivitäten andererseits (vgl. HOLZWARTH & MAURER 2003a S. 135). Es stellt sich in diesem Zusammenhang die Frage, welche inhaltlichen Forschungsfragestellungen mit welchen ‹Media-Models› (Darstellungsformen, z. B. Dokumentarfilm, Knetanimation, Videoclip, Videotagebuch, ...) erhoben werden können und zwar derart, dass die Subjekte die Forschung nicht als lästige Unterbrechung des Produktionsprozesses erfahren, sondern als integralen Bestandteil des pädagogischen Konzepts. Außerdem muss geklärt werden, welche Art von Daten nicht im Rahmen der Clubarbeit erhoben werden können.

6.4.9 Die Förderung interkultureller Kommunikation

CHICAM möchte Formen medialer interkultureller Kommunikation erforschen. Hieraus ergibt sich der Anspruch an die medienpädagogische Begleitung, falls notwendig, die Kinder zur Kommunikation zu ermutigen. Möglichkeiten zur Förderung medialer Kommunikation wurden bereits in Kapitel 5 erarbeitet. Die Zeit, die für den verbalen und non-verbalen Austausch notwendig ist, darf dabei nicht unterschätzt werden.

6.4.10 Die Rollen der medienpädagogischen und der wissenschaftlichen Begleitung

Die Anwesenheit einer wissenschaftlichen Begleitung in medienpädagogischen Kontexten ist eher ungewöhnlich. Um Irritationen zu vermeiden, müssen die Rollen der medienpädagogischen Begleitung und der wissenschaftlichen Begleitung vorab klar definiert und den Kindern transparent gemacht werden. Teilnehmende Beobachtung muss nicht notwendigerweise vorsichtige Zurückhaltung bedeuten, sondern kann ggf. auch die Moderation einer didaktischen Einheit umfassen, in der es speziell um die Erhebung

51 Auch Freundschaft kann für die Subjekte ein sehr sensibles Thema sein (vgl. 3.2.5).

von Informationen über die Kinder geht. Auch medienästhetische Beratung kann zum Aufgabenbereich des Wissenschaftlers gehören, um in betreuungsintensiven Produktionsphasen die medienpädagogische Begleitung zu entlasten (z. B. beim Videoschnitt), oder einfach, um mit den Kindern in einem informellen Rahmen in Kontakt zu kommen. Das Anforderungsprofil des Wissenschaftlers umfasst damit auch Kenntnisse im Bereich der Medienproduktion (z. B. der Umgang mit Videoschnitt-Software).

6.5 Zusammenfassung

Die Verknüpfung von ethnografischen und medienpädagogischen Zielen im Rahmen von CHICAM verlangt eine medienpädagogische Konzeption, die einerseits dafür Sorge trägt, dass die beteiligten Kinder die zur Durchführung des Projekts erforderlichen medienpädagogischen und medienästhetischen Lernprozesse durchlaufen (z. B. die Aneignung von Strategien der visuellen Kommunikation). Andererseits müssen Anknüpfungspunkte für die Forschung geschaffen werden, um die Erhebung der themenspezifischen Daten zu ermöglichen. Dies sollte außerdem in einer kindgerechten und entsprechend didaktisch-methodisch reflektierten Weise geschehen.

Die Literatursichtung zu Beginn des Kapitels hat gezeigt, dass der Forschungsbereich «Eigenproduktionen mit Medien» noch relativ wenig verbreitet ist und Forschungsprojekte, die medienschaffende Kinder und deren Produktionen zum Gegenstand haben, eher die Ausnahme sind. In einem Großteil der dargestellten Projekte spielt die medienpädagogische Begleitung und die didaktische Initiierung von Lernprozessen eher eine untergeordnete Rolle. Es konnte gezeigt werden, dass die Notwendigkeit der Reflexion der medienpädagogischen Begleitung von der jeweiligen Forschungsintention abhängt. So liegt der Schwerpunkt in medienpädagogisch ausgerichteten Projekten wie «VideoCulture» eher auf der Interaktion zwischen medienpädagogischer Begleitung und Kindern/Jugendlichen, als in Designs, die ihren Fokus auf die strukturellen Eigenschaften des Mediums und deren Einfluss auf das ästhetische Verhalten der Kinder legen.

Medien-ethnographische Projekte, die sich über Medien-Eigenproduktionen einen Einblick in die Lebenswelten und Wirklichkeitsdeutungen von Kindern und Jugendlichen versprechen, gehen von der Annahme aus, dass präsentative – assoziativ-intuitive Symbolformen Kindern und Jugendlichen eher ermöglichen sich adäquat auszudrücken, als es diskursiv-verballastige symbolische

Formen leisten können. Als Konsequenz muss sich Forschung auf die von den Jugendlichen präferierten symbolischen Modi einstellen, und ihnen mit audiovisuellen Medien ermöglichen, ihre eigenen Themen auszudrücken und zur Diskussion zu stellen (kommunikative Validierung). CHICAM stützt sich auf diesen Ansatz und lässt sich als medienpädagogische Kindheitsforschung bezeichnen, die auf Präsentation angelegt ist.

Feldforschung steht und fällt mit dem Zugang zu den Forschungssubjekten, der möglichst sensibel organisiert werden sollte. Schlüsselpersonen, die bereits ein Vertrauensverhältnis zu den Kindern und ihren Eltern aufgebaut haben, können hilfreich sein.

Zu Beginn des Prozesses und auch währenddessen sollten in regelmäßigen Abständen die unterschiedlichen Bedürfnisse und Interessen der beteiligten Kinder, Pädagogen und Forscher (respektive Eltern, ...) geklärt und abgeglichen werden, was im Idealfall ein Teil der medienpädagogischen Konzeption darstellt. Das Authentizitäts- bzw. Verzerrungsproblem sollte zwar reflektiert, aber nicht überbewertet werden. Sicher ist, dass Produktionen, die in pädagogisch inszenierten Rahmen entstehen, stets vom Stil der medienpädagogischen Begleitung und von der medienpädagogischen Konzeption beeinflusst werden. Die Anwendung von offeneren Konzeptionen und Stilen lässt den Kindern mehr Aneignungs- und Ausdrucksspielraum und ist in diesem Sinn eher subjektorientiert als streng restriktive Formen.

Eine gründliche Dokumentation des Prozesses und innovativ in die medienpädagogische Konzeption eingeflochtene Einheiten der kommunikativen Validierung können ihren Teil dazu beitragen, das Authentizitätsproblem zu umgehen. Die Produktion für Öffentlichkeiten bedeutet, (Rezeptions-) Ansprüchen genügen zu müssen. Um zu erreichen, dass dritte Personen die Bereitschaft entwickeln, sich mit der eigenen Produktion auseinanderzusetzen, müssen die Filme einen gewissen kommunikativen Standard haben, Neugier und Interesse wecken (vgl. 5.4.1). Das setzt die Vermittlung von medienspezifischem Wissen voraus. Bei Auswahl und Chronologie von medienspezifischen Lerninhalten sollten Überforderung wie Unterforderung vermieden werden. Leitmaxime ist es, an den vorhandenen Kompetenzen anzuknüpfen und diese durch Aufzeigen von Alternativen zu erweitern.

Mit dem Blick auf die vorhandenen Projektressourcen muss das Verhältnis zwischen Produkt- und Prozessorientierung, das Spannungsfeld zwischen den Forschungsintentionen und den Bedürfnissen der Subjekte jeweils ausgelotet werden.

7 Leitlinien der medienpädagogischen Konzeption

Ziel dieses Kapitels ist es, die im Theorieteil der Arbeit gewonnenen Ergebnisse zu bündeln und theoretisch-konzeptionelle Leitlinien für das medienpädagogische Rahmenkonzept zu markieren. Für die medienpädagogische Praxis des Forschungsprojekts CHICAM ist ein Konzept erforderlich, das …

(Kapitel 3)

1. nicht nur die Defizite, sondern auch die Fähigkeiten und Kompetenzen der Migrantenkinder wahrnimmt und für Lernprozesse nutzt.
2. im sozialen Nahraum der Kinder angesiedelt ist und den Nahraum zum Thema medialer Auseinandersetzung macht (Selbstreflexion).
3. Möglichkeiten eines sensiblen Umgangs mit den Erziehungsberechtigten einschließt.
4. den vorhandenen Sprachkompetenzen und Sprachschwierigkeiten der Kinder Rechnung trägt.
5. niedrigschwellige Zugänge anbietet.
6. den Kindern (und ihren Familien) die Wahrung ihrer Privatsphäre erlaubt.
7. Methoden der subjektadäquaten Erhebung von Medienpräferenzen, Medienerfahrungen, Bedürfnissen und Fähigkeiten der Kinder einschließt.

(Kapitel 4)

8. den Kindern nach Möglichkeit die Beteiligung an der Planung von Lernprozessen einräumt.
9. sowohl bei der Vermittlung/Aneignung von Wissen, als auch bei der Produktion von Medien non-verbale Elemente (präsentativ-symbolische Formen) mit einbezieht.
10. die Potentiale audiovisueller Medien für interkulturelle Kommunikation erkennt und entsprechend nutzt.
11. die Wahrnehmung der Kinder für mediale Gestaltungsformen sensibilisiert und vorhandenes (passives) Wissen aktiviert und erweitert.
12. die Kinder im Medienbereich qualifiziert (Chancengleichheit).

13. die Produktion von ästhetisch und inhaltlich ansprechenden Produkten ermöglicht.
14. die Präsentation vor verschiedenen Publika und Öffentlichkeiten anstrebt und fördert.
15. eine Alternative zu kognitiv überfrachteten Ansätzen in der Medienarbeit darstellt.

(Kapitel 5)

16. die Bedingungen für die Entstehung von Kommunikation reflektiert und, falls notwendig, durch pädagogische Settings entsprechende Bedingungen herstellt.
17. eine funktionsfähige technische Infrastruktur zur Verfügung stellt (Intranet).
18. die Kinder zur Kommunikation motiviert.
19. interkulturell geteilte symbolische Formen für Kommunikationsprozesse nutzt.
20. den Kindern die Möglichkeit gibt, Gemeinsamkeiten zu entdecken.
21. die Produktion von Lesarten bei der Rezeption anregt.
22. die gemeinsame Erarbeitung von sozialen Kommunikationsregeln beinhaltet.

(Kapitel 6)

23. die Balance zwischen Ansprüchen des Projekts und Interessen der Subjekte reflektiert und immer wieder zur Zufriedenheit aller Beteiligter herstellt.
24. in verschiedenen Bereichen eine enge Verzahnung zwischen Forschung und Praxis aufweist.
25. die Forschungsziele den Kindern in verständlicher Weise transparent macht.
26. den Kindern Kenntnisse im produktiven Umgang mit Fotografie, Video und dem Internet vermittelt.
27. entsprechende subjektorientierte Lernformen mit einbezieht.
28. eine sensible medienpädagogische Begleitung vorsieht, die den Kindern einen Einblick in die ästhetischen Möglichkeiten gibt und Gestaltungsalternativen aufzeigt.

Die Ansprüche an das medienpädagogische Praxiskonzept sind hoch gesteckt. Im Zentrum steht einerseits die Frage nach den medienspezifischen Kompetenzen, die Kinder aus Migrationskontexten für die produktive Arbeit mit Fotografie, Video und Internet im Rahmen interkultureller Kommunikation benötigen. Andererseits geht es um die subjektadäquate Art und Weise der Entwicklung solcher Kompetenzen im Spannungsfeld unterschiedlicher Interessen. Ausgangspunkt der weiteren Überlegungen soll daher die inhaltliche Bestimmung sowie die Frage der Vermittlung bzw. Aneignung von medienspezifischem Wissen sein.

8 «Curriculum»

Dem Begriff ‹Curriculum› haftet mitunter ein negatives, ‹verschultes› Image an. Didaktische Verengung durch Lehrplanbindung, Einschränkung der Kreativität und der Bedürfnisse der Subjekte und die Funktionalisierung des Pädagogen sind Vorstellungen, die mit diesem Begriff häufig assoziiert werden. BADER hält die curriculare Kategorie des ‹Lernziels› für die außerschulische Jugendmedienarbeit für ungeeignet (vgl. BADER 2001 S. 365).

Das im Folgenden zu entwickelnde Curriculum soll jedoch nicht den Charakter eines verbindlichen Lehrplans mit streng hierarchischen Lernzielen haben, sondern Medienpädagoginnen und Medienpädagogen als Ressource zur flexiblen Gestaltung von subjektadäquaten Lernumgebungen dienen. Es ist die Aufgabe der medienpädagogischen Begleitung, diese Ressource mit den Interessen, Lebenserfahrungen und Bedürfnissen der Subjekte in Verbindung zu bringen und an die jeweilige Vermittlungssituation anzupassen (vgl. KRON 2001 S. 333). Lernen ist nach meinem Verständnis ein aktiver, vom Individuum ausgehender kognitiver und emotionaler Prozess. Es handelt sich damit nicht lediglich um ein rezeptives Aufnehmen, Verarbeiten, Speichern und bei Bedarf Ausgeben von Information – was in behavioristischen und frühen kognitivistischen Modellen so vertreten wird – sondern um den stetigen Aufbau von Wissensbeständen auf der Basis von Vorwissen, Erwartungen und subjektiven Erfahrungen (vgl. FRIEDRICH u.a. 1997 S. 8). Lernen ist eine individuelle Konstruktion von Wissens- und Fertigkeitsbeständen, Problemlösefähigkeiten und Handlungskompetenzen.

Gemäßigte Konstruktivisten gehen davon aus, dass offen gehaltene, problemorientierte Lernumgebungen und situative Instruktionen der pädagogischen Begleitung diesen eigenständigen Konstruktionsprozess zwar nicht steuern, aber sinnvoll unterstützen können (vgl. z.B. DUBS 1995). Entsprechend wird in diesem Kapitel neben den notwendigen medienspezifischen Teilkompetenzen (Lernzielen) auch nach Lernumgebungen und -kontexten gesucht, in welchen sich die Subjekte die ermittelten Kompetenzen selbstentdeckend und aktiv aneignen (konstruieren) können.

8.1 Die Notwendigkeit eines medienspezifischen Curriculums

In den Kapiteln 4 und 5 wurde herausgearbeitet, dass eine länder- und sprachraumübergreifende Kommunikation mit Medien durch eine bewusste Nutzung des non-verbalen Potentials begünstigt werden kann. Um Ausdrucksabsichten non-verbal zu verdichten und zu kommunizieren, benötigen die Kinder ein Spektrum an mediengestalterischen Fähigkeiten. Diese Fähigkeiten müssen zunächst inhaltlich bestimmt und die Auswahl didaktisch begründet werden, bevor man zur Vermittlung bzw. Aneignung übergeht (vgl. Sachanalyse).

Ein klar definiertes Curriculum wird benötigt, um medienpädagogische Lernprozesse mit medientechnischem und medienästhetischem Kompetenzzuwachs zu organisieren (vgl. Chancengleichheit und Qualifizierung). Das Projekt CHICAM sieht die Erstellung von verschiedenen Medienproduktionen vor. Da die Produktionen ausgetauscht werden sollen, ist eine zeitliche Abstimmung notwendig. Die zeitliche Organisation von Lernprozessen ist Teil eines Curriculums (vgl. Stoffverteilungsplan).

Medienpädagogische Angebote im außerschulischen Kontext sind meist kurzzeitpädagogisch zugeschnitten. Oft handelt es sich um mehrtägige Workshops, die die Erstellung und die Präsentation einer Produktion als Ziel verfolgen. Gelegentlich werden auch aufbauende Kurse für Jugendliche angeboten, die bereits über Vorerfahrungen verfügen. Entsprechende Publikationen und Handreichungen für die außerschulische Medienpraxis liegen vor (z.B. Brenner & Niesyto 1993, Schell 1999, Schulz 2001, Maurer 2001b). In schulischen Kontexten ist Medienpädagogik kein eigenständiges Unterrichtsfach. Medienpädagogische Lerninhalte werden bisher mit unterschiedlicher Intensität und Intention in den einzelnen Fächern aufgegriffen. Ein übergreifendes, alters- und jahrgangsspezifisches Mediencurriculum existiert bisher weder für schulische, noch für außerschulische Kontexte.[52] Diese Arbeit will durch die Erstellung eines Curriculums einen Beitrag zur Konkretisierung von Medienarbeit in pädagogischen Kontexten leisten.

52 Wenngleich erste konzeptionelle Überlegungen bereits diskutiert werden (vgl. Doelker 2000).

In Anlehnung an ZACHARIAS (2003 S. 30ff.) möchte ich im Folgenden anstelle des curricularen Begriffs «Lernziel» den Begriff «Medien(teil)kompetenz» verwenden. Der Kompetenzbegriff betont mehr die subjektive Seite des Lerners, der sich Wissen, Fähigkeiten und Fertigkeiten individuell, selbstbestimmt und aktiv aneignet.[53]

8.2 Welche Kompetenzen brauchen die Kinder?

Positionen, die vom Mythos des Kindes als ‹geborenem Künstler› ausgehen, der ohne medienpädagogische Unterstützung vom Fernsehsessel aufsteht, eine Kamera in die Hand nimmt und einen sendefähigen Film produziert (vgl. RÖLL 1998b S. 8), sind eher selten. Die breite medienpädagogische Community ist der Ansicht, dass Kinder und Jugendliche Kenntnisse in Filmgestaltung und Produktionsorganisation benötigen (vgl. z. B. BUCKINGHAM u. a. 1995, DEHNBOSTEL u. a. 1995, DOELKER 1992, …).

«The recognition and classification of aspects of audiovisual communication requires knowledge and skills for which most people are not trained» (HOLTRUST 2000 S. 19).

BUCKINGHAM u. a. (1995) stellen Überlegungen an, in welcher Reihenfolge Medienproduktionswissen vermittelt bzw. angeeignet werden kann. «… students clearly do need a certain amount of formal instruction; and there may prove to be a ‹hierarchy of skills› which might be usefully be taught in some kind of logical sequence» (BUCKINGHAM & GRAHAME & SEFTON-GREEN 1995 S. 210).

In diesem Zusammenhang stellen sie auch die Frage nach den Kompetenzen, über die die Kinder und Jugendlichen bereits verfügen. «Students are […] not learning a foreign language: they are already fluent ‹readers› even if they haven't yet to become ‹writers›» (BUCKINGHAM & GRAHAME & SEFTON-GREEN 1995 S. 211).

Der Gedanke der Reflexion des bereits vorhandenen Wissens, an welchem angeknüpft bzw. welches mobilisiert werden kann, deckt sich mit dem Anliegen meiner Arbeit, subjektbezogen vorzugehen und die Kinder mit

53 «Aneignung ist ein aktiver, subjektiver Prozess, bei dem das Fremde in Eigenes verwandelt wird. Sie meint nicht ein Von-außen-Hineinstopfen vorbestimmter «Bildungsinhalte». Bildung kann nicht erzeugt oder gar erzwungen, sondern nur angeregt und ermöglicht werden» (ZACHARIAS 2003 S. 38).

ihren Dispositionen ernst zu nehmen, an ihren Fähigkeiten anzuknüpfen und diese zu erweitern. BUCKINGHAM u.a. vertreten die Position, dass sich Jugendliche durch die Rezeption von audiovisuellen Medien bereits ‹sophisticated knowledge› über ‹media language› angeeignet haben. Allerdings sei das Wissen, so BUCKINGHAM u.a., noch in passiver Form und müsse in aktives und kritisches Wissen transformiert werden. Er geht davon aus, dass der Schritt vom passiven zum aktiven Wissen nicht ohne Intervention von außen vollzogen werden kann. «It may be impossible to learn to make television simply by studying television ...» (BUCKINGHAM & GRAHAME & SEFTON-GREEN 1995 S. 211).

Im Rahmen der Curriculumentwicklung für die CHICAM Projektpraxis geht es nun darum, aus der ‹Gesamtheit› der medienpädagogisch diskutierten Teilkompetenzen eine den Anforderungen des Projekts genügende und den Dispositionen der Subjekte entsprechende Auswahl zu treffen.

8.3 Medienpädagogische Praxisliteratur auf dem Prüfstand

Da die vorliegende Literatur zum Themenfeld der interkulturellen Medienarbeit nur wenige Rückschlüsse auf medienspezifische Lerninhalte und entsprechende didaktische Reflexionen zulässt (vgl. 4.3), werde ich verschiedene Publikationen zur aktiven und produktiven Medienarbeit heranziehen. Die Auswahl der Publikationen wurde nach folgenden Kriterien getroffen.

- Sowohl aktive Videoarbeit, als auch aktive Medienarbeit mit Fotografie werden berücksichtigt.
- Die Publikationen repräsentieren jeweils bestimmte Richtungen in der aktiven Medienarbeit (Drehbuchorientierung und Wahrnehmungsorientierung).
- Die Bereiche der schulischen und der außerschulischen Medienarbeit werden gleichermaßen abgedeckt.
- Sowohl Aufsätze, als auch Monographien sind in der Auswahl enthalten.

Folgende Publikationen wurden ausgewählt:[54]

Anfang u.a. 1994, Becker 1997, Fiege 2002, Handschuh 1997, Kinck 2001, Röll 1998, Schulz 2001, Stolp 1997.

Kriterium	*Autoren*
schulisch	Stolp 1997, Handschuh 1997, Becker 1997, Kinck 2001
außerschulisch	Anfang u.a. 1994, Röll 1998, Schulz 2001, Fiege 2002
Fotografie	Handschuh 1997, Fiege 2002, Röll 1998
Video	Schulz 2001, Röll 1998, Stolp 1997, Kinck 2001
Aufsätze	Stolp 1997, Handschuh 1997, Schulz 2001, Kinck 2001, Becker 2001
Monographien	Röll 1998, Anfang u.a. 1994, Fiege 2002
drehbuchorientiert	Stolp 1997, Anfang u.a. 1994
wahrnehmungsorientiert	Röll 1998, Schulz 2001

54 Stellenweise fließen Aspekte aus weiteren Publikationen mit medienpädagogischem (z.B. Brenner-Rossi 1992, Buckingham/Grahame/Sefton-Green 1995, Dürer & Nigg 1990, Doelker 1997, Maurer 2001c, Maurer 2001d, Münch/Bommersheim 2001) bzw. mediengestalterischem Schwerpunkt (Arnheim 2002, Duncker 2001, Monaco 1997) ein, die nicht zu der getroffenen Auswahl gehören.

Vor dem Hintergrund der bisherigen Überlegungen bearbeite ich die Literatur entlang der folgenden Fragestellungen:

- Welche Medienteilkompetenzen hinsichtlich der Produktion mit Fotografie und Video (z. B. mediengestalterische Mittel) werden definiert bzw. genannt?
- Wird die Auswahl der dargestellten Medienteilkompetenzen didaktisch begründet? In welcher Weise?
- Welche didaktisch-methodischen Hinweise zur Vermittlung bzw. Aneignung der ausgewählten Teilkompetenzen werden gegeben?
- Welche Strategien zur Exploration medialen Vorwissens und welche Möglichkeiten der Anknüpfung an vorhandenen Kompetenzen werden aufgezeigt?

8.3.1 Storyboard- und drehbuchorientierte Ansätze

8.3.1.1 Wie die Profis ... Orientierung an professionellen Produktionsprinzipien

Die klassische Jugendvideoarbeit in Deutschland legt großen Wert auf Planung, Verbalisierung und Reflexion zu Beginn von Produktionsprozessen. Das Prozedere verläuft stets ähnlich: die Idee für einen Film wird zunächst in einem Exposee formuliert, in einem Storyboard ausdifferenziert und schließlich im Drehplan für die konkrete Umsetzung am Set operationalisiert (vgl. Doelker 1992, Stolp 1997 S. 72/73). Dieses Prinzip ist für die Kinder und Jugendlichen nicht selten verbindlich. Doelker bspw. ist der Ansicht, dass erst dann gefilmt werden darf, wenn die kognitive Arbeit geleistet ist.

«Wie man der Schülerin und dem Schüler nicht einfach einen Bleistift in die Hand drückt und sagt «schreib jetzt mal», sollte man auch im Umgang mit Videokamera und Tonbandgerät nicht einem schieren Aktionismus freien Lauf lassen» (Doelker 1992 S. 127).

Idee, Exposee, Drehbuch, Storyboard, Drehplan – dieser Arbeitsprozess wird in der professionellen Filmproduktion als Präproduktionsphase bezeichnet (vgl. Monaco 1997 S. 127). Er ist deshalb so wichtig, weil ein meist hoher finanzieller Aufwand (Leihgebühr für Geräte, Filmmaterial, Personal- und Schauspielergehälter, Projektnetzplan) und meist komplexe mehrsträngige narrative Strukturen in der Handlungsführung eine solide Planung und Organisation notwendig machen. Kinder und Jugendliche, die einen solchen

Prozess erleben, machen die Erfahrung, wie eine Filmidee «… in mehreren Stufen entwickelt und textlich umgesetzt […wird]. Audiovision wird somit als ein stufenweiser Prozess erfahren, der ziel- und interessengeleitet kaum Zufälle zulässt und in allen Produktionsphasen seine Mittel reflektiert» (Stolp 1997 S. 72). Didaktisch begründet wird eine solche Vorgehensweise implizit mit dem Argument aus der Autorität (die Profis machen es auch so). Bei Stolp (1997) könnte man wohlwollend den Aspekt der Entmystifizierung des Fernsehens heraushören. Kinder lernen die Art und Weise kennen, wie Fernsehen prozesshaft gemacht wird.

8.3.1.2 Arbeitsteilung und Storyboardorientierung
Eine weitere didaktische Begründung für ein solches Vorgehen liegt in der Notwendigkeit der Arbeitsteilung bei größeren Produktionsgruppen. «In practice […] storyboarding is often used as a form of classroom control, particularly when there is a scarity of equipment…» (Buckingham & Grahame & Sefton-Green 1995 S. 67). Der professionelle Filmproduktionsprozess umfasst eine Fülle an Rollen, die von den Kindern und Jugendlichen ohne Überschneidungs- und Zuständigkeitsprobleme übernommen werden können. «Es empfiehlt sich, schon vor den Arbeiten am Exposee die Fragen der technisch-ästhetischen Umsetzung jeweils mit zu überlegen und arbeitsteilig festzulegen» (Stolp 1997 S. 73). «Während einige Gruppenmitglieder sich mit Technik und Organisation befassen, arbeiten andere an der visuellen Umsetzung, an Auflösung und Inszenierung des Drehbuchs» (Anfang u.a. 1994 S. 14).

8.3.1.3 Kritische Würdigung
Die klassische Jugendvideoarbeit vermittelt schwerpunktmäßig Fähigkeiten und Kompetenzen auf der inhaltlich-strukturellen Ebene. Techniken der Ideenfindung werden vermittelt (auch Kreativitätstechniken wie kreatives Schreiben), die Strukturierung von Handlungsabläufen wird eingeübt, und Kenntnisse im Bereich Projektorganisation, Planung und Teamwork werden angeeignet.

a) Die Kinder lernen, Filmideen zu entwickeln und für andere in verständlicher, schriftlicher Form im Exposee zugänglich zu machen.
b) Die Kinder lernen, einen komplexen Produktionsprozess in Teamarbeit zu organisieren.
c) Die Kinder lernen, wie professionelle Mediengestalter vorgehen.

Die für diesen Ansatz typische hohe Bedeutung der inhaltlichen Dimension des Films (Handlung und Geschichte) geht zurück auf Positionen der 30er Jahre des vergangenen Jahrhunderts. BUSSE formuliert das Verhältnis zwischen formaler Bildästhetik und Filmhandlung in Auseinandersetzung mit ARNHEIMS eher ‹formorientiertem› Werk Film als Kunst (ARNHEIM 2002) wie folgt:

«Was wollen die Menschen vom Film? Bilder? – Nein, sondern Geschichten! Geschichten, in denen sie Ersatz finden für das, was das Leben ihnen vorenthält: Abenteuer – Liebe – Schönheit – Reichtum – Gerechtigkeit (...). Das lässt sich aber nicht darstellen als Bild, sondern nur als Drama, als sinnvolle Folge von Geschehnissen ...» (BUSSE 1932 in ARNHEIM 2002 S. 321).

Ein storyboardorientierter Ansatz setzt jedoch voraus, dass die Produzent/innen bereits dazu in der Lage sind, ästhetische Gestaltung auf dem Papier zu abstrahieren. Um vor der Aufnahmephase die ästhetische Umsetzung des Films festlegen zu können, sind genaue Kenntnisse darüber notwendig, wie z. B. Handlungsabläufe in verschiedene Einstellungen aufgelöst und im Rahmen der Postproduktion montiert werden können.

«Für Drehbuch und Montage braucht es Kenntnisse der Bildgestaltung. Für Aufnahmearbeiten und Montage braucht es ein Drehbuch. Für die Montage braucht es ein Drehbuch und Kamerakenntnisse. Alle Bereiche sind also in Wechselwirkung eng miteinander verwoben» (SCHÜTZ 1997 S. 33).

BUCKINGHAM u. a. gehen davon aus, dass ein klassischer storyboardorientierter Ansatz sein Ziel verfehlen kann, wenn den Jugendlichen das notwendige filmsprachliche Wissen noch fehlt.

«In order for students to become fluent film or video makers, they would need to use the storyboard as a way of visualising and representing ideas; but they need to have some experience of video making in the first place in order to make use of a storyboard in the actual production process» (BUCKINGHAM & GRAHAME & SEFTON-GREEN 1995 S. 67).

Kinder und Jugendliche, die schon gestalterische Erfahrung mit Video gemacht haben und mit den Grundprinzipien der medialen Konstruktion von Wirklichkeit und mit der spezifischen filmästhetischen Symbolik vertraut sind, haben ggf. weniger Schwierigkeiten mit storyboardorientierten Ansätzen. Kinder, die noch nicht wissen, was speziell das Medium Film insbesondere auch in Abgrenzung zu anderen Medien wie z. B. dem Theater ausmacht und wie es bewusst als ‹künstlerisches› Gestaltungsmittel (vgl. ARNHEIM 2002) eingesetzt werden kann, tun sich möglicherweise schwer.

Storyboardorientierte Ansätze verlangen den Kindern und Jugendlichen gerade zu Beginn ein hohes kognitiv-analytisches Engagement ab. Die Filmaufnahmen, die erst nach der Ausarbeitung eines detaillierten Planes entstehen, sind häufig eine gelenkte Objektselektion auf dem Hintergrund einer abstrakt und schriftlich festgelegten Grundstruktur. Damit sind sie auf eine Zielgruppe ausgerichtet, die im Umgang mit Sprache und Text keine Schwierigkeiten hat. Dies sind vorwiegend Gymnasiasten, ein Teil der Realschüler und nur selten Haupt- bzw. Sonderschüler. Zu dieser Problematik habe ich mich bereits an anderer Stelle ausführlich geäußert (vgl. MAURER 1999, MAURER 2001a). In diesem Zusammenhang sei nur darauf hingewiesen, dass Kinder mit Migrationshintergrund, die wie im Fall des CHICAM Projekts noch nicht sehr lange in Deutschland leben, und sich gerade erst im Prozess des Spracherwerbs befinden, mit einem solchen Zugang Schwierigkeiten haben dürften.

Es ist ein generelles Problem von Medienpädagogik, dass sie zu sehr auf Mittelschichtskinder und -jugendliche ausgerichtet ist. Meines Erachtens müssten auch unabhängig von CHICAM gerade für sozial benachteiligte Jugendliche medienpädagogische Angebote entwickelt werden, die deren spezielle ästhetische Fähigkeiten und Bedürfnisse aufgreifen und mehr von sinnlich-konkretem audiovisuellem Material ausgehen. Spielerisch-experimentelle Arbeitsformen, so NIESYTO, entsprechen eher den medialen Aneignungs- und Ausdrucksformen von Kindern und Jugendlichen aus benachteiligten Verhältnissen (vgl. NIESYTO 2000b S. 21).

8.3.2 Wahrnehmungsorientierte Ansätze

Neben den klassischen Drehbuchansätzen haben sich auch alternative Konzepte etabliert. Diese gehen weniger von der didaktischen Strukturierung von Produktionsabläufen aus, sondern legen einen Schwerpunkt auf die Bildebene der Mediengestaltung. Im Landesfilmdienst Hessen e.V. wurde über mehrere Jahre hinweg ein medienpädagogisches Konzept entwickelt, das an der Wahrnehmungs- und Ausdrucksweise Jugendlicher anknüpfen soll.

8.3.2.1 Ausgangspunkt

Ausgangspunkt war die Beobachtung, dass die meisten Jugendlichen, die an Projekten und Workshops des Landesfilmdienstes teilgenommen haben (Gymnasiasten ausgenommen), Schwierigkeiten mit der Erstellung von Drehplänen und Storyboards hatten. Andererseits wurde beobachtet, dass jene Jugendlichen, die Probleme mit verbal-reflexiven Aktivitäten haben, in vielen Fällen ausdrucksstarke Bilder produzierten, die jedoch in den Produktionen selten verwendet wurden, da ein zuvor verabredeter Drehplan die Auswahl der Bilder eingeschränkt hat (vgl. RÖLL 1998 S. 332).

«Wir haben uns daher entschlossen, keinen Drehplan, kein Treatment oder Exposé an den Anfang eines Seminars/Projektes zu stellen, da die Erfahrung zeigte, daß dies zu stark einengt, besonders die Jugendlichen, die sich explizit stärker über Bilder als über Sprache ausdrücken können» (RÖLL 1991 S. 85).

Jugendliche, so RÖLL, eignen sich ihre Lebenswelt favorisiert non-linear und mit sinnlich-ästhetischen Mitteln und weniger rational und kausallogisch an (vgl. RÖLL 1998 S. 332). Diesem Befund trägt der wahrnehmungsorientierte Ansatz Rechnung, indem er das Bild und den O-Ton in den Fokus rückt (RÖLL 1991 S. 85), und Lernprozesse immer mit einem visuellen Einstieg eröffnet (vgl. RÖLL 1998 S. 324).

8.3.2.2 Kameraerkundungen im sozialen Nahraum

Ein visueller Einstieg kann bspw. eine Kameraerkundung im sozialen, topographischen Nahraum sein. Die Jugendlichen werden zu Beginn eines Video-Workshops dazu angehalten, den eigenen sozialen Nah- bzw. Alltagsraum zu erkunden (vgl. RÖLL 1998 S. 326). Es geht darum, Bilder aufzunehmen, die beeindruckend oder bedeutsam sind. Intention der Raumrecherche ist es, Jugendliche bekannte, alltägliche Gegenstände und Situationen in einem anderen Kontext – durch das Objektiv der Kamera – neu wahrnehmen zu lassen (vgl. RÖLL 1998 S. 326). Für viele Jugendliche sind Gegenstände ihrer Lebenswelt an eine feste, meist sehr subjektive Bedeutung gebunden. Die mediale Aufarbeitung der Lebenswelt («erweitertes Sehen und Hören» RÖLL 1998 S. 328) kann dazu führen, dass feste Objekt-Bedeutungszuordnungen hinterfragt werden. Insbesondere dann, wenn die Objekte in ungewöhnlichen und extremen Perspektiven oder Einstellungsgrößen aufgenommen werden.

«Auf der einen Seite motivieren wir, die Lebenswelt unter ästhetischen Gesichtspunkten zu beobachten und zu bewerten, auf der anderen Seite regen wir an, über die Lebenswelt ästhetische Produkte (...) zu erstellen» (RÖLL 1998 S. 326).

Nach der Erkundung wird das entstandene audiovisuelle Material in der Gruppe gemeinsam gesichtet. Ziel der ersten Auswertung ist u. a. die Reflexion der Aussageabsicht (was sollte gezeigt werden und was ist zu sehen?), die damit verbundene Informationsreduktion bzw. Informationsfülle, die den Betrachter vom Wesentlichen ablenken kann (vgl. ebd. S. 329). Nach der zweiten Erkundung werden typische Muster aufgedeckt, nach welchen die einzelnen Seminarteilnehmer die Motive inszenieren. Anschließend bekommen die Teilnehmer/innen konkrete ästhetische Aufträge, die ihr individuelles Wahrnehmungs- bzw. Aufnahmerepertoire erweitern sollen.

«Personen, die vorwiegend Details aufnehmen, werden gebeten, Totale-Ansichten zu produzieren. Personen, die nur runde Objekte sehen, werden neugierig auf die Ästhetik des Dreiecks gemacht» (Röll 1998 S. 331).

Im Rahmen der Materialsichtungsphasen können verschiedene filmgestalterische Strategien direkt am Material der Subjekte veranschaulicht und benannt werden. Der Ansatz verzichtet größtenteils auf verbal-reflexive Prozesse zu Beginn und eröffnet statt dessen frühzeitig Räume für die spielerische, selbstentdeckende Aneignung der Geräte.

8.3.2.3 Symbolisch-ästhetische Einführungen

Teil des wahrnehmungsorientierten Ansatzes ist häufig auch eine ästhetische Einführung. Es geht darum, verschiedene Strategien zur Konstruktion medialer Bedeutung aufzuzeigen, die auch von der Medienindustrie verwendet werden (vgl. Schulz 2001 S. 13). Anhand konkreter visueller Beispiele aus verschiedenen Medien-Genres (z.B. Werbung, Spielfilm, Musikclip) soll das Bewusstsein für mediengestalterische Ausdrucksmöglichkeiten geschärft werden (vgl. Holzwarth & Maurer 2003b S. 145).[55] Thematisiert werden können in diesem Zusammenhang auch die verschiedenen Modi medialer Bedeutungskonstruktion. Aus semiotischer Perspektive lassen sich ikonische, indexikalische und symbolische Bedeutungskonstruktionen unterscheiden. Ikonische Formen weisen eine unmittelbare Ähnlichkeit mit dem Bezeichneten auf. Liebe lässt sich bspw. durch ein sich küssendes Liebespaar darstellen. Symbolische Konstruktionen (Zeichen) basieren auf gesellschaftlichen Konventionen. Das Verhältnis zwischen Zeichen und Bezeichnetem ist beliebig und nicht wie beim Ikon durch Ähnlichkeit festgelegt. Ein gängiges Symbol für Liebe ist das Herz. Ein indexikalisches Zeichen deutet Bedeutung nur an, es lässt Rückschlüsse auf etwas anderes zu. Herzklopfen kann bspw. ein

55 Beispiele für Darstellungsmittel: Perspektiven, Einstellungsgrößen, Bildkomposition, Licht, Farben, Kamera- und Objektbewegungen, Montageformen, Synergie von Ton und Bild.

Index für Liebe sein (es lässt sich jedoch nicht auf diese eine Bedeutung reduzieren) (vgl. Maurer 2001b S. 108).

Symbolisch-ästhetische Einführungen lassen sich zu Beginn des Lernprozesses durchführen (vgl. Schulz 2001), oder aber in kleinere Einheiten aufgelöst, entsprechend den spontanen Bedürfnissen der Subjekte situativ einbringen. Im Projekt VideoCulture hat sich im Zusammenhang mit Jugendlichen aus Migrationskontexten eine konzentrierte Einführung zu Beginn als schwierig erwiesen. Fehlende Erfahrung im produktiven Umgang mit der Kamera sowie ein noch nicht ausreichend hergestellter Bezug zur spezifischen Symbolik des Mediums Film werden als Gründe für die Schwierigkeiten vermutet (vgl. Holzwarth & Maurer 2003b S. 147).

8.3.2.4 Ästhetische Erlebnisse im Produktionsprozess

Eine Situation, in welcher die Produzent/innen audiovisuelles Material betrachten, von dessen ästhetischer Qualität sie sehr beeindruckt sind, wird als ästhetisches Erlebnis bezeichnet (vgl. Maurer 2001d S. 25). Die dabei entstehende Begeisterung vermag die Produzent/innen zur Weiterarbeit anzuregen, insbesondere wenn es sich um eigene Aufnahmen handelt. Ästhetische Erlebnisse sind Bestandteil jedes Produktionsprozesses. Viele Jugendliche genießen es bspw., sich nach der ersten Kamerarecherche selbst auf dem Bildschirm zu sehen (es gibt allerdings immer auch Fälle, in denen Jugendlichen dies eher peinlich ist). Ästhetische Erlebnisse können als Schlüsselstellen im Produktionsprozess fungieren. Die medienpädagogische Begleitung kann ästhetische Erlebnisse bewusst inszenieren, um beispielsweise neue Motivation und die Stärkung des Selbstbewusstseins im Bereich der ästhetischen Gestaltung zu bewirken. Gleichzeitig können durch ästhetische Erlebnisse neue Wahrnehmungshorizonte eröffnet und die Entstehung neuer Ideen angeregt werden.

Beispiele für die Inszenierung von ästhetischen Erlebnissen durch die betreuende Lehrperson:

a) Arbeit mit dem Video-Beamer: Selbstgefilmte Aufnahmen wirken auf der ‹Kinoleinwand› wesentlich eindrucksvoller und professioneller als auf dem Fernsehbildschirm.
b) Musik während der Postproduktion: Sofern nicht ohnehin ein Musikstück als Grundlage dient, auf welcher die Bilder beim Schnitt angeordnet werden, kann die medienpädagogische Begleitung die

Jugendlichen dazu anregen, während der Postproduktionsphase unterschiedliche Musik abzuspielen. Die Bilder bekommen im Zusammenspiel mit Musik eine andere Bedeutung. Musik vermag auch ‹unspektakuläres Material› interessant wirken zu lassen.

c) Kurzclip aus dem Material der Jugendlichen: Die medienpädagogische Begleitung produziert in einer Produktionspause einen kurzen Clip, z.B. um die Möglichkeiten (Effekte) der digitalen Postproduktion zu veranschaulichen. Dieser Clip wird mit Musik unterlegt und den Jugendlichen präsentiert. Dadurch wird den Jugendlichen ermöglicht, eine neue Perspektive zu ihrem eigenen Material einzunehmen. Insbesondere wenn sich in der Gruppe allgemeine Unzufriedenheit bezüglich der gemachten Aufnahmen abzeichnet, kann die medienpädagogische Begleitung ihnen durch die Ermöglichung eines solchen ästhetischen Erlebnisses vermitteln, dass es durchaus möglich ist, aus den Aufnahmen einen ansprechenden Film zu produzieren.

d) Kameraeffekte: Die meisten Kameras neuerer Bauart (S-VHS sowie digital) ermöglichen den Einsatz von Bildverfremdungs-Effekten während der Aufnahmephase. Die medienpädagogische Begleitung kann die Produzent/innen direkt dazu ermutigen, diese Effekte auszuprobieren. Ein Beispiel: Bei einer Kameraerkundung wird der Kameraeffekt «Wipe» aktiviert. Alle in diesem Modus entstandenen Aufnahmen erscheinen in sich verschwommen, was technisch durch einen Verzögerungseffekt verursacht wird. Dadurch erhält das gefilmte Material eine ästhetische Qualität, die sich auch in manchen professionellen Video-Clips wiederfindet. Die Jugendlichen erkennen, dass sie ohne Vorerfahrung in der Lage sind, ästhetisch ansprechende Bilder zu produzieren.

8.3.2.5 Induktive Entwicklung von Idee und Thema

Im wahrnehmungsorientierten Ansatz steht das Thema einer Videoproduktion häufig zu Beginn noch gar nicht fest, sondern es entwickelt sich erst nach und nach induktiv aus dem Produktionsprozess. Videomaterial, das während der Kameraerkundungen im sozialen Nahraum aufgenommen wurde, dient als Kristallisationspunkt für die Entstehung handlungsleitender Filmthemen der Subjekte.

Abbildung 10: Standbild aus einem Breakdance-Video mit aktiviertem Wipe-Effekt, das im Rahmen der CHICAM Pilotphase in Schwäbisch Gmünd entstanden ist.

Durch den Verzicht auf einen Drehplan werden unvorhergesehene Möglichkeiten und dynamische Erlebnisfelder, wie sie sich z. B. durch den ‹Inszenierten Zufall›[56] ergeben können, nicht ausgeschlossen, sondern können jederzeit die Gesamtproduktion in eine neue Richtung lenken (vgl. RÖLL 1998 S. 327).

8.3.2.6 Montage

Die bei den Nahraumrecherchen gewonnenen Bilder werden gesammelt und mit Hilfe eines Clusterverfahrens strukturiert (vgl. ebd. S. 336). Oberbegriffe und Unterbegriffe werden gebildet. Gleichzeitig werden fehlende Begriffe ergänzt und Ideen für weitere Bilder gefunden.

56 Die ‹Inszenierung des Zufalls› beschreibt ein Verfahren, nach welchem ein Aufnahmegerät an einem exponierten Ort errichtet und das Geschehen an diesem Ort über einen längeren Zeitraum aufgezeichnet wird (vgl. RÖLL 1998 S. 329).

RÖLL verspricht sich von diesem Verfahren, dass innere Blockaden zum Thema überwunden werden können (vgl. ebd.). Die Clustermethode entspreche der sinnlich-emotionalen Denkweise der rechten Hirnhemisphäre. Er schreibt der rechten Gehirnhälfte die «... kreativen, ideenschöpfenden Anfangsstadien des Denkens» (ebd. S. 333) zu.

Die Montage orientiert sich an einer visuellen Hilfslinie, entlang welcher die einzelnen Sequenzen dramaturgisch angeordnet werden (vgl. RÖLL 1998, S. 340). Die Produktion wird schließlich anhand von Eckpfeilern entworfen (vgl. ebd. S. 342). Die Amplituden einer auf eine Wandzeitung gezeichneten Sinuskurve symbolisieren jeweils Themenschwerpunkte, die zum Ende hin dramaturgisch gesteigert werden. Eine Strukturhomologie zum griechischen Drama wird deutlich. Die Videoproduktion beginnt mit einer Exposition, steigert die Spannung bis zum Höhepunkt und endet mit einer Abschluss-Sequenz (vgl. ebd. S. 341/342, vgl. dazu auch RÖLL 1991 S. 86). Zwischenräume werden anschließend mit visuellem Material gefüllt. RÖLL sieht den Vorteil dieser «Stützpfeiler»- Methode darin, «... daß Sequenzen offen gelassen werden können und die Entscheidung erst kurz vor dem Schnitt erfolgen kann» (RÖLL 1998 S. 342). Die audiovisuelle Erfahrung des Schnitts löse beim Produzenten eine direkte Sensibilität im Umgang mit Bildwirkungen aus, die den Blick öffnen könne «... für Sequenzzuordnungen, die vorher verdeckt waren» (ebd.).

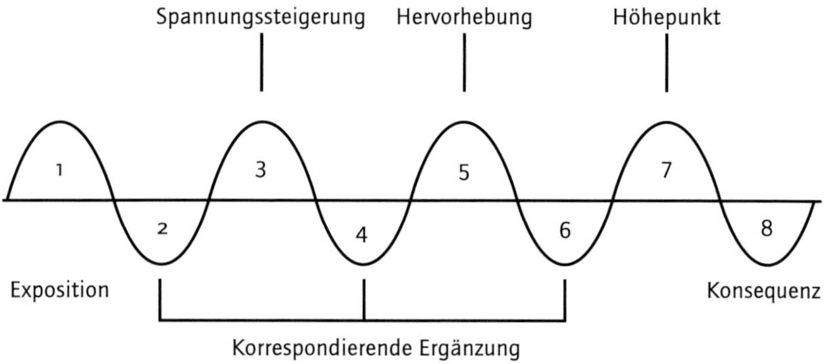

Abbildung 11: Sinuskurve als Strukturierungshilfe bei der Montage (Röll 1998 S. 341).

8.3.2.7 Kritische Würdigung

Die (Lern-)Ziele des wahrnehmungsorientierten Ansatzes sind hoch gesteckt. Die Wahrnehmung der Subjekte für medien-ästhetische Details und für Möglichkeiten der medialen Bedeutungsproduktion soll geschärft werden, um diese auch bei der eigenen Produktion gezielt nutzen zu können. Er greift damit ein Anliegen von ARNHEIM auf, das bereits 1932 in der ersten Auflage der Publikation «Film als Kunst», formuliert wurde: die Veränderung der Zuschauer von Konsumenten, die ihre Aufmerksamkeit vorrangig auf die Filminhalte und -geschichten richten, zu Formbetrachtern mit Wahrnehmungskompetenz im Hinblick auf die Entdeckung und Analyse filmkünstlerischer Mittel (vgl. ARNHEIM 2002 S. 47 u. 57ff.).

«Erweitertes Sehen und Hören» und «symbolisches Denken» (RÖLL 1998 S. 331) sollen aber nicht nur dazu beitragen, Medieninhalte besser zu durchdringen und selbst herzustellen, sondern auch zur subjektiven Aneignung von Lebensräumen[57] und zur Selbst- und Fremdwahrnehmung motivieren (vgl. ebd. S. 329). RÖLL spart nicht mit konkreten didaktisch-methodischen Hinweisen zur Gestaltung von medialen Lernprozessen. Audiovisuelle Anschauung zieht sich als roter Faden und als didaktisches Prinzip durch den pädagogischen Prozess, um der Weltaneignung Jugendlicher im Medienzeitalter Rechnung zu tragen. Kameraerkundungen zu Beginn vermitteln den Subjekten schnell ästhetische Feedbacks und sind für den Medienpädagogen eine Möglichkeit, individuelles mediales Vorwissen zu erkennen und subjektadäquat zu erweitern. Damit enthält dieser Ansatz explizit Strategien zur Evaluation von Medienerfahrungen und passivem medialen Wissen, die für den Kontext von CHICAM interessant sind.

Didaktisch interessant sind auch die methodischen Anregungen zur Strukturierung der Montage von Filmen. Da sich die Montage nach dem wahrnehmungsorientierten Ansatz nicht wie bei den klassischen Ansätzen aus einem Drehbuch ableitet, stellt sie für die Produzent/innen eine Herausforderung dar, bei welcher sie ggf. auf Unterstützung angewiesen sind.

57 Jugendliche suchen mit der Kamera Orte auf, die sie im Alltag nicht aufsuchen würden. Sie besichtigen bspw. Polizeidienststellen, Betriebe, besteigen Dächer von Hochhäusern, sprechen mit Personen, von denen sie sich ansonsten nicht ernst genommen fühlen (z.B. Bürgermeister). Sie eignen sich dadurch bekannte Gegenstände neu an.

Es geht um die Herstellung von Sinnzusammenhängen, um den strukturellen Aufbau einer Produktion, die im Falle von CHICAM beim Rezipienten die Motivation und Bereitschaft zur Rezeption und zur Bildung von Lesarten fördern kann (vgl. 5.3.4). RÖLL bezieht Erkenntnisse aus der Hirnforschung mit ein und möchte mit seiner Didaktik gezielt die rechte Hirnhälfte anregen, die für präsentative Verarbeitungsformen zuständig ist. Die Dramaturgie einer Produktion wird visuell anhand von Mindmaps und dramaturgischen Hilfslinien entwickelt, was Kindern und Jugendlichen entgegenkommt, die Schwierigkeiten damit haben, sich verbal auszudrücken und prozessuale Hierarchien in Worten sequenziell festzulegen.

Der Ansatz ist außerdem offen für eigene, handlungsleitende Themen der Kinder, die sie in medialer Auseinandersetzung mit ihrer räumlichen Umgebung sukzessive entwickeln können. Der Grad der Subjektorientierung scheint in diesem Fall höher zu sein als bei drehbuch- und drehplanzentrierten Prozessen. Der Verzicht auf ein vorgegebenes inhaltliches Thema macht gleichzeitig das Medium und seine spezifischen strukturellen Merkmale (filmgestalterische Mittel) zum Thema. Dadurch wird eben genau jenes geleistet, was in der interkulturellen Jugendmedienarbeit m. E. bisher konzeptionell (und auch in der Praxis?) zu wenig betont wird (vgl. 4.4.1): das non-verbale und symbolische Potential der Medien wird explizit thematisiert und reflektiert.

In einer kritischen Würdigung muss angemerkt werden, dass auch und gerade der wahrnehmungsorientierte Ansatz auf verballastige Diskussionsphasen nicht verzichten kann. Das Rezipieren und Reflektieren des eigenen audiovisuellen Materials erfordert die Bereitschaft und auch die Fähigkeit zu verbalem Diskurs in der Gruppe. Kinder und Jugendliche, die gerade erst dabei sind, sich eine neue Landessprache anzueignen, stoßen hier eventuell auf Grenzen. Dass «Das Gespräch über Bilder (...) Distanz zur eigenen Person und (...) gleichzeitig eine persönliche und ungezwungene

58 Auf die Schwierigkeiten, die Jugendliche bei der Montage haben, weist u. a. NIESYTO hin: «Bei der Entwicklung der dramaturgischen Form gibt es die größten Schwierigkeiten. Wie gruppiere ich das aufgenommene Material, damit in der jeweiligen Mediensprache ein Sinnzusammenhang entsteht, Spannung aufgebaut, Zuschauer/innen (...) in die Produktion ‹reingezogen› werden» (NIESYTO 2000a S. 12).

Gesprächsatmosphäre» (Röll 1998 S. 326) schafft, halte ich in diesem Fall für unwahrscheinlich. Die medienpädagogische Begleitung ist gefordert, ästhetische Rückmeldung zum Bildmaterial der Kinder mit visuellen Methoden zu verknüpfen.

Was ebenfalls angemerkt werden muss, ist die Tatsache, dass der wahrnehmungsorientierte Ansatz die Produktion bestimmter ‹Mediamodels› fördert: assoziativ-collageartige Filme. Darauf deuten Erfahrungen aus dem Projekt VideoCulture hin (vgl. Holzwarth & Maurer 2003b S. 153). Dies kann in manchen Fällen einem subjektorientierten Anliegen widersprechen, nach welchem man die gesamte Bandbreite medialer Ausdrucksformen anbieten möchte (z. B. auch Dokumentarfilm, Spielfilm, ...). Was Medienästhetik und Mediengestaltung angeht, wird dem Medienpädagogen eine hohe Qualifikation abverlangt. Nur mit einem entsprechend geschulten Blick kann er den Stand des passiven Wissens der Subjekte erheben und deren Kompetenzen entsprechend erweitern. Röll und auch andere Autoren geben Hinweise darauf, welche medienästhetischen Elemente einem geschulten Blick nicht entgehen dürfen.

8.3.3 Ein Curriculum der formalen Mediengestaltung

Unter der Maßgabe der spezifischen Disposition der CHICAM-Zielgruppe und vor dem Hintergrund der vom Projekt intendierten interkulturellen Kommunikation mit und über Medien (u. a. interkulturell verstehbare audiovisuelle Codes) verspreche ich mir insbesondere von der ‹formalen Medienästhetik› mediendidaktisch bedeutsames Potential. Daher möchte ich im Folgenden den Fokus auf formale Mediengestaltungsmittel richten, wie sie in den entsprechenden Publikationen thematisiert und erörtert werden.

8.3.3.1 Einstellungsgröße

Die Einstellungsgröße ist ein gestalterisches Mittel, welches von allen Autoren thematisiert wird. Sie scheint zum Grundcurriculum der visuellen und audiovisuellen Mediengestaltung zu gehören. Der Begriff Einstellungsgröße bezeichnet die Wahl des Bildausschnitts (vgl. Fiege 2002 T6 S. 3). Der Bildausschnitt wird durch die Nähe/Distanz der Kamera zum Aufnahmeobjekt bestimmt. Entsprechend ist das Objekt fast bildfüllend oder neben vielen anderen Objekten im Hintergrund zu sehen. Dadurch bestimmt die Einstellungsgröße, welche Informationen das Publikum erhält (vgl. Anfang u. a. 1994 S. 14).

Totale Halbnah Groß

Totale Halbnah Detail

Abbildung 12: Totale – Halbnahe Einstellung – Groß- bzw. Detailaufnahme

Unterschieden werden je nach Autor zwischen 5 und 8 Einstellungsgrößen. Die Begrifflichkeiten variieren ebenfalls, was der Terminologieverwendung im professionellen Bereich entspricht (vgl. MONACO 1997 S. 201). RÖLL (1998 S. 10) bspw. unterscheidet zwischen Totale, Halbtotale, Amerikanisch, Nahaufnahme, Groß- bzw. Detailaufnahme. FIEGE (2002 T6 S. 4) differenziert noch zwischen Großaufnahme und Detailaufnahme und fügt die Panoramaaufnahme hinzu.

Auffallend ist, dass die inhaltliche Tiefe der Darstellung in den analysierten Publikationen stark variiert. Während FIEGE (2002) sehr ausführlich und m. E. sachlich richtig breites Hintergrundwissen zu diesem Gestaltungsmittel bereitstellt, handelt STOLP (1997) diesen Inhalt nur oberflächlich ab. HANDSCHUH (1997) dagegen ist ein gelungenes Beispiel dafür, wie man auch mit wenigen Worten solide Grundkenntnisse vermitteln kann.

FIEGE ist der Ansicht, dass Einstellungsgrößen, die das Objekt aus geringer Distanz zeigen, beim Zuschauer tendenziell die Bedeutung ‹Intimität› und ‹Nähe› evozieren (vgl. FIEGE 2002 T6 S. 5). MONACO macht auf eine weitere Wirkungsweise von Einstellungsgrößen in ihren beiden Extremen aufmerksam. «Ein Film, der hauptsächlich aus Nahaufnahmen besteht (…) beraubt uns des umgebenden Raumes und ist daher verwirrend klaustrophobisch (…). Andererseits betont ein Film, der ausschließlich aus Totalen besteht (…) den Kontext vor dem Drama …» (MONACO 1997 S. 203).

Es ist unmöglich, das Gestaltungsmittel ‹Einstellungsgröße› bei der Film- und Fotoproduktion zu umgehen, da bei jeder Aufnahme notwendigerweise die Distanz zum Objekt bestimmt werden muss. Didaktisch entscheidend ist demnach nicht die Frage, ob dieses Gestaltungsmittel Teil des Gestaltungskanons sein soll, sondern wie dieses Mittel reflektiert und gegenstandsadäquat eingesetzt werden kann. Röll argumentiert phänomenologisch, indem er auf typische Anfängerproduktionen hinweist, die häufig unter Informationsüberfülle und störenden Bildinformationen leiden (vgl. Röll 1998 S. 9). Die Kenntnis und Anwendung verschiedener Einstellungsgrößen – in diesem Fall Detail- und Großaufnahmen – stellen eine Möglichkeit dar, die Bildbotschaft auf die notwendige Aussage zu reduzieren. Ähnlich äußert sich Doelker.

«In einer visuellen Gestaltung sollten (...) nicht ‹belanglose› Einzelheiten mitlaufen, und bei Fotografien und Filmaufnahmen ist darauf zu achten, daß ‹überflüssige› Details oder solche, die von der Aussage der betreffenden Einstellung ablenken, weggelassen werden» (Doelker 1997 S. 169).

Überlegungen zur konkreten methodischen Vermittlung der Gestaltungsform ‹Einstellungsgröße› stellt Kinck an. Sie zeigt den Kindern und Jugendlichen mehrere Sekunden lang ein Bild (Folie auf Tageslichtprojektor) mit dem Hinweis, sich die einzelnen Bildelemente möglichst gut einzuprägen. Im Bild sind die Bild-Gegenstände nicht vollständig, sondern angeschnitten dargestellt. Anschließend bekommen die Subjekte die Aufgabe, das betrachtete Bild aus dem Gedächtnis zu zeichnen. Erfahrungsgemäß zeichnen Kinder und Jugendliche die Bild-Gegenstände nicht wie in der Vorlage angeschnitten, sondern ergänzen automatisch die nicht sichtbaren Teilbereiche. Die Übung soll zeigen, dass das Gehirn des Zuschauers fehlende Bildinformationen ergänzt, und es aus diesem Grund nicht immer nötig ist, Totalaufnahmen zu zeigen (vgl. Kinck 2001 S. 66). Zum Verhältnis zwischen Einstellungsgröße und Einstellungslänge entwickelt Kinck ebenfalls anschauliche Übungen. Eine Einstellung wird gezeigt und die Subjekte klopfen auf den Tisch, sobald sie den Inhalt der Einstellung erfasst haben. Die Subjekte lernen dabei, dass der Zuschauer für die Dekodierung von Totalen-Einstellungen aufgrund des vergleichsweise umfangreicheren Bildinhalts mehr Zeit braucht als für die Erfassung von Detailaufnahmen (vgl. ebd.).

8.3.3.2 Perspektive

Die Perspektive ist der Blickwinkel, aus welchem die Kamera das Geschehen ‹sieht›. Sie ist die «Darstellung der dreidimensionalen, körperlich-räumlichen Wirklichkeit in einem zweidimensionalen Bild, so daß das Motiv auf der Bildfläche einen annähernd gleichen Seheindruck hinterlässt wie das Motiv in der Wirklichkeit selbst (...) Daraus resultiert eine kontinuierliche Verkleinerung der Dinge vom Vordergrund zum Hintergrund hin» (FREIER 1992 S. 261). In Erweiterung der traditionellen Zentralperspektive entwickelten und etablierten sich nach und nach auch extremere Perspektiven, die heute konventionell begrifflich ähnlich gefasst werden. Die gängigste Unterteilung ist die in Frosch- (Untersicht), Normal- (Augenhöhe) und Vogelperspektive (Obersicht) (vgl. STOLPE 1997, RÖLL 1998, ANFANG 1994).

Abbildung 13: Beispiele für extreme Vogel- und Froschperspektive.

Auch für das Gestaltungsmittel ‹Perspektive› gilt: Einige Publikationen bieten mehr Hintergrundinformationen als andere. Didaktische Begründungen für die Aufnahme des Gestaltungsmittels ‹Perspektive› in das Mediencurriculum bleiben generell aus, was wiederum daran liegen könnte, dass ähnlich der Einstellungsgröße es sich auch bei der Perspektive um eine gestalterische Dimension handelt, die der Produktion mit visuellen Medien notwendigerweise inhärent ist.

Durch die Wahl einer angemessenen Perspektive kann der Medienproduzent seine Ausdrucksabsicht formal akzentuieren. Denn Perspektiven können Bedeutungen transportieren bzw. formal zuspitzen, was jedoch umstritten ist. Während sich Monaco in Richtung einer strengen formalen Bedeutungszuordnung äußert – «Es ist selbstverständlich, daß die Obersicht die Wichtigkeit des Gegenstands verringert, während die Untersicht seine Bedeutung betont» (MONACO 1997 S. 205) sprechen sich Anfang u. a. eher für eine vorsichtige, kontextsensible Interpretation aus (ANFANG u. a. 1994 S. 18). DOELKER (1997 S. 47) bringt den Aspekt der Topologie des Raums, die Proxemik, in die Diskussion ein, wodurch sich Hierarchien und Abhängigkeitsverhältnisse ausdrücken lassen (vgl. auch FIEGE 2002 T6 S. 7).

Neben eher anschaulichen Vermittlungsmethoden im Kontext der wahrnehmungsorientierten Ansätze (vgl. 8.3.2.2 und 8.3.2.3) finden sich auch methodische Konkretisierungen der folgenden Art:

«Die Schülerinnen und Schüler erhalten ein Arbeitsblatt mit den Erklärungen und Wirkungsweisen der einzelnen Kameraeinstellungen und der Bildkomposition. Nach der Erarbeitung der Inhalte wird das eben Erlernte mit einer Kamera praktisch umgesetzt» (Kinck 2001 S. 67).

Dieses didaktische Setting geht davon aus, dass Lernprozesse am Arbeitsblatt kristallisieren und es anschließend nur darum geht, Gelerntes umzusetzen. Dass der praktische Umgang mit der Kamera ästhetische Lernprozesse in Gang bringen kann, wird hier nicht reflektiert. Man muss dieser methodischen Einheit allerdings zugute halten, dass sie für die Schulart Gymnasium konzipiert wurde. Für die Zielgruppe von CHICAM ist diese Herangehensweise weniger geeignet.

8.3.3.3 Kamerabewegungen

Kamerabewegungen werden u. a. dann eingesetzt, wenn bewegte Objekte verfolgt, der Blick des Publikums gezielt geführt, oder ein schnittloser Übergang zweiter Einstellungen entstehen soll (vgl. Brenner-Rossi 1992 S. 28).

«Die Kamera kann den Helden begleiten, mit ihm durch alle Zimmer der Wohnung, die Treppe hinab, die Straße entlang gehen, und immer kann die menschliche Figur in gleicher Größe und gleicher Figur im Bilde zu sehen sein, während die Umgebung panoramaartig vorübergleitet und dauernd wechselt» (Arnheim 2002 S. 214).

Man unterscheidet drei Arten der Kamerabewegung:

1. Kameraschwenk: Beim Schwenk ist die Kamera an einem Stativ befestigt, so dass sich der Kamerastandort nicht verändert. Vom Standort aus kann die Kamera horizontal und vertikal (bzw. Kombinationen aus beiden Richtungen) bewegt werden. Ein vertikaler Schwenk kann sinnvoll sein, wenn man eine Person zunächst von unten über ihre Schule einführen und den Blick des Zuschauers langsam nach oben zum Gesicht führen möchte (Spannungssteigerung). Ein horizontaler Schwenk kann sich anbieten, wenn das Filmobjekt größer ist als der Bildausschnitt und es für die Filmhandlung wichtig ist, das gesamte Objekt zu sehen. Der so genannte Reißschwenk ist ein abrupter schneller Schwenk, der die Wahrnehmung von Bildeinzelheiten während der Bewegung nicht zulässt (vgl. Brenner-Rossi 1992 S. 29). In direktem

Kontrast zu ruhigen Bildeinstellungen kann er als Überraschungseffekt eingesetzt werden, um die Dramatik des Films zu steigern (vgl. ANFANG u. a. 1994). Schwenks beginnen in der Regel mit einem stehenden Bild (Ort A), gehen dann in die Bewegung über und enden erneut mit einem stehenden Bild (Ort B). Schnitte innerhalb einer Kamerabewegung können störend wirken (vgl. DÜRER & NIGG 1990 S. 108).

Abbildung 14: Schwenk und Fahrt (Brenner-Rossi 1992 S. 28/29)

2. *Kamerafahrt*: Die Kamera verändert ihren Standort. Sie verfolgt bewegte und umkreist bewegte und/oder unbewegte Objekte. Fahrten sind als Parallelfahrt (die Kamera begleitet ein bewegtes Geschehen im 90° Winkel), als Frontalfahrt (die Kamera begleitet ein Geschehen im 180° Winkel) oder als Kranfahrt (die Kamera lässt sich in alle denkbaren Richtungen bewegen, auch kreisförmige Bewegungen sind möglich) realisierbar. Kamerafahrten vermitteln räumliche Eindrücke, da sich das Verhältnis zwischen Vorder- und Hintergrund und damit auch die räumliche Perspektive verändern (vgl. MONACO 1997 S. 208).

3. *Zoom*: Beim Zoom bewegt sich nicht die Kamera, sondern nur ihre Optik. Durch Variation der Linsenstellung wird die Brennweite verändert. Es entsteht eine Bewegungsillusion. Die Perspektive bleibt aber konstant. «Wir scheinen uns in größere Nähe zu begeben, ohne wirklich näher zu kommen, und das ist verwirrend, da wir im wirklichen Leben keine solche Erfahrung zum Vergleich haben» (MONACO 1997 S. 206).

In der medienpädagogischen Literatur wird häufig vor dem inflationären Einsatz von Kamerabewegungen gewarnt (vgl. DÜRER & NIGG 1990 S. 108). «Jede Bewegung muss ihren Sinn haben, darf nicht zum Aufmotzer-Schnickschnack werden» (ANFANG u.a. 1994 S. 16). «Unmotivierte Schwenks, Zooms oder Fahrten können das Publikum sehr irritieren» (BRENNER-ROSSI 1992 S. 31). ANFANG u.a. empfehlen den Einsatz eines Stativs, um sowohl ruhige Aufnahmen, als auch bewusst gestaltete bewegte Aufnahmen (diese ohne Stativ) zu erhalten (vgl. ANFANG 1994 S. 17). ARIJON fasst die Semantik der Häufigkeit von Kamerabewegungen zusammen. «Eine größere Anzahl gleichzeitig stattfindender Bewegungen ruft im allgemeinen den Eindruck von Energie, Hast, Aufregung oder Aggressivität hervor. Findet wenig oder gar keine Bewegung statt, entsteht der Eindruck von Trägheit, Ruhe, Feierlichkeit, Melancholie» (ARIJON 2000 S. 475).

Kamerabewegungen lassen sich in der pädagogischen Praxis auch ohne kostspielige Dollys und Kamerakräne realisieren. Skateboards, Rollstühle, ferngesteuerte Autos, Einkaufswägen, Schreibtischstühle etc. eignen sich hervorragend für Fahrten. Mit einer Kamerawippe können sogar Kranfahrten realisiert werden (vgl. BRENNER-ROSSI 1992 S. 29).

8.3.3.4 Beleuchtung

«Vielleicht ist die Beleuchtung das wichtigste Hilfsmittel des Filmemachers ...» (MONACO 1997 S. 198). Licht bietet vielfältige Gestaltungsmöglichkeiten. Unterschieden werden die drei Parameter Helligkeit, Lichtrichtung und die Lichtqualität. Die Lichtrichtung bestimmt gleichzeitig den Wurf des Schattens, der wiederum meist mehr in den Blick fällt als das Licht selbst. Folgende Lichtrichtungen werden genannt: Oberlicht, Unterlicht, Vorderlicht, Gegenlicht (vgl. z.B. FIEGE 2002, HANDSCHUH 1997).

Grundsätzlich fällt auf, dass die Lichtgestaltung vorwiegend im Bereich der Fotografie Thema ist und dagegen in der Videoarbeit weniger im Vordergrund steht (außer ANFANG u.a. 1994). Ich erkläre mir diese Tatsache durch die strukturellen Eigenschaften beider Medien. Während sich die Fotografie auf die Erstellung von Einzelbildern konzentriert, umfasst Videoarbeit durch den Bewegtbildcharakter zusätzliche gestalterische Parameter wie Montage, Tongestaltung, Kamerabewegung u.a. Angesichts der Menge und Komplexität der Parameter der Bewegtbildgestaltung scheint die Arbeit mit Licht bei der Videoarbeit didaktisch nachgeordnet zu sein.

Die Notwendigkeit des Einsatzes von Licht in der aktiven Medienarbeit wird u. a. technisch begründet. Das Auge nimmt die Wirklichkeit anders war, als die Kamera. In bestimmten Kontexten ist es erforderlich Licht einzusetzen, um mit der Kamera den natürlichen Blick des Auges zu imitieren. Steht bspw. eine Person im Raum vor dem Fenster zum Garten (Licht fällt von außen herein), so löst die Kamera nur die Silhouette auf. Um die Gesichtszüge wahrnehmen zu können, muss die Person zusätzlich aufgehellt werden.

Die zweite, m. E. wichtigere Begründung zum Einsatz von Licht ist dessen stimmungs- und bedeutungskonstruierende Eigenschaft und deren Auswirkung auf die Aussage eines Films. «... das Licht ist eine der wesentlichen Aussageebenen des Films (...). Auf eine bewusste Lichtgestaltung zu verzichten, bedeutet, entscheidende Aussagen dem Zufall zu überlassen» (Dunker 2001 S. 17).

Licht und Schatten geben dem Zuschauer einen Eindruck von Räumlichkeit. So können verschiedene Lichtdesigns die Tiefe eines Raumes verändern (vgl. Dunker 2001 S. 11). Bei Detailaufnahmen kann das Licht Informationen über die Oberflächenbeschaffenheit eines Gegenstandes geben (z. B. glatte Oberfläche durch Reflexion) bzw. Oberflächenwirklichkeit vertuschen. Diffuses, weiches Licht lässt unerwünschte Falten in ‹Close Ups› verschwinden. Lichtgestaltung spielt mit Assoziationen und Emotionen der Zuschauer. Unterlicht lässt einen Gegenstand unheimlich und bedrohlich erscheinen. Eine Person, die mit Unterlicht inszeniert wird, wirft große, gespenstische Schatten hinter sich an die Wand. Fiege veranschaulicht anhand von Beispielportraits, wie Licht den Charakter einer Person bilden kann (vgl. Abbildung 15). Entsprechend der beabsichtigten Stimmung werden verschiedene Lichtquellen eingesetzt, die unterschiedliche Farbtemperaturen repräsentieren. Je niedriger die Farbtemperatur, desto wärmer und gemütlicher wirkt die Szene. Kerzenlicht hat eine niedrige Farbtemperatur von 1500 Kelvin, Licht vom blauen Himmel 10000 – 12000 Kelvin (vgl. Dunker 2001 S. 58). Der Kelvinwert misst den Blauanteil. Blaues Licht wirkt in Analogie zur Grundfarbe Blau kalt und frisch.

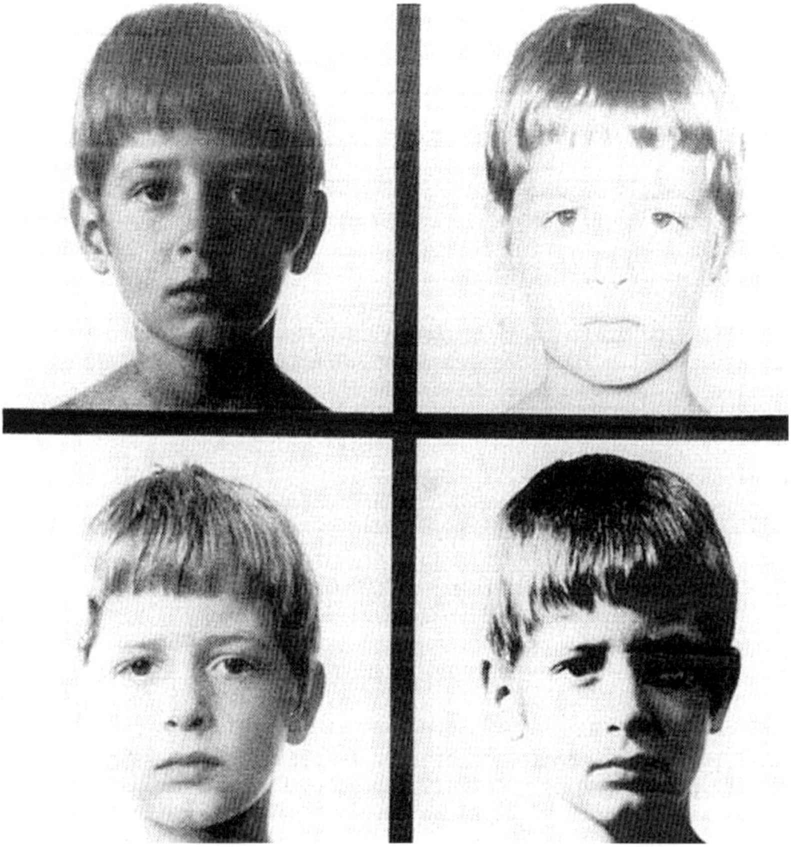

Abbildung 15: Charakterisierung durch gezielten Lichteinsatz (Fiege 2002 T6 S. 15).

Mit technischen Hinweisen zum Thema Licht wird nicht gespart. Anfang u.a. geben einen Überblick über verschiedene Lampentypen und die jeweiligen Verwendungskontexte. Auch im Hinblick auf Anschaffungen werden Tipps gegeben (vgl. Anfang u.a. 1994 S. 71ff.; für den Profibereich vgl. Dunker 2001 S. 24 – 34). Möglichkeiten der Lichtgestaltung für No-Budget Produktionen nennt Handschuh (1997 S. 61 ff.).

8.3.3.5 Bildformat/Bildraum/Bildrand

Bildformat und Bildrand werden von Röll, Schulz und Fiege thematisiert. Es wird davon ausgegangen, dass bereits das Format unabhängig vom Bildinhalt

Bedeutungen festlegt. «Das Querformat betont waagerechte Linien und Flächen und die Beziehung zwischen rechts und links. Es signalisiert Ruhe, u. U. Kälte, betont die Horizontale (...).

Abbildung 16: Werbeflyer eines Hamburger Bekleidungsgeschäftes im Querformat.

Das Hochformat (...) betont senkrechte Linien und Flächen, (...) das Verhältnis von Oben und Unten (...). Es signalisiert Nähe, u. U. Wärme, Aktivität und Kraft» (Fiege 2002 T6 S. 30).

Sprachphänomenologische Auffälligkeiten sowie die wahrnehmungspsychologisch angenommene Leserichtung/Zeitauffassung in westlich geprägten Gesellschaften von links nach rechts (vgl. Monaco 1997 S. 194/195) legen weitere Bedeutungen des Bildraums fest. «Läuft die Person von rechts nach links, so hat der Betrachter unseres Kulturkreises den Eindruck, sie läuft in ihr Verderben» (Fiege 2002 T6 S. 25).

Schulz verwendet gezielt Redewendungen wie ‹am Boden zerstört sein›, ‹ich bin total down›, um das Verhältnis von gut/oben und schlecht/unten zu vermitteln (vgl. Schulz 2001 S. 15). Röll führt im Zusammenhang mit dem Bildraum den Begriff des Anschnittes ein (vgl. Röll 1998 S. 9). Ein Anschnitt ist dann vorhanden, wenn das Objekt außerhalb des Bildausschnitts sich fortsetzt, also nicht vollständig abgebildet wird. Der Rezipient denkt ständig den Kontext mit, ohne ihn tatsächlich zu sehen. Eine Form, die die Grenzen des Bildes gestalterisch nutzt, bezeichnet Monaco als offene Form, im Gegensatz zur geschlossenen Form, die das Objekt möglichst im Bildmittelpunkt platziert (vgl. Monaco 1997 S. 188ff.).

Abbildung 17: Beispiele für Printmedien-Gestaltung im Hochformat

Auf den Bildmittelpunkt fokussierte Gestaltung ist jedoch heute out. H. G. Schmidt beschreibt, wie Anfänger mit einem Fotoapparat umgehen. Formal sei bei Anfängerbildern das Aufeinandertreffen von Bildmittelpunkt und Hauptthema zu beobachten (vgl. Schmidt, H.G. 1988 S. 56).

Abbildung 18: Beispiele für ‹Anschnitte› aus der Printwerbung

1.3.3.6 Linien und Goldener Schnitt

Linien gehören zu den formalen grafischen Bildelementen. Die Linie ist gewissermaßen die zweidimensionale Auslegung des eindimensionalen Punktes (vgl. DOELKER 1999 S. 106). Die symbolische Bedeutung der Linienführung wird von einigen Autoren angesprochen, verbunden mit der Notwendigkeit, diese Bedeutungen bei der Produktion von Medien zu reflektieren (RÖLL 1998, FIEGE 2002, SCHULZ 2001).

Linien geben dem Betrachter eine visuelle, gliedernde Orientierung im Bild (vgl. FIEGE 2002 S. 23). Die symbolische Bedeutung der Linien leitet sich aus den Bedeutungen des Bildraums und des Bildformats ab. Waagerechte Linien stehen für Ruhe, Stabilität, Dauerhaftigkeit, gerade senkrechte Linien für Kraft und Dynamik (vgl. ebd.). Die Diagonale ist eine Sonderform der Linie. Sie löst beim Betrachter den Eindruck von Bewegung und Dynamik aus. Dies hängt damit zusammen, dass die Gegenstände entlang einer Diagonalen zu gleiten scheinen (vgl. ebd.).

Gebogene Linien symbolisieren Dynamik, Flexibilität, Weiblichkeit und Sanftheit. Gezackte Linien wiederum stehen für Unruhe, Wildheit und Schärfe. Die letzten Beispiele zeigen, wie sich die Linienbedeutung an ikonisch motivierten Signifikat-Signifikanten Beziehungen kristallisieren. Als ikonische Entsprechung der gezackten Linie werden von FIEGE Gebirgszüge und Skylines von Großstädten genannt. Hier wird mit Assoziationen gespielt, die aus dem Weltwissen der Rezipienten geschöpft werden. Wer sich schon im Gebirge aufgehalten hat, wird damit Natur, Unbezwingbarkeit, Unberechenbarkeit assoziieren und diese Assoziationen bei einer bildhaften Repräsentation einer gezackten Linie abrufen.

Abbildung 19: Positive Diagonale in der Werbung

Der goldene Schnitt ist ein bestimmtes harmonisches Proportionsverhältnis, welches in der Natur vorkommt, vom Menschen erkannt und für die Produktion von Kultur übernommen wurde. So sind bspw. beim Menschen die Idealproportionen zwischen Spannweite und Körpergröße im Verhältnis 5 : 8 geteilt. Mathematisch wurde dieses Verhältnis bereits von den Griechen im Pentagramm nachgewiesen (vgl. VAN DEN BOOM & ROMERO-TEJEDOR 2000 S. 140 ff.). Seit der Antike gilt der goldene Schnitt als ästhetisches Konzept, nach welchem Bauwerke und Kunstgegenstände gestaltet wurden.

Die Fotografie hat sich des goldenen Schnitts bedient, um Bildobjekte so zu positionieren, dass sich für den Betrachter eine harmonische Bildwirkung einstellt (vgl. FIEGE 2002 T6 S. 26). Das gilt für die Festlegung der Horizontlinie ebenso wie z. B. für die Position einer Person im Bild. Fiege weist darauf hin, dass auch die herkömmlichen Bildformate im goldenen Schnitt konzipiert sind.

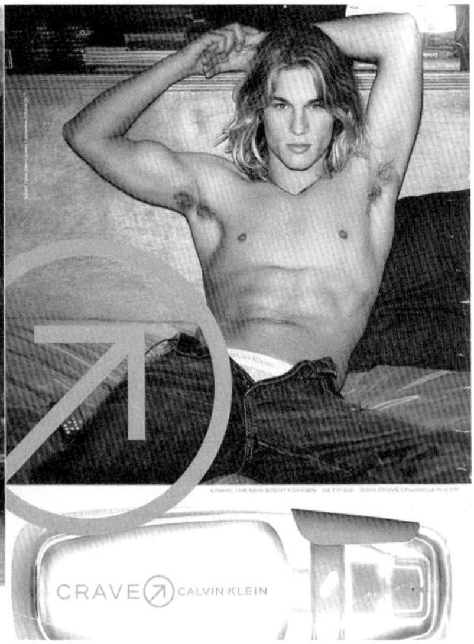

Abbildung 20 (links): «Marlboro Romantik» – mit gezackter Linienführung
Abbildung 21 (rechts): Ein Beispiel für die Verwendung des Goldenen Schnitts in der Printwerbung. Der Schnitt verläuft in diesem Fall durch die abgebildete Person, die nicht mittig, sondern leicht nach rechts platziert wurde.

8.3.3.7 Hinweise zur Tongestaltung

Es ist auffallend, dass die meisten Publikationen zur produktiven und handlungsorientierten Videoarbeit zwar technisch (welche Mikrofone sollen verwendet werden?), nicht aber filmgestalterisch und didaktisch-methodisch auf die Tonebene eingehen. Im Gegensatz zur visuellen Ebene der Videogestaltung, die im Allgemeinen mehr oder weniger durchdekliniert wird, fehlen für die Tonebene entsprechende Gestaltungshinweise. In dieser Arbeit kann dieses Desiderat zwar nicht kompensiert werden, ich möchte aber dennoch auf zwei Autoren verweisen, die sich auf den Einsatz von Musik, Ton und Geräuschen in Medien-Eigenproduktionen spezialisiert haben. Münch & Bommersheim (2001 S. 38) halten eine bewusst gestaltete Tonspur für eine erfolgreiche Videoproduktion unumgänglich. Sie machen auf verschiedene

Möglichkeiten aufmerksam, wie Musik und Ton im Zusammenhang mit Bild Bedeutung produzieren oder akzentuieren kann (Emotionalisierung, Charakterisierung, Ortsangaben machen, Verbindungen herstellen, u.v.m.) (vgl. ebd. S. 39). Sie plädieren für den gezielten Einsatz von Geräuschen, um wichtige Momente im Film zu betonen (vgl. ebd. S. 38). Stille kann die Wirkung einer Szene verdichten, Aufmerksamkeit konzentrieren und Neugierde auf Weiteres wecken (vgl. ebd. S. 40). Musikstücke haben ihre eigene Dramaturgie und können nicht beliebig auf- und abgeblendet werden (vgl. ebd. S. 42).

8.3.3.8 Montage und digitaler Videoschnitt

Bei der Montage wird mediale Wirklichkeit konstruiert, indem Elemente aus ihrem ursprünglichen Kontext gelöst, neu geordnet, Zeit- und Raumverhältnisse beliebig verändert und umgekehrt werden. Röll bezeichnet die Montage als das «... eigentliche schöpferische Moment bei der Medienproduktion» (Röll 1998 S. 338). Die Auswertung von Interviews, die im Rahmen der Studie «Medienpädagogik und sozio-kulturelle Unterschiede» mit Medienpädagog/innen aus Süddeutschland durchgeführt wurden, hat ergeben, dass der Beratungsbedarf der Kinder und Jugendlichen bei der Montage am größten ist (vgl. Niesyto 2000b S. 95).

Bei der Montage werden einzelne Einstellungen zunächst isoliert – d.h. von störendem Bildmaterial freigestellt – und aneinandergereiht, wodurch zwischen den Einstellungen ein Schnitt entsteht. Der Schnitt kann hart oder weich gestaltet sein. Beim harten Schnitt treffen die beiden Einstellungen unmittelbar aufeinander. Der weiche Schnitt arbeitet mit Überblendungen von einer Einstellung in die andere bzw. mit einer Ab- und Aufblende, meist über die Farbe Schwarz (vgl. Anfang u.a. 1994 S. 31). Der digitale Videoschnitt bietet eine breite Palette an unterschiedlichen Übergangseffekten (vgl. Stolp 1997 S. 79). Im Zusammenspiel von Bild und Ton ergeben sich drei Schnittformen: Beim Assembleschnitt werden Bild und Originalton der Einstellungen geschnitten und aneinandergefügt. Beim Insertschnitt werden Bilder im Nachhinein eingefügt und über den Originalton einer anderen Einstellung gelegt. So hört man bspw. auf der Tonebene Statements zum Krieg im Irak, während auf der Bildebene Sequenzen aus dem Kriegsgeschehen gezeigt werden. Beim Audio-Dub werden im Nachhinein Töne, Geräusche und Musik unter bestehende Bilder und deren Originalton gelegt (vgl. Stolp 1997 S. 76).

Eine gelungene Montage verbindet die einzelnen Filmeinheiten jedoch nicht in beliebiger Weise, sondern nach dramaturgischen Gesichtspunkten. Die Dramaturgie ist die Lehre vom Wesen des Theaters und seiner Gesetze, Strukturen und Aufbaumittel (vgl. VON WILPERT 1989 S. 207). In Film und Theater geht es um die Organisation von Handlungssträngen und die Einbettung der Narration in räumliche und zeitliche Kontexte. Dem Zuschauer werden durch die Wahl einer bestimmten Montageform Hinweise zur Deutung des medialen Textes gegeben. So zeigt eine Parallelmontage, bei der zwei Handlungsstränge immer abwechselnd gezeigt werden (Muster ABABAB ...), die Gleichzeitigkeit der Handlungsstränge an und deutet auf eine Verknüpfung der Stränge hin (vgl. ANFANG u.a. 1994 S. 33). Eine Assoziationsmontage dagegen möchte dem Zuschauer ohne erzähllogischen Zusammenhang audiovisuelle Impressionen liefern, die aufgrund der Bedeutungsoffenheit Möglichkeiten der Produktion von verschiedenen Lesarten eröffnet (vgl. BECKER 1997 S. 136). Mit der Kontrastmontage werden Gegenstände oder Personen in kontrastierender Form gegenübergestellt (vgl. BECKER 1997 S. 135). Die Leitmotivmontage beinhaltet die Redundanz einer Sequenz, die refrainartig montiert wird (vgl. ebd.).

Die Montage ist ein komplexer Prozess, der hohe Anforderungen an die Subjekte stellt. Da die Montage Bedeutung produziert, die in den Einzeleinstellungen objektiv nicht enthalten ist, müssen die jungen Medienproduzent/innen lernen, «... ‹zwischen› den Bildern zu erzählen» (RÖLL 1998 S. 339). Das Bewusstsein für sequenzübergreifende Bedeutungskonstruktion (vgl. MAURER 2001c S. 31) und für die Semantik der Montageformen muss geweckt werden. Entsprechend sind subjektadäquate Konzepte gefragt, die den Kindern das Prinzip der Montage nahe bringen. Im klassischen storyboardorientierten Ansatz wurde die Montagearbeit gewissermaßen bereits in der Planungsphase geleistet und verschriftlicht.

«Welche (Montage- B. M.) Form gewählt wird, entwickelt sich aus der Auseinandersetzung mit dem Thema und aus dem, was bei der Stoffentwicklung als inhaltliches Ziel definiert wurde» (ANFANG u.a. 1994 S. 33).

Das erklärt, weshalb in ‹klassischen› Publikationen kaum didaktische und methodische Hinweise zur Montage gegeben werden. Umgekehrt ist die Montage in der wahrnehmungsorientierten Medienpädagogik aus didaktischer Sicht ein zentrales Thema. RÖLL verzichtet darauf, sämtliche Montagetheorien in ihrer vollen Komplexität zu vermitteln (vgl. RÖLL 1998 S. 340). Mit seiner visuellen Hilfslinie unterstützt er stattdessen die Dramaturgie im

Ganzen (vgl. 8.3.2.6). Wie Einstellungen semantisch in Beziehung zueinander stehen, kann anhand von Beispielen aus der Filmgeschichte veranschaulicht werden (z. B. durch das Kuleschow-Experiment).

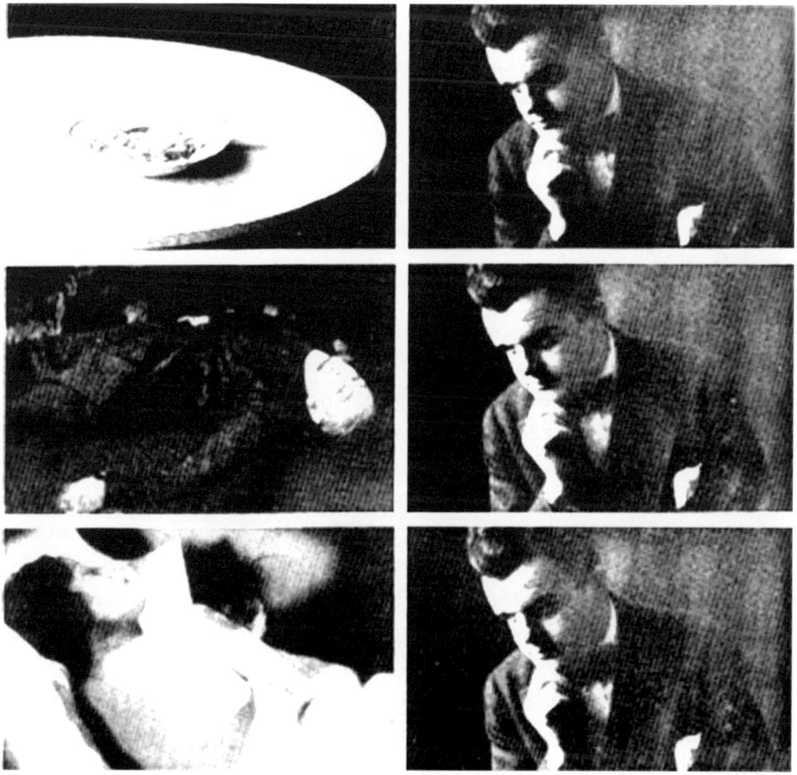

Abbildung 22: Kuleschow führte ein Experiment durch, um die Suggestionskraft der Montage zu beweisen. Er kombinierte eine «... fast ausdruckslose Nahaufnahme des Schauspielers Moshukin mit Aufnahmen eines spielenden Kindes, einer Suppenterrine und einer Frau im Sarg (...). Rezipienten ordneten dem Schauspieler entsprechend den benachbarten Bildern jeweils passende Ausdrucksformen wie Freude, Hunger und Trauer zu» (Röll 1998 S. 339). Die Originalaufnahmen sind verschollen. Die Abbildungen sind http://online-media.uni-marburg.de/kunstgeschichte/sds/secure/marburg/32-filmanalyse/01-Zeichen/zeichen14.html (Zugriffsdatum: 11.11.2003) entnommen.

Röll geht davon aus, dass die ästhetische Erfahrung des direkten Umgangs mit Bildwirkungen beim Schnitt den Blick für Sequenzzuordnungen öffnet, die vorher verdeckt waren (vgl. Röll 1998 S. 342). Die Kinder und Jugendlichen stellen dann fest, dass sie noch Bildmaterial brauchen. Sie können die Aufnahmen nachdrehen und in die Postproduktion einarbeiten. Die Lernerfahrung des Videoschnitts kann damit unmittelbar Einfluss auf die Art und Weise haben, wie Kinder und Jugendliche Bilder aufnehmen und auswählen. Als medienpädagogische Konsequenz lässt sich in diesem Zusammenhang ableiten, dass zu Beginn von Lernprozessen mit Video spielerische Übungen am Schnittplatz einzuplanen sind, und dass Aufnahme- und Postproduktionsphase nicht streng voneinander abgetrennt werden dürfen (vgl. Maurer 2001b S. 110).

Im Bereich der Bild- und Videobearbeitung hat sich in den letzten 10 Jahren eine Wende von der analogen hin zur digitalen Technologie vollzogen. Dass der digitale Videoschnitt am Computer gegenüber der herkömmlichen analogen Technik technische und ästhetische Vorzüge aufweist, ist inzwischen unbestritten (vgl. Maurer & Müller 1999). Dass sich hieraus jedoch auch pädagogisch-didaktische Konsequenzen ableiten lassen, wurde m. E. bisher zu wenig erkannt. Publikationen zum digitalen Videoschnitt beschränken sich meist auf die mehr oder weniger ausführliche Beschreibung der neuen Möglichkeiten (vgl. z. B. Stolp 1997). Die klassische medienpädagogische Konzeption (Drehbuch, Storyboard) bleibt dagegen meist unangetastet, obwohl die Vorzüge der neuen Technologie ein Umdenken auch im didaktisch-konzeptionellen Bereich nahe legen.

Das Prinzip des digitalen Videoschnitts ist dem ‹eigentlichen Filmschnitt› sehr ähnlich und durch seine Anschaulichkeit leicht zu vermitteln.[59] Filmmaterial kann mit Hilfe diverser ‹Tools› wie z. B. der Rasierklinge im Schnittfenster wie richtiges Filmmaterial bearbeitet werden. Einzelne Sequenzen können beliebig zerschnitten, verlängert, und im Schnittfenster angeordnet werden. Der Produktionsprozess entspricht dem Belegen einer Pizza. Es entstehen verschiedene Schichten, die mit audiovisuellen Zutaten gefüllt werden können.

59 Der analoge Schnitt ist weit weniger anschaulich, da das Originalmaterial nicht im eigentlichen Sinn geschnitten, sondern nur auf eine andere Kassette kopiert wird.

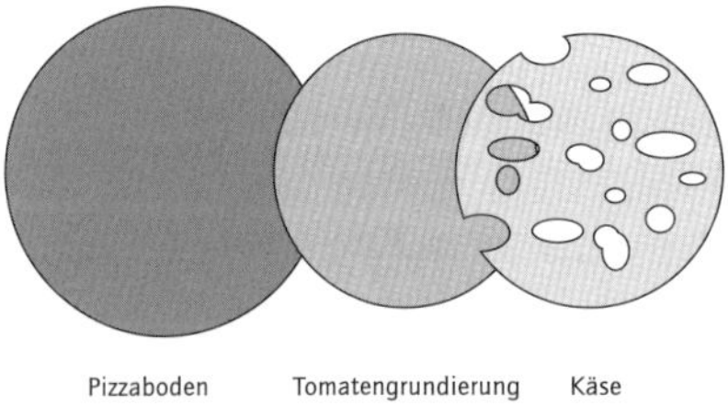

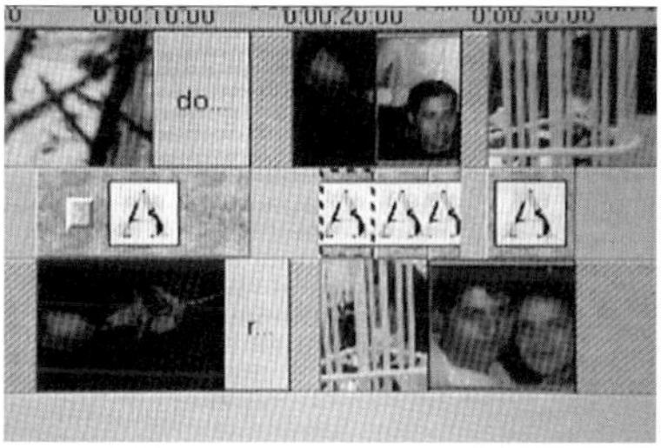

Abbildung 23 (links): Das Pizza-Prinzip
Abbildung 24 (rechts): Visuelles Storyboard des Videoschnittprogramms Adobe Premiere.

Ergänzungen und Korrekturen können im Nachhinein vorgenommen werden, ohne dass das übrige, bereits montierte Material davon betroffen wird. Ideen und Assoziationen, die während des Prozesses entstehen, können sofort oder nachträglich visuell umgesetzt werden. Die dramaturgische Gesamtkonzeption muss nicht mehr, wie für den analogen Schnitt noch erforderlich, vor dem Schnitt feststehen.

Das visuelle Storyboard ermöglicht den Produzent/innen, jederzeit den bereits fertiggestellten Teil des Films auf einen Blick zu überschauen. Das Kurzzeitgedächtnis wird entlastet, da die jeweils vorangegangenen Bilder bei einer Schnittentscheidung nicht mental festgehalten werden müssen. Auf diese Weise können einzelne Sequenzen z. B. gezielt farblich einander angeglichen werden. Umgekehrt können Farb-(und Form)Kontraste sowie inhaltliche Anschlüsse bewusst gestaltet werden.

Ich habe bereits darauf hingewiesen, dass es insbesondere im Zusammenhang mit der Produktion von Spielfilmen (aber auch bei anderen Mediamodels) häufig zu nicht gewollten Inkohärenzen und Brüchen kommen kann (vgl. 6.4.4). Die Produzent/innen bemerken dies nicht, weil sie ihre Aussageabsicht stets mental präsent haben, und nicht antizipieren können, welche Information ein Rezipient für eine entsprechend beabsichtigte Dekodierung benötigt. Im Deutschunterricht hat sich ein Verfahren etabliert, welches Schüler/innen rezipientenorientiertes Schreiben erleichtert. In Schreibkonferenzen werden Texte in Kleingruppen vorgelesen bzw. gemeinsam verfasst, Unklarheiten angemerkt und gemeinsam überarbeitet (vgl. z. B. Baurmann 1995 oder Fritzsche 1998). Die Schreibkonferenz schafft Distanz zum eigenen Text, da sie den Einbezug mehrerer Meinungen, mehrerer Erwartungshorizonte und Vorkenntnisse möglich macht. Sie eröffnet Raum für direktes Nachfragen, Kritik, Anregungen, so dass die Autoren während des Schreibprozesses Textausschnitte modifizieren können. Dieses Verfahren ist m. E. auch auf die Produktion von Videofilmen übertragbar. Mehrere Filmgruppen, die simultan an verschiedenen Projekten arbeiten, treffen sich in regelmäßigen Abständen zur ‹Videokonferenz›, schauen gemeinsam die Zwischenergebnisse an und geben sich Rückmeldung. Die neuen Möglichkeiten der digitalen Videonachbearbeitung am Computer – z. B. im Nachhinein Einschübe und Umstellungen auf der Bild- sowie auf der Tonebene machen zu können – kommen dem pädagogischen Verfahren der Videokonferenz entgegen.

Subjektadäquate Unterstützung während der digitalen Postproduktion setzt die Kenntnis der von den Kindern angewandten Montagekriterien voraus. Nach meiner Erfahrung lassen sich drei Hauptkriterien ermitteln:

a) *intuitive Kriterien*: Die Produzenten montieren Sequenzen scheinbar willkürlich. Schnittentscheidungen werden häufig mit Begeisterung angenommen, können jedoch bei Nachfrage nicht näher begründet werden.
b) *ästhetische Kriterien*: Die Produzent/innen montieren nach rein ästhetischen Gesichtspunkten. Dabei dominiert die Form. Inhalt und Bedeutung bleiben sekundär.
c) *inhaltliche Kriterien*: Die Produzenten montieren nach inhaltlichen Gesichtspunkten. Eine logisch aufeinander aufbauende Dramaturgie bestimmt das Bild.

Individuelle Fördermaßnahmen während des Videoschnitts können entsprechend der beobachteten Montagekriterien situativ entwickelt werden. Falls ästhetische Kriterien überwiegen, kann die medienpädagogische Begleitung inhaltlich/dramaturgische Hilfestellungen geben (z. B. Sinuskurve). Eine Fokussierung der Jugendlichen auf inhaltliche Aspekte kann durch das Aufzeigen von ästhetischen Alternativen kompensiert werden (vgl. MAURER 2001c S. 31).

8.3.3.9 Gestaltungscurriculum – Gesamteinschätzung

1. In den ausgewerteten Publikationen zur aktiven Medienarbeit scheint sich ein ‹Gestaltungsformen-Kanon› herausgebildet zu haben.

Die hohe Übereinstimmung der in den analysierten Publikationen thematisierten Lerninhalte im Bezug auf Bild- und Filmgestaltung ist wohl kein Zufall, sondern das Resultat einer Orientierung an Prinzipien und Begriffen der klassischen Filmanalyse, die sich in nahezu allen Publikationen widerspiegelt. Gestaltungsmittel wie ‹Perspektive› und ‹Einstellungsgröße› wurden bereits von BELA BALASZ in den 30er Jahren herausgearbeitet (vgl. BALASZ 1938). BAZIN ergänzte die Strategien der ‹Bildgestaltung›, der ‹Montage›, der ‹Kamerabewegung› u.a. (vgl. BAZIN 1958).

Das Kino ist jedoch ein Medium, das stetigen Veränderungen unterworfen ist. So weist bereits METZ in seinem Aufsatz zum Problem der Denotation im Spielfilm (vgl. METZ 1968) darauf hin, dass die Filmanalyse nie am Ende ist, sondern sich den jeweils neuen ästhetischen und technischen Veränderungen anpassen und diese begrifflich fassen muss.

Die ästhetisch-technischen Entwicklungen im Medium Film sind seit den 60er Jahren in der Tat nicht stehen geblieben. Die begriffliche Fassung dieser Entwicklungen und Trends ist jedoch aus meiner Sicht bis heute weitgehend ausgeblieben. Das hat Konsequenzen für die Medienpädagogik: was nicht begrifflich gefasst ist, kann auch kaum weitervermittelt werden. Eine Aufgabe moderner Medienpädagogik muss daher sein, mit den Kindern und Jugendlichen gemeinsam nach ‹neuen Ästhetiken› und gestalterischen Formen zu suchen, Begrifflichkeiten zu entwickeln und diese auch gemeinsam produktiv umzusetzen. Eine ‹Fundgrube› für neue, für Kinder und Jugendliche attraktive Ästhetiken (vgl. 5.4.1.2) ist das Musikfernsehen (MTV, VIVA, VIVAplus, u.a.) und die Werbefilmproduktion. Hier findet man z.B. geteilte Screens, die zwei oder mehr Bildsequenzen gleichzeitig zeigen – häufig eine Situation aus verschiedenen Perspektiven und Einstellungsgrößen, oder verschiedene Handlungsstränge, die parallel verlaufen.

In letzter Zeit fallen dem geschulten Betrachter vermehrt Kombinationen von Zeitraffer und Zeitlupe auf. Weniger relevante Sequenzen werden gerafft und die Aufmerksamkeit wird durch die Zeitlupe auf zentrale Abschnitte gelenkt. Reißschwenks werden als ästhetische Brücken zwischen Sinneinheiten eingesetzt. Eine weitere Neuerung ist der Einsatz von so genannten Verlaufsmasken. Ein Farbverlauf organisiert die Mischung zweier oder mehrerer Sequenzen. Neue Formen des Screendesigns bestimmen mehr und mehr die Ästhetik der Massenmedien. Mit Screendesign ist die gestalterische Mischung aus Text, Bild und grafischen Elementen gemeint. Dreidimensional wirkende Kamerafahrten sind ein ästhetisches Erbe, das uns der Kinofilm *Matrix* hinterlassen hat.

Abbildung 25: Beispiele für ‹neue Ästhetiken› (Farbreduktion, Screendesign, Split screen, Verlaufsmaske)

2. Die fachliche Tiefe der Darstellung der Lerninhalte und Gestaltungsformen variiert stark.

Eine fundierte Kenntnis und eine entsprechende inhaltliche Durchdringung der verschiedenen foto- und videoästhetischen Gestaltungsstrategien ist m. E. eine notwendige Bedingung für die Konzeption zielgruppenorientierter Angebote der aktiven Medienarbeit, die besonders das nonverbale Potential der Medien im kommunikativen Prozess aufgreifen und nutzen sollen. Entsprechend sind Publikationen, die Gestaltungsmittel wie z. B. Raumaufteilung, Perspektive, Kameraführung etc. ohne Zusammenhang und ohne nähere

Erklärung lediglich aufzählen, verbunden mit Hinweisen wie hier bei Stolp (1997 S. 75): «Vor der Aufnahme ist das Bild zu gestalten. Im Überblick einige Gestaltungsmittel …», wenig hilfreich. In den Bereichen Tongestaltung und digitaler Videoschnitt zeichnen sich sowohl fachlich-inhaltlich, als auch didaktisch-methodisch Desiderate ab.

3. Einige Publikationen gehen nicht über die Ebene der Darstellung der Lerninhalte hinaus. Didaktische Begründungen zur Auswahl der Lerninhalte sowie methodische Hinweise zur Organisation von Lernprozessen findet man selten. Eine unzureichende Darstellung von Inhalten, die im Zusammenhang mit der Produktion von audiovisuellen Medien stehen, ist angesichts der Tatsache nachvollziehbar, dass Pädagogen als Autoren medienpädagogischer Publikationen in der Regel keine professionellen Mediengestalter/innen sind. Was jedoch aus meiner Sicht prekär ist: In einigen der zugrunde liegenden medienpädagogischen Publikationen werden weder zielgruppenspezifische didaktisch-methodische Konkretisierungen zur Initiierung von Lernprozessen entwickelt, noch werden Strategien der Anknüpfung an vorhandenem Wissen dargestellt und diskutiert. Dies ist insofern ernüchternd, als es m. E. eine zentrale Aufgabe der Disziplin Pädagogik ist, sich eben an dieser ihr eigenen didaktisch-methodischen Dimension einzubringen. Aktive Medienarbeit verfolgt Zielstellungen wie Selbstständigkeit, Partizipation an sozialer Realität, die Auseinandersetzung mit der eigenen Lebenswelt u. a., sie setzt auf alternative, handlungsorientierte sinnlich-anschauliche Lernformen (vgl. Schell 1999). Es bleibt jedoch in manchen Fällen unklar, wie diese Zielstellungen in konkreten pädagogischen Arrangements erreicht werden sollen. Autoren, die den wahrnehmungsorientierten Ansatz vertreten, stellen in diesem Zusammenhang eine Ausnahme dar (vgl. 8.3.2.2). Auch Publikationen für die Schulpraxis (z. B. Kinck 2001 bzw. Maier 1998) stellen teilweise wertvolle didaktisch-methodische Überlegungen an.

8.3.4 Konsequenzen für die CHICAM Projektpraxis

Für die Zielgruppe von CHICAM wurden insbesondere Aspekte des wahrnehmungsorientierten Ansatzes als geeignet befunden. Der Bezug zur Lebenswelt, Möglichkeiten des selbstentdeckenden Lernens, spielerische Aneignungsformen, hohe Anschaulichkeit und der Umgang mit non-verbaler Symbolik sowie Raum für die Umsetzung spontaner Ideen sind Vorzüge dieses Ansatzes. Aufgrund der hohen Anforderungen an die Sprachkompetenzen und kognitiv-planerischen Kompetenzen der Kinder und Jugendlichen wurden die drehbuchorientierten Ansätze als eher problematisch eingeschätzt.

Die aufgeführten Lerninhalte und Kompetenzen aus dem Bereich der formalen Medienästhetik können m. E. theoretisch uneingeschränkt in das CHICAM Curriculum aufgenommen werden.[60] Es handelt sich um filmgestalterisches Handwerkszeug, dessen Beherrschung die Kinder dazu befähigt, ansprechende Fotografien und Filme zu erstellen und dabei das non-verbale Potential der Medien auszuschöpfen. In der Praxis ist es aufgrund begrenzter motivationaler, zeitlicher und personeller Ressourcen jedoch notwendig eine didaktische Auswahl zu treffen. Bevor konkrete Überlegungen darüber angestellt werden können, wie eine solche ‹didaktische› Auswahl aussehen kann, soll im Folgenden eine Zusammenstellung von zentralen didaktischen Prinzipien für die aktive Medienarbeit mit Migrantenkindern im Rahmen des Projekts vorgenommen werden.

8.4 Prinzipien einer subjektorientierten Didaktik

Einerseits stellen offene Lernformen wie Handlungsorientierung, Projektarbeit und selbstentdeckendes Lernen die tragenden didaktischen Säulen meiner medienpädagogischen Konzeption dar (Lernumgebungen). Andererseits wird ein hohes Maß an Strukturierung (Instruktion) als notwendig angesehen, um medienspezifische Lernprozesse und interkulturelle Kommunikation zu fördern.[61]

60 Auf die Notwendigkeit, noch weitere, aktuelle ästhetische Trends miteinzubeziehen, habe ich bereits hingewiesen.

61 Strobel-Eisele weist darauf hin, dass insbesondere lernschwächere Schüler/innen mit offenen Unterrichtsformen Probleme haben. «Sie profitieren von einem gut strukturierten Unterricht mehr, der ihr Vorwissen berücksichtigt, auf Wiederholung und Übung wert legt, ihre Fehler diagnostiziert und ihren Lernprozess beobachtet» (Strobel-Eisele 2001 S. 54).

8.4.1 Didaktische Reduktion durch Problemorientierung

Der Softwaremarkt bietet heute eine kaum überschaubare Fülle an Video- und Bildbearbeitungsprogrammen, deren Oberflächen, Funktionen und gestalterische Möglichkeiten sich teilweise stark unterscheiden. Die Benutzer-Oberfläche des Programms Adobe Photoshop bspw. ist durch die zahlreichen Funktionen und Kontextmenüs komplex gestaltet. Entsprechend lassen sich die Basisfunktionen im Gegensatz zu anderen, anschaulicheren Bildbearbeitungsprogrammen nur sehr begrenzt selbst entdecken.

Abbildung 26: Oberfläche von Adobe Photoshop 7.0.

Der Begriff der Basisfunktion ist zudem dehnbar. Über 100 Funktionen können je nach Intention und Gestaltungsabsicht als Basisfunktion verstanden werden. Nach welchen Kriterien soll in diesem Zusammenhang die didaktische Auswahl getroffen werden?

Autoren, die Literatur zur Aneignung von Bildbearbeitungssoftware veröffentlichen (z.B. BAUMGARDT 2001), stehen vor demselben Problem. Eine häufig präferierte Lösung ist die Problemorientierung. Es werden ästhetische Probleme zugrunde gelegt, deren Lösung dann Schritt für Schritt erklärt wird

(z. B. Entfernung von roten Augen auf Fotografien). Es werden immer nur die Funktionen beschrieben, die zur Bearbeitung des jeweiligen Problems relevant sind. Die Qualität einer solchen Publikation lässt sich jeweils daran messen, inwieweit sie die eigenen, subjektiven Problemstellungen bearbeitet bzw. ob Transfereffekte auf eigene Bereiche möglich sind.

Das Konzept der Problemorientierung weist Ähnlichkeiten mit dem Konzept des situierten Lernens auf, das bereits in Kapitel 4.3 thematisiert wurde. Transparente Problemstellungen, die am Vorwissen der Kinder und Jugendlichen ansetzen, können Lernprozessen die notwendige Sinnhaftigkeit verleihen. BADER weist in diesem Zusammenhang auf die didaktische Bedeutung eines Maßstabs bzw. Ziels hin:

«Erst ein Maßstab, wie und wofür das Produkt gestaltet sein soll, macht es für die Produzenten möglich, den Aufwand für das Produkt einzuschätzen, Lernbedarf zu diagnostizieren und die Arbeit so zwischen den Teilnehmern aufzuteilen, dass dabei eine für alle sinnvolle, transparente und bewältigbare Aufgabe entsteht» (BADER 2001 S. 372/373).

Der *anchored-instruction Ansatz* geht davon aus, dass Lernende sich anhand konkreter Problemstellungen, die eine Alltagsrelevanz in der Lebenswelt der Lernenden haben, Sachverhalte und Lerngegenstände effektiv aneignen können.[62] Um eine Problemstellung lösen zu können, sind verschiedene Teilkompetenzen und Wisseneinheiten erforderlich, die im Rahmen des Lösungsprozesses erworben werden (vgl. FRIEDRICH u. a. 1997 S. 95). Didaktisch gesehen werden Teilkompetenzen und Wissen im anchored-instruction Ansatz nicht durch ein Curriculum von Lernzielen organisiert, sondern sie sind den einzelnen Problemstellungen inhärent. Für den Kontext von CHICAM halte ich die Problemorientierung für eine gangbare Alternative zur systematischen (und sinnentleerten) Vermittlung von medienspezifischem Wissen nach einem festen Curriculum.

62 Die Bereitschaft, sich auf ein komplexes Computerprogramm einzulassen, steigt nach meiner Erfahrung deutlich, wenn die zu erlernenden Funktionen in den Kontext einer konkreten sinnlichen Problemstellung eingebunden sind, die zudem eine Verbindung zur Lebenswelt der Subjekte ermöglicht. In meiner eigenen hochschuldidaktischen Praxis als Lehrbeauftragter an der PH Ludwigsburg im Bereich Medienpädagogik habe ich über mehrere Semester hinweg die Erfahrung gemacht, dass Studierende mehr Frustrationstoleranz und Ausdauer im Umgang mit professionellen Gestaltungsprogrammen entwickeln, wenn sie klar definierte, sinnvolle Aufgabenstellungen bekommen, die mit ihnen selbst zu tun haben (z. B. die Herstellung einer Collage zum Thema ‹Studentenleben›).

8.4.2 Antizipation von ästhetischen Problemen

Problemorientierte Didaktik setzt voraus, dass die Pädagogin, einerseits ästhetische Problemstellungen entwickelt und andererseits Teilkompetenzen zur Bearbeitung der Problemstellungen antizipiert und methodisch aufarbeitet. Dies setzt voraus, dass die Pädagogin die Problemstellungen zunächst selbst bearbeitet, bevor sie diese an die Kinder weitergibt. Nur so kann sie Schwierigkeiten auf dem Weg zur Problemlösung erkennen. Die Palette der ästhetischen Problemstellungen kann von kleinen Aufgaben nach dem Motto ‹Filmt mal nicht dauernd von der Schulter, sondern probiert auch andere Perspektiven aus› (vgl. Röll 1998), bis hin zur Produktion eines bestimmten ‹Mediamodels› reichen (vgl. 8.5).

Abbildung 27: Ästhetische Problemstellung: «Mein Tagesablauf in Bildern»

8.4.3 Lernprozesse an ästhetischen Modellen entzünden

Bestandteil des methodischen Settings sollten möglichst auch ‹ästhetische Modelle› sein. Ästhetische Modelle sind Beispielproduktionen, die bestimmte Sachverhalte und Lerninhalte veranschaulichen (z. B. die verschiedenen Macharten von Videoclips). Durch den Einsatz ästhetischer Modelle können verballastige Erklärungsphasen der medienpädagogischen Begleitung minimiert werden. Stattdessen sprechen die Modelle ihre eigene, anschauliche Sprache. Ästhetische Modelle können sowohl professionelle Produktionen, als auch audiovisuelle Materialien der Kinder selbst sein. Die didaktische Auswahl der Modelle sollte nach folgenden Kriterien getroffen werden:

a) Sie sollten die didaktisch gewünschten medienspezifischen Sachverhalte exemplarisch veranschaulichen können.
b) Sie sollten zumindest teilweise aus dem (Medien-) Erfahrungs- und Präferenzbereich der Subjekte stammen (vgl. Lebensweltbezug). Hierfür ist es notwendig, zuvor die (Medien-) Erfahrungen der Kinder zu evaluieren (vgl. 3.3).
c) Die inhaltliche und ästhetische Qualität der ästhetischen Modelle sollte die voraussichtlich von den Kindern zu erzielende Qualität nicht zu weit übersteigen, um eventuelle Enttäuschungen zu vermeiden.

In manchen Fällen kann es didaktisch sinnvoll sein, einen bestimmten Lerninhalt durch zwei kontrastive Modelle zu veranschaulichen. Durch das Zeigen eines im Bezug auf den jeweiligen Lerninhalt gelungenen und eines misslungenen Beispiels können sich die Kinder allein durch genaue Beobachtung qualitative Unterschiede erschließen. Da es häufig nicht einfach ist, entsprechend kontrastive Modelle zu finden, kann die medienpädagogische Begleitung auch selbst ästhetische Modelle herstellen. Dies geschieht ohnehin im Zusammenhang mit der Antizipation ästhetischer Problemstellungen (vgl. 8.4.2).

8.4.4 Spielerische Elemente einbeziehen

«Spiel soll in erster Linie Spaß machen und durch ungezwungene Kommunikation zu Lern- und Erfahrungsprozessen führen, oder diese einleiten bzw. erleichtern» (Bundesjugendwerk der Arbeiterwohlfahrt 1990 S. 6).

Spielregeln können Orientierung bieten in einem ansonsten völlig neuen Erfahrungsfeld. Gerade zu Beginn der Clubarbeit geht es darum, sich auf fremde Menschen einzulassen, gemeinsam eine Gruppenatmosphäre zu gestalten und gegenseitiges Vertrauen aufzubauen. Dies kann mit Unsicherheitsgefühlen und Frustration verbunden sein. Spiele bilden einen Rahmen, in welchem Verläufe durchschaubar und berechenbar werden. Durch klare Spielregeln können Unsicherheiten abgebaut werden. Ein Gemeinschafts- und Gruppengefühl kann dadurch entstehen, dass sich alle an ein gemeinsam verabredetes Regelwerk halten, das auch wiederum gemeinsam verändert werden kann.

Produktorientierte Medienarbeit ist nicht immer einfach, sondern häufig anstrengend. Kindern wird in hohem Maße Konzentration, Planung, Durchhaltevermögen und Frustrationstoleranz abverlangt. Spielerische Einheiten können hier ein Gegengewicht darstellen. Sie verleihen dem Prozess Elemente der Freiheit, Räume der selbstbestimmten Aneignung; sie bieten Anknüpfungspunkte für das Bewegungsbedürfnis der Kinder, die zuvor einen ganzen Schulvormittag lang sitzen und arbeiten mussten. Spiele können einerseits als bewusste Unterbrechung des Prozesses eingesetzt werden. In interkulturellen Prozessen kann es für alle Beteiligten interessant sein, welche Spiele in den verschiedenen Herkunftsländern gespielt werden. Eine andere Möglichkeit ist die Verknüpfung medienspezifischer Lernprozesse mit spielerischen Aneignungsformen, die kein Produkt hervorbringen müssen. Spiel ist im letzteren Fall integraler Bestandteil der methodischen Form der Vermittlung von Medienteilkompetenzen.

Im Übrigen sind Spiel und Medienarbeit nicht weit voneinander entfernt. Bader verweist auf phänomenologische und strukturelle Gemeinsamkeiten beider Ausdrucksformen wie bspw. der Umgang mit Symbolsystemen, die Transformation von Realität und die Notwendigkeit zur Metakommunikation unter den Spielern/Medienmachern (vgl. Bader 2003 S. 59ff.).

Anregende spielerische Elemente im Umgang mit dem Medium Video und Fotografie habe ich in Bürer & Nigg 1990 (S. 102ff.), in Brenner-Rossi 1992 (S. 58–62), in Stiebitz 1992 und in Köhler 1987 gefunden.

8.4.5 Theaterpädagogische Einheiten einbeziehen

Der Einsatz des ganzen Körpers ist häufig die einzige Möglichkeit, sich mit Menschen aus anderen Sprachgemeinschaften zu verständigen. Diese Erfahrung haben die meisten CHICAM Club Teilnehmer/innen gemacht, als sie ihr Heimatland verlassen haben und ohne deutsche Sprachkenntnisse nach Deutschland migriert sind. Schon von Beginn an nutzen viele Migrantenkinder ihren Körper bewusst als Kommunikationsmittel. In manchen

Fällen bringen sie in diesem Bereich eine besondere Kompetenz mit, wenn im Heimatland Körpersprache und -ausdruck eine größere Rolle spielt als in Deutschland. Subjektorientierte Didaktik greift diese Kompetenzen, soweit vorhanden, auf. Im Rahmen interkultureller Medienarbeit mit Migrantenkindern halte ich daher eine Verknüpfung von medienpädagogischen Elementen mit Darstellungsformen und Übungen aus der Theaterpädagogik für sinnvoll. Mit Theaterpädagogik meine ich an dieser Stelle nicht das klassische Einstudieren (Auswendiglernen) und Aufführen einer literarischen Vorlage, sondern das behutsame und durch entsprechende Übungen pädagogisch begleitete Sensibilisieren der Wahrnehmung des eigenen Körpers. Vorstellbar sind pantomimische Übungen, Spiele mit Bewegung und Tanz, Körper-und-Raum-Übungen sowie die gezielte Schulung von Gestik und Mimik.

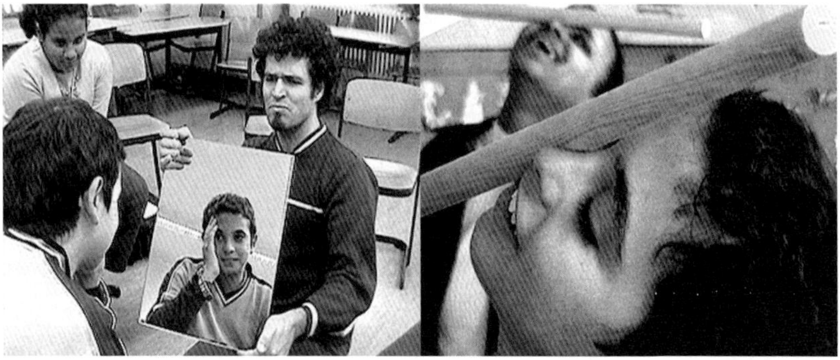

Abbildung 28: Theaterpädagogische Übungen

Den Kindern gegenüber lässt sich der Einbezug theaterpädagogischer Elemente leicht begründen, denn beim Filmemachen geht es nicht nur um die Beherrschung der Technik, sondern auch um die Art und Weise, wie sich Schauspieler vor der Kamera verhalten. Und Schauspielen will schließlich gelernt sein. Im Falle von CHICAM zeichnet sich eine weitere inhaltliche Überschneidung zwischen Medienpädagogik und Theaterpädagogik ab. Es geht im Projekt unter anderem darum, jenseits der verschiedenen Landessprachen non-verbal zu kommunizieren. Die Körpersprache ist in diesem Zusammenhang ein zentrales non-verbales Medium.

8.4.6 Scaffolding und Fading

Ausschließlich selbstgesteuertes und kollektives Lernen – wie es die radikalen Konstruktivisten fordern – stößt insbesondere dann an Grenzen, wenn die Lernenden mit dieser Form des Lernens nicht vertraut sind (vgl. Dubs 1995).

Kinder, die im Schulalltag vorwiegend mit Frontalunterricht konfrontiert werden, haben selten Gelegenheit, sich Kompetenzen anzueignen, die für die selbstständige Planung, Durchführung und Evaluation des Lernprozesses erforderlich sind. Aus diesem Grund kann selbstständiges Lernen zwar ein Ziel des Lernprozesses, nicht aber die zentrale Methode sein. Einen situationsadäquaten Wechsel zwischen Scaffolding, d. h. medienpädagogischen Impulsen und Hilfestellungen, und Fading, d. h. einer Rücknahme der Unterstützung halte ich dagegen für ein entscheidendes didaktisches Prinzip für die CHICAM Medienpraxis.

Abbildung 29: Scaffolding und Fading

8.4.7 Frustrationserfahrungen minimieren – schnelle ästhetische Erlebnisse ermöglichen

Für die Motivation zur Medienarbeit ist es u.a. wichtig, am Ende vorzeigbare Ergebnisse zu erhalten. Gerade zu Beginn der Praxisphase sollte der dramaturgische Bogen zwischen Materialerstellung und Fertigstellung daher nicht überspannt werden.[63]

Für die kontinuierliche Teilnahme der Kinder kann entscheidend sein, ob am Ende eines Treffens (nach ca. 90 Min.) bereits zufrieden stellende Ergebnisse vorliegen. Es sollten also zunächst überschaubare Einheiten geplant werden, die sich im zeitlichen Rahmen realisieren lassen. Bei komplexeren Projekten wie z.B. der digitalen Postproduktion eines Videofilms kann es sinnvoll sein, das Rohmaterial vorzubereiten (z.B. Digitalisierung des Videomaterials, Vorauswahl der Sequenzen, Kürzen der Sequenzen). Auf diese Weise können Frustrationserfahrungen minimiert und schnelle ästhetische Feedbacks ermöglicht werden. Ggf. bietet es sich an, ästhetische Erlebnisse pädagogisch zu inszenieren (vgl. 8.3.2.4).

8.4.8 Innere Differenzierung – Möglichkeit zur Individualproduktion

Migrantenkinder teilen zwar u. a. die Migrationserfahrung, sie sind aber nicht nur aufgrund ihrer unterschiedlichen kulturellen Bezugskontexte auch sehr verschieden (vgl. 3.3). Subjektorientierte Didaktik nimmt diese Unterschiede wahr, akzeptiert sie und entwickelt Möglichkeiten der inneren Differenzierung. Nicht alle Kinder müssen sich mit allen angebotenen Aufgaben und Lernumgebungen in der selben Intensität auseinandersetzen. Die entstehenden Produktionen müssen nicht notwendigerweise Gruppenmeinungen spiegeln. Gruppenproduktionen sind aufgrund potentieller aufreibender gruppendynamischer Prozesse auch nicht um jeden Preis sinnvoll. Diese Position vertritt auch Bader, der mit Jugendlichen mit geringen Bildungsvoraussetzungen arbeitet.

«Nicht ein Lernziel sollte als Ziel für alle Teilnehmer angesehen werden, sondern es wäre anzustreben, dass sich die Teilnehmer selbst Ziele (...) setzen, die kommuniziert und verfolgt werden» (Bader 2001 S. 365).

63 In der CHICAM Pilotphase machte ich die Erfahrung, dass die Kinder das (gestalterische) Interesse verlieren, wenn bspw. Aufnahmen, die sie gemacht haben, aus Zeitgründen anschließend nicht mehr angeschaut werden können.

Es sollte also die Möglichkeit bestehen, aus einer Reihe von Alternativen nach individuellem Interesse auszuwählen. Dieses Prinzip setzt jedoch bereits eine gewisse Medienkompetenz seitens der Kinder voraus. Sie müssen bis zu einem bestimmten Grad selbstständig arbeiten können, um von der medienpädagogischen Begleitung parallel und individuell betreut werden zu können.

8.4.9 Flexible Auslegung des medienspezifischen Curriculums

Wie bereits erwähnt, ist das Curriculum nicht verbindlich. Es dient dem Pädagogen als Möglichkeit, relevante medienspezifische Lerninhalte zu ermitteln und zu strukturieren. Er muss eine subjektadäquate Auswahl treffen, sowohl was die Teilkompetenzen selbst, als auch was die Methoden der Aneignung betrifft. Subjektorientierung verlangt die Bereitschaft der medienpädagogischen Begleitung, ggf. von eigenen Planungen abzuweichen und das pädagogische Konzept flexibel der Situation anzupassen. Sie betreibt gewissermaßen medienpädagogische Aktionsforschung, indem sie kontinuierlich den Kenntnisstand, die Interessenlagen und die Motivation der Subjekte beobachtet, didaktische Arrangements entsprechend abstimmt und jeweils im Anschluss reflektiert, wie die Subjekte mit den medienpädagogischen Inputs umgegangen sind. Die medienpädagogische Begleitung im Kontext qualitativer Forschung muss sich als Lernender wahrnehmen, der seinen Lernerfolg unmittelbar an den pädagogischen Prozess rückkoppelt. Denn nur dann kommt es nicht zum Widerspruch zwischen der (notwendigen) didaktischen Struktur und den Prinzipien der Handlungsforschung.

Ich habe an anderer Stelle bereits auf die Bedeutung des pädagogischen Bezugs in Medienproduktionsprozessen hingewiesen (vgl. Maurer 2001a, Maurer 2001d). Ich möchte in diesem Zusammenhang kurz anmerken, dass der pädagogische Bezug das Medium ist, in welchem eine Atmosphäre der gegenseitigen Wertschätzung aufgebaut werden kann, die es den Subjekten erlaubt, sich vor der Gruppe zu öffnen. Der Pädagoge trägt dazu bei, indem er sich als Mensch in den Prozess einbringt, Interesse an den Kindern und ihren Themen signalisiert, die Kompetenzen der Kinder wahrnimmt und anerkennt und sich selbst nicht als allwissend präsentiert.

8.4.10 Anschaulichkeit

Die Lernfortschritte von Migrantenkindern im Spracherwerb sind individuell unterschiedlich. Daher ist von einem breiten Sprachkompetenzspektrum im CHICAM Club auszugehen. Mit Verständigungsschwierigkeiten ist aus meiner Sicht insbesondere dann zu rechnen, wenn es um die Vermittlung medienspezifischer Kompetenzen geht. Bei der Gestaltung von Lernmaterialien ist es sinnvoll, auf Symbolsysteme zurückzugreifen, die interkulturell verstehbar sind. Innovative Konzepte des Deutsch-als-Fremdsprache-Unterrichts arbeiten bereits erfolgreich mit visuellen und auditiven Lernmaterialien:

«Optisch aufbereitet und bildlich unterstützt kann der Lernprozess motivierender, lustvoller und vor allem auch authentischer und effektiver gestaltet werden» (Wicke 2000 S. 107).

Durch Anschaulichkeit, die den Kindern einen Lerngegenstand unmittelbar zugänglich macht, können komplizierte Erklärungen und Belehrungen reduziert werden. Bei der Verwendung von Wort-Bild-Karten bspw. haben die Kinder die Wahl zwischen der diskursiven und der präsentativen Aneignungsform. Das Prinzip der Anschaulichkeit mag theoretisch banal anmuten. Für die Praxis ist es nach meiner Meinung das wichtigste didaktische Prinzip für erfolgreiche Lernprozesse mit der CHICAM Zielgruppe.

Abbildung 30: Beispiele für Wort-Bild-Karten. Das Bild rechts veranschaulicht die Kommunikation zwischen den CHICAM Clubs. Die beiden Bilder links können im Rahmen von pantomimischen Ratespielen eingesetzt werden.

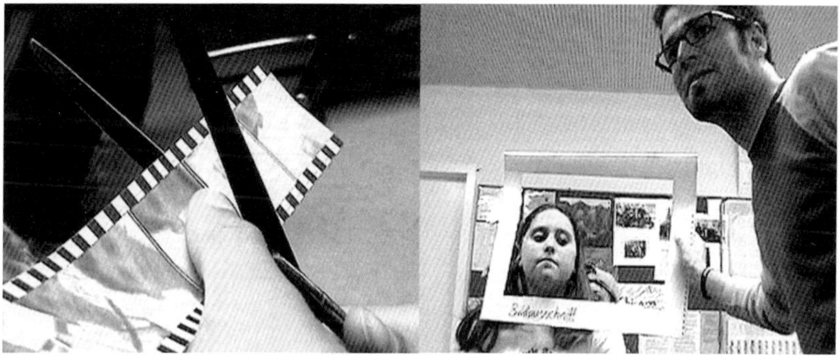

Abbildung 31: Visualisierung des Prinzips ‹Filmschnitt›; Veranschaulichung ‹Bildkomposition›

8.5 Mediamodels[64]

Im Folgenden werden verschiedene ‹Mediamodels› (Medienformate) vorgestellt, die teils in den untersuchten Publikationen thematisiert, teils in der internationalen CHICAM Projektgruppe diskutiert werden.[65] Ich möchte an dieser Stelle den Versuch unternehmen, die Möglichkeiten und Grenzen der einzelnen Mediamodels im Spannungsfeld von Pädagogik und Medienforschung auszuloten, Hinweise zur Verzahnung beider Perspektiven zu geben und den einzelnen Mediamodels zu erwerbende medienspezifische Teilkompetenzen (vgl. 8.4.1) und erste konkrete didaktisch-methodische Überlegungen zuzuordnen. Eine Realisierung sämtlicher Mediamodels ist im gegebenen zeitlichen Rahmen nicht möglich. Es gilt daher auch hier eine den situativen Bedingungen im Feld entsprechende didaktische Auswahl zu treffen.

64 Zum Begriff ‹Mediamodel› siehe Fußnote auf Seite 29.

65 Die von mir vorgenommene Unterteilung in Mediamodels ist als grobe Kategorisierung zu verstehen. In der Praxis lässt sie sich sicher nicht in dieser Form halten. Es gibt diverse Produktionen, die sich mehreren Models zuordnen lassen und Nebenkategorien bzw. Grenzformen, die sich in keinem der dargestellten Models wiederfinden (vgl. Brenner-Rossi 1992 S. 63).

8.5.1 «Medien-Collagen» aus Printmaterialien und Fotografien

Eine Collage ist eine thematisch orientierte Zusammenführung von unterschiedlichen Teilelementen zu einem Ganzen. Diese Methode wird auch im Deutsch-als-Zweitsprache-Unterricht eingesetzt, um Subjekten jenseits verbal-diskursartiger Formen eine sinnlich-bildhafte Auseinandersetzung mit einem Thema zu ermöglichen. Dies hat Einfluss auf die Motivation und die Bereitschaft der Lerner/innen:

«Die Erfahrung hat gezeigt, dass die Lerner sich viel bereitwilliger zu bestimmten Fragen und Themen äußern, wenn sie vorher – wie es bei der Erstellung einer Collage im Klassenraum der Fall ist – Gelegenheit dazu erhielten, ihre Meinungen (...) zusammenzutragen und die entsprechenden Bildelemente auszuwählen» (Wicke 2000 S. 109/110).

Die Kinder werden gebeten, Zeitschriften, Magazine (Fernseh-, Jugendzeitschriften etc.) mitzubringen. Sie schneiden oder reißen aus den Printprodukten Bilder aus, die ihnen gefallen, und gruppieren sie um ein fotografisches Selbstportrait. Das ganze wird auf einem großformatigen Tonpapier arrangiert und aufgeklebt. Durch diese Methode können Pädagoge und Forscher wichtige Einblicke in die Interessenlage der Kinder erhalten. Sowohl im Bereich der Hobbys und der allgemeinen Präferenzen, als auch speziell in die Medienpräferenzen der Kinder (Genres, Stars aus Musik, Film und Sport). Diese Methode kann auch als Vorstellungsmöglichkeit der einzelnen Gruppenmitglieder verwendet werden, indem die Kinder der Reihe nach vor dem Plenum ihre Collagen präsentieren und die aufgeklebten Elemente zur eigenen Person in Beziehung setzen.

Abbildung 32: Zwei Collagen, die im Rahmen der Pilotphase von Flüchtlingskindern einer Gemeinschaftsunterkunft in Schwäbisch Gmünd erstellt wurden.

An dieser Stelle muss angemerkt werden, dass es nicht der Anspruch dieser Methode ist, aus den Collagen gewissermaßen produktimmanent ein wissenschaftlich exaktes Interessenprofil zu erheben, vielmehr können sich anhand der Collagen Gespräche entzünden, bzw. die Collagen können als Stimulus für Einzel- und Gruppeninterviews verwendet werden (kommunikative Validierung vgl. 6.1.2). Die medienpädagogische Begleitung sollte ihrerseits zusätzlich zu den von den Kindern mitgebrachten Zeitschriften ein breites Spektrum an Zeitschriften zur Verfügung zu stellen. Wird die Methode als Vorstellungsmethode eingesetzt, so liegt ihr Vorteil darin, dass die Kinder nicht wie in einer ‹herkömmlichen› Vorstellungsrunde frei von sich erzählen müssen, sondern sich von ihren Collagen leiten lassen können. Außerdem besteht die Möglichkeit, durch das spielerische Blättern in den Zeitschriften auf Aspekte der eigenen Person zu stoßen, an die man in der ‹normalen› Vorstellungssituation gar nicht gedacht hätte.

Collagen lassen sich auch virtuell am Computer erstellen. Die Kinder bekommen bspw. die Aufgabe, ein Foto ihres Lieblingsstars bzw. Vorbilds mitzubringen. Diese Bilder werden im Rahmen der folgenden Übung visuell mit Portraitaufnahmen der Kinder verbunden. Mit dem Bildmontage Programm Kai's Powergoo können zwei Bilder mit relativ geringem Aufwand vermischt werden. Eine kindgerechte, nahezu selbsterklärende Benutzeroberfläche lädt die Kinder zu spielerischen ästhetischen Suchbewegungen ein.

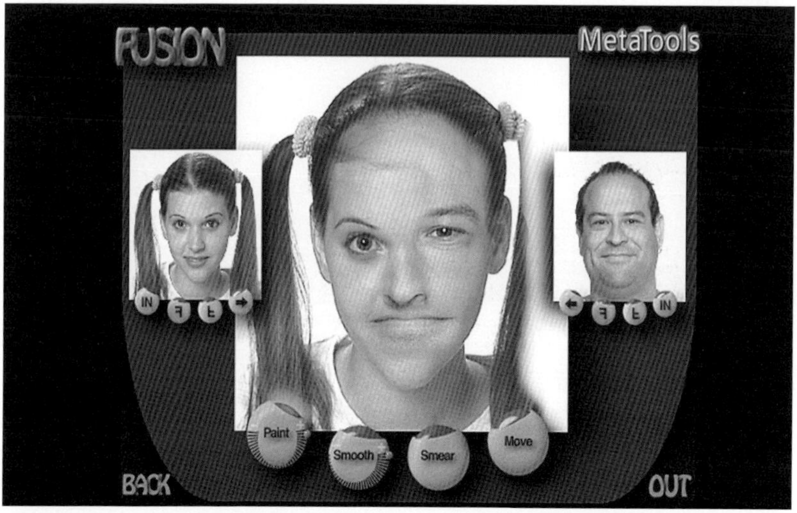

Abbildung 33: Benutzeroberfläche des Bildmontageprogramms Kai's Powergoo.

Grundlagen im Bereich der digitalen Bildbearbeitung (Scannen, Bildformate, Drucken, Bilder mischen) können bei der Produktion einer virtuellen Collage angeeignet werden.

8.5.2 ‹Studiofotografie› mit pädagogischer Begleitung

Die Studiofotografie unterscheidet sich von der Alltagsfotografie u. a. durch den Kontext (ein speziell eingerichteter Raum). Im Studio werden Fotografien inszeniert und die Produzent/innen haben hierfür verschiedene Hilfsmittel zur Verfügung. Es ist davon auszugehen, dass die meisten Kinder noch nie in einer Studioumgebung fotografiert haben. Diese Methode eröffnet damit die Möglichkeit zu neuen fotografischen Erfahrungen.

Mit geringem Aufwand lässt sich fast jeder Raum, der verdunkelt werden kann, in eine Studioumgebung verwandeln. Hierzu sind neutrale Hintergründe und verschiedene Beleuchtungsquellen notwendig.

Mit Stellwänden oder ‹normalen› Wänden, die mit einfarbigen Stoffen behängt werden, und Lichtquellen wie Kerzen, Tageslichtprojektor, Taschenlampen, Baustrahler, einer Hohlkehle[66] und eventuell einem Beleuchtungskoffer kann man bereits ein kleines Studio ‹zaubern›. Um Spezialeffekte zu erzielen, können farbige Folien und Pappe für die Herstellung von Schattenschablonen verwendet werden. Die einzelnen Elemente der Studioumgebung, insbesondere der Einsatz von Licht, ermöglichen ästhetische Erlebnisse (positive visuelle Feedbacks), was sich motivationsfördernd auswirken kann.

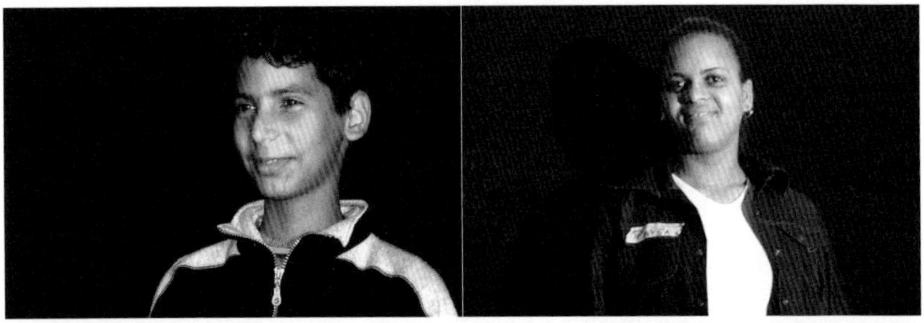

Abbildung 34: ‹Studioportraits› von zwei Kindern aus dem CHICAM Club Deutschland

66 Eine Hohlkehle ist ein Untergrund, der nach einer sanften Rundung direkt in die Wand übergeht. Dieser kann mit einem z. B.schwarzen Tonpapier, das an Wand und Boden festgeklebt und an dem Übergang zwischen Boden und Wand nicht geknickt wird, hergestellt werden. Durch die 90 Grad Wölbung wird die im Bild störende Kante zwischen Boden und Wand versteckt.

Bei der Studiofotografie können die Kinder für die verschiedenen Aufgaben- und Funktionsbereiche der Mediengestaltung sensibilisiert werden. Didaktisch gesehen ist es aus mehreren Gründen sinnvoll, Rollen wie ‹Regisseur›, ‹Kamerafrau›, ‹Lichtgestalter› und ‹Model/Schauspielerin› einzuführen. Einerseits lernen die Kinder auf diese Weise die Verfahren der professionellen Produktion kennen (vgl. 4.1.1.3). Andererseits ergeben sich dadurch Möglichkeiten, viele Kinder gleichzeitig am Prozess zu beteiligen. Die Aufgabenverteilung ist aufgrund der Gruppengröße und des häufig begrenzten Umfangs an Medientechnik in der Regel eine notwendige Bedingung für eine für alle Beteiligten befriedigende Durchführung von Medienarbeit. Wenn jedes Kind für eine gewisse Zeit seine klar definierte Rolle im System hat, aus welcher sich eindeutige Aufgaben und Tätigkeiten ableiten, so werden Irritationen und Störungen minimiert.

Im Studiokontext kann sowohl Portraitfotografie, als auch Produkt- bzw. Objektfotografie entstehen. Durch den experimentellen Einsatz von verschiedenen Lichtquellen weisen sie Personen unterschiedliche Charakterzüge zu und lernen die bedeutungsproduzierende Wirkung des Lichts kennen. Bei der Erstellung von Packshots[67] – eventuell der fotografischen Inszenierung von Lieblingsgegenständen der Kinder – gibt die medienpädagogische Begleitung Inputs zur Verfeinerung des Lichteinsatzes.[68]

67 Packshots sind Einstellungen, die ein Objekt bildfüllend und ohne störenden Hintergrund darstellen (vgl. Dunker 2001 S. 81). Diese Aufnahmetechnik wird häufig in der Werbung verwendet. Es geht darum, Objekte möglichst edel und überzeugend erscheinen zu lassen.

68 Neben Standard-Beleuchtungstechniken (Oberlicht, Unterlicht, Hinterlicht und Führungslicht) sind bei Packshotaufnahmen Reflexe besonders wirksam, da sie ein Objekt edel aussehen lassen. Reflexe entstehen, wenn direktes Licht vom Objekt zur Kamera zurückgeworfen wird. Man kann bspw. eine Taschenlampe verwenden. Die exponierte Wirkung eines so inszenierten Objekts kann zusätzlich durch ein so genanntes Kantenlicht verstärkt werden. Ein (farbiger) Scheinwerfer wird so aufgestellt, dass er von hinten die Kante des Objekts beleuchtet und auf diese Weise eine Art Lichtaura um das Objekt erzeugt.

8.5.3 Portraits ohne pädagogische Begleitung

Insbesondere Kinder und Jugendliche aus Hauptschulzusammenhängen neigen zur Selbstdarstellung, zur Präsentation der eigenen Körperlichkeit. Symbole wie Turnschuhe bestimmter Marken und Jacken bestimmter Art sind für die Jugendlichen Objekte von identitätsstiftender Relevanz, mit denen sie sich gerne zeigen und die sie gerne mit der Kamera aufzeichnen. Sie erkennen die Möglichkeit, sich mit Fotografie oder Video in ihrer Symbolwelt von außen zu sehen. Der Aufforderungscharakter des Mediums ist hoch. Die Kinder und Jugendlichen wollen das Medium kennenlernen, damit experimentieren. Sie wollen die Kamera nutzen, um sich selbst und andere zu filmen und um sich anschließend auf dem Bildschirm zu sehen.

Das Mediamodel ‹Selbstportrait› bietet eine Gelegenheit, dem Darstellungsbedürfnis von Kindern und Jugendlichen gleich zu Beginn des Prozesses entgegenzukommen, bevor man dazu übergeht, den spielerischen Aktionsradius durch technische Einführungsblöcke oder durch konkrete inhaltliche Aufgabenstellungen einzugrenzen. Die Selbstportraits schaffen auch Anknüpfungspunkte für die Forschung.

Abbildung 35: Portraits von Jugendlichen einer Hauptschule in Kirchheim am Neckar, entstanden während eines Dokumentarfilmprojekts.

Beim gemeinsamen Betrachten der Aufnahmen können auf ‹kommunikativ-validierendem Weg› Besonderheiten im Verhalten der Kinder (Gesten, Körpersprache, Posen, Begrüßungsformen, etc.) aufgespürt und interpretiert werden. Medienpädagogisch betrachtet eignet sich das Selbstportrait auch für die Sensibilisierung bestimmter mediengestalterischer Mittel im Rahmen der Materialsichtung (vgl. 8.3.2.2).

Portraits können eher gruppenbezogen oder eher individuell produziert werden. Einwegkameras sind ein Medium, das eher für individuelle Portraits geeignet ist. Die Kinder nehmen jeweils eine Einwegkamera mit nach Hause, verbunden mit der Aufgabenstellung, sich in der eigenen Wohnung, im eigenen Zimmer fotografieren zu lassen. Für Pädagogen und Forscher ist u.a. die Gestaltung der Zimmer von Bedeutung. Eventuelle Poster, Bilder und Assessoires deuten auf bestimmte Medienpräferenzen und -erfahrungen hin. Mit dieser Methode muss sorgfältig umgegangen werden. Das Einverständnis der Eltern für Aufnahmen innerhalb der Wohnung muss von den Kindern in jedem Fall vorher eingeholt werden (vgl. 3.3).

Eine weitere Variante des individuellen Selbstportraits ist das Videotagebuch, deren Ausgangspunkt schriftliche Tagebuchaufzeichnungen sein können, die verfilmt werden. Eine weniger komplexe Form des Videotagebuchs ist eine Variante, nach welcher die Kinder und Jugendlichen eine eigene Video-Kassette erhalten, die sie nach Belieben gestalten dürfen. Sie können sich selbst in verschiedenen Situationen inszenieren, interessante Einheiten aus dem Fernsehen mitschneiden, eigene Produktionen aufnehmen, Musikvideos aufnehmen usw. Im Laufe der Projektpraxisphase kann so ein Videoband entstehen, welches die Medienwelt der Kinder und Jugendlichen anschaulich spiegelt.

8.5.4 Fotoserien zu verschiedenen Themen

Eine Fotoserie ist ein niederschwelliges Mediamodel, das sich in relativ kurzer Zeit und zu beliebigen Themen erstellen lässt. Fotoserien können an bestimmte ästhetische Aufgabenstellungen gebunden sein. Fotoserien haben gegenüber audiovisuellen Produktionen den entscheidenden Vorteil, dass sie sich mit wesentlich geringerem technischen und organisatorischen Aufwand Öffentlichkeiten zugänglich machen lassen.[69]

69 Im Rahmen der CHICAM Pilotphase wurde mit Flüchtlingen der Gemeinschaftsunterkunft in Schwäbisch Gmünd ein Fotoprojekt mit dem Titel «Kinder fotografieren Kinder» durchgeführt. Die entstandene Fotoserie wurde an der Pädagogischen Hochschule Schwäbisch Gmünd ausgestellt.

Abbildung 36: Bilder einer Fotoserie zum Thema «Kinder fotografieren Kinder», die im Rahmen der Pilotprojektphase in Schwäbisch Gmünd entstanden ist. Die Fotoserie wurde an der Pädagogischen Hochschule Schwäbisch Gmünd ausgestellt.

8.5.5 Ton-Dia-Show aus Einzelbildern

Mit Hilfe eines digitalen Videoschnittprogramms können Einzelbilder zu einer Art Diashow zusammengesetzt und mit Musik bzw. Kommentar unterlegt werden. Das Prinzip ähnelt dem Digital-Story-Telling (vgl. 8.5.10), ist jedoch weniger komplex und führt relativ schnell zu fertigen Produkten. Thematisch ist eine solche Diashow völlig offen. Es kann eine Fotoserie zu einem bestimmten Thema sein («Plätze, an denen ich gern bin»; «Meine Freunde», ...). Es sind auch Produktionen mit narrativen Strukturen denkbar. Zum Beispiel die Dokumentation eines Tagesablaufs oder eine kleine Bildergeschichte. Ähnlich wie der Videoclip (vgl. 8.5.7) erlaubt die Diashow die Verarbeitung von jugendkulturellem Musikmaterial, was für die Forschung und für die interkulturelle Kommunikation von Bedeutung sein kann. Die Diashow kann an Aktivitäten mit Einwegkameras gekoppelt werden, wenn die Fotos zuvor digitalisiert wurden. Die Kinder können sich durch die Produktion einer Diashow die Basisfunktionen des digitalen Videoschnitts aneignen. Professionelle Videobearbeitungsprogramme sind komplex, und der erste Kontakt sollte so einfach wie möglich gestaltet werden. Die Arbeit mit Fotos reduziert im Gegensatz zum Videoschnitt die Komplexität und die Anforderungen an die Kinder. Digitales Fotomaterial muss lediglich ausgewählt, per Drag and Drop in ein Schnittfenster integriert und in einer bestimmten Reihenfolge angeordnet werden.

8.5.6 Animation

Beim Animationsfilm werden nicht-lebendige Gegenstände scheinbar zum Leben erweckt. Dahinter verbirgt sich folgendes technisches Prinzip: Mit einer auf einem Stativ fixierten Kamera wird ein zuvor installiertes Szenario abfotografiert. Die Position der zu animierenden Gegenstände im Szenario wird leicht verändert, und mit der Kamera wird erneut ein Einzelbild erzeugt. Dieser Vorgang wird mehrmals wiederholt. Um eine Sekunde Animationsfilm zu erhalten, müssen 24 Einzelbilder aufgenommen werden. Anschließend werden die Einzelbilder aneinander geschnitten und es entsteht der Eindruck, dass sich die Gegenstände von selbst bewegen. Das Verfahren heißt Stopptrickverfahren und wird auch eingesetzt, um bspw. eine Person wie von Geisterhand aus dem Bild verschwinden zu lassen. ERICSSON (2003) gibt einen Überblick über verschiedene Formen des Animationsfilms, die er in pädagogischen Kontexten erprobt hat (Papieranimation, Knetanimation, Objektanimation, Fotoanimation, etc.). Das Konzept ist offen für eher verbal reflexiv orientierte Vorgehensweisen und für assoziativ-dialogische Formen.

Die verbal-reflexive Vorgehensweise basiert auf dem Schreiben und Malen einer Geschichte, die anschließend medial umgesetzt werden soll. Ein Storyboard wird angefertigt, das sich aus Bild- und Textelementen zusammensetzt. Ziel des ‹Scripts› ist es, im Zusammenspiel von Text und Bild Ideen zu entwickeln, diese zu strukturieren, die Realisation planen und den Aufwand einschätzen zu können.

«It is important to express yourself with words and pictures at the same time. An idea can grow out of words as well as pictures. The script paper with its lines and frames is a great support (...). In the script anyone can ‹see› the film before it is made. You can test your ideas and also estimate how much work that is needed to make the film» (ERICSSON 2003 S. 27).

Abbildung 37: Ein Storyboard in Vorbereitung einer Knetfilmproduktion entsteht.

Der eher assoziative Weg geht stark von der Figur aus. Kinder bekommen die Aufgabe, eine Figur zu erfinden und zu zeichnen. In einem dialogisch-kommunikativen Verfahren wird zwischen Pädagoge und Kind gemeinsam überlegt, welche Charaktereigenschaften die Figur hat und in welche Situationen die Figur geraten könnte. Entsprechend wird eine Geschichte von Sequenz zu Sequenz entwickelt und parallel dazu umgesetzt.

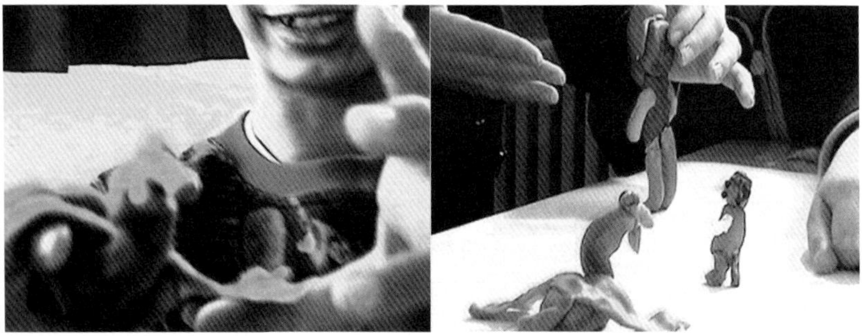

Abbildung 38: Kinder experimentieren mit dem Format «Knetanimation»

Ein entscheidender Vorteil dieses Mediamodels ist die Tatsache, dass der Phantasie der Kinder keine Grenzen gesetzt werden. Es findet keine einschränkende Auseinandersetzung mit einer sie momentan umgebenden Wirklichkeit statt. Dadurch ist kein raum- oder situationsdramaturgischer Rahmen vorgegeben. Der Ansatz ist offen für die Darstellung von Vergangenheits- und Zukunftsaspekten. Die Kinder benötigen nur wenig filmgestalterisches Wissen, sondern sie legen ihren Schwerpunkt auf die Gestaltung der Figuren und die Entwicklung der Geschichte. Über die Stellvertreterfunktion der virtuellen Figur lassen sich möglicherweise Situationen darstellen, die unter ‹normalen› Umständen nicht oder nur erschwert produzierbar wären (z. B. problematische Aspekte der Vergangenheitsbewältigung). Für die Datengewinnung im Rahmen von CHICAM ist dieser Ansatz also durchaus interessant. Auf der anderen Seite ist fraglich, ob Kinder, die ein großes Bedürfnis nach Körperausdruck und Selbstdarstellung haben, daran interessiert sind, in mühseliger Handarbeit bspw. Figuren aus Knet zu formen und diese an ihrer Stelle agieren zu lassen.

Knetfilmproduktionen kann eine einfache Übung vorangestellt werden: Alle Beteiligten suchen sich einen Gegenstand aus (z. B. Tisch, Stuhl, Fenster, Buch, ...). Eine Stativkamera wird so installiert, dass sie den Raum in der Totaleneinstellung erfasst. Die Kamera verfügt über eine Einzelbildaufnahmefunktion.[70] Nun verändern die Teilnehmer nach dem Prinzip des Animationsfilms die Position ihres Gegenstandes. Von jeder neuen Situation wird ein Einzelbild aufgenommen. Am entstandenen Resultat lässt sich sehr gut zeigen, dass es beim Animationsfilm darauf ankommt, durch geringe Veränderung der Gegenstände ruhige und gleitende Bewegungen zu erzielen.

70 Falls keine Einzelbildfunktion vorhanden ist, kann die Kamera auch direkt mit einem Computer verbunden werden, auf dem eine Software mit Einzelbildaufnahme installiert ist (z. B. Adobe Premiere).

Abbildung 39: Einzelbild aus einer «Klassenzimmer-Animation»

8.5.7 Clipartige Produktionen

Das Mediamodel Videoclip ist den Kindern und Jugendlichen in der Regel aus diversen Musikfernsehprogrammen wie MTV, VIVA, VIVA plus u. a. bekannt. Es ist Teil ihrer Alltagskultur (vgl. RÖLL 1998 S. 177). Manche Clips ähneln stark gerafften Spielfilmen (Konzeptvideos), weisen also einen linearen logischen Plot auf. Andere Clips lassen sich als Mischformen aus Bühnenshows (Interpretenvideos), narrativen Elementen und surreal anmutenden Montagen bezeichnen. Hohe Schnittfrequenz, Reißschwenks, Einsatz von Zeitlupe und Zeitraffer, schnelle harte Schnitte sind u. a. formale Kennzeichen des Clips. Die Macher von Videoclips arbeiten bewusst mit bedeutungsschweren Anspielungen – häufig mediale Zitate aus dem gesellschaftlichen Gedächtnis – mit rätselhaften und mythischen Bildern (vgl. ZABKA 2001 S. 110 ff.). Es handelt sich um symbolisch verdichtete Bedeutungsträger, die häufig ein breites Spektrum an Lesarten zulassen. RÖLL verweist auf die synästhetische Wirkung des Videoclips und meint damit die Wechselwirkung von Bild und Ton (z. B. rhythmusorientierter Schnitt), die sowohl Klangbilder als auch Bilderklänge hervorbringt (vgl. RÖLL 1998 S. 178). Die Videoclips inhärente präsentative Symbolik erlaubt die Darstellung von Gefühlen, Stimmungen und Phantasien, ohne dabei (Wort)Sprache verwenden zu müssen (vgl. NIESYTO 2001a S. 99).

Der Videoclip knüpft an den Wahrnehmungsweisen und Medienpräferenzen der Kinder und Jugendlichen an. Anhand von kommerziell produzierten Clips lassen sich verschiedene mediengestalterische Strategien veranschaulichen. Wenn es sich dabei um Lieblingsclips der Kinder handelt, ist die Bereitschaft zur Auseinandersetzung mit ästhetisch-formalistischen und symbolischen Dimensionen ggf. größer, als wenn die Subjekte keinen Bezug zum Medienmaterial herstellen können. Die Darstellungsform Clip als Medien-Eigenproduktion erlaubt die Konstruktion und Übermittlung medialer Bedeutung ohne die Verwendung von verbalsprachlichen Elementen. Damit eignet sie sich auch für den non-verbalen, audiovisuellen länderübergreifenden Austausch zwischen den CHICAM Clubs. Der Clip eröffnet Räume für die Verarbeitung jugendkultureller und identitätsbildender Symbolsysteme wie z.B. Musik. Präsentative Ausdrucksformen, die Musikelemente enthalten, können Kindern gemeinsam geteilte Präferenzen vergegenwärtigen, was sich kommunikationsstiftend auswirken kann. Außerdem ist Musik in Verbindung mit Bild offen für die Inszenierung von Körperlichkeit, für Tanz und Selbstdarstellung aller Art. Aus Sicht der Forschung kann zudem interessant sein, welche formalistisch-ästhetischen Mittel sich die Kinder für ihre eigene Produktion aneignen, und inwieweit dies Einfluss auf die Schaffung von Zugängen bei der Rezeption hat.

Eine einfache Möglichkeit ein Video im Stil des Interpretenclips zu produzieren, ist die Folgende: In einem pädagogisch strukturierten Setting (am Boden eingezeichnete Bühne, Stellwände als neutraler Hintergrund, Scheinwerfer auf Stativen, Rollenverteilung (Schauspieler, Aufnahmeleitung, Beleuchtung, Kameramann/frau)) bekommen die Kinder die Aufgabe, eigene Musik auszuwählen und sich zur gewählten Musik vor der Kamera zu bewegen. Bei der Kamera wird zuvor von der medienpädagogischen Begleitung ein Effekt (z.B. Wipe) eingestellt. Es entsteht ein clipartiges Video, das die Kinder durch den verwendeten Wipeeffekt auf das ästhetische Potential medial veränderter Wirklichkeit hinweist. Ein Vorteil dieser Methode besteht darin, dass keine Nachbearbeitung nötig ist und die Kinder schnell ein ästhetisches Feedback bekommen.

Abbildung 40: Einzelbilder einer Videoclip-Eigenproduktion

8.5.8 Dokumentarfilm

Beim Dokumentarfilm geht es in erster Linie darum, sich der Wirklichkeit medial anzunähern. Dabei wird im Gegensatz zum Spielfilm (fiction) weitgehend auf die Stilmittel der Inszenierung und der Dramatisierung verzichtet (vgl. Anfang u. a. 1994 S. 36). Die Produzent/innen bemühen sich um Objektivität und machen subjektive Einschätzungen als solche kenntlich. Im Zentrum steht häufig eine inhaltliche Fragestellung, auf welche der Film versucht, Antworten zu liefern. Das erfordert eine intensive Auseinandersetzung mit Meinungen und Haltungen, eine subjektive Aneignung des dokumentarischen Gegenstandes. Eine einfache dokumentarische Form ist die Straßenumfrage. Passanten werden um eine kurze Stellungnahme zu einem brisanten Thema gebeten (z. B.: «Was halten sie vom Krieg im Irak?») und dabei gefilmt. Die entstandenen Aufnahmen werden aneinandergeschnitten, so dass man einen gesellschaftlichen Meinungsspiegel zu einem bestimmten Thema erhält. Komplexere Dokumentarfilmprojekte bearbeiten ein Thema aus verschiedenen Perspektiven, verknüpfen Interviewpassagen mit ausdrucksstarken Impressionen und Geschehnissen, teilweise auch mit Archivmaterial aus Zeitungen, Film und Fernsehen (Fremdmaterial). Experimentelle Dokumentarfilme lösen sich vom Prinzip der journalistischen Gründlichkeit und «… schaffen ungewöhnliche Bilderlebnisse, ermöglichen neue Sehgewohnheiten und sprengen herkömmliche Formen» (Anfang u. a. 1994 S. 40).

Das Mediamodel ‹Dokumentarfilm› eröffnet vielfältige Kristallisationspunkte für medienspezifische und soziale Lernprozesse. Die Kinder eignen sich ein Themenfeld durch das Objektiv der Kamera an. Sie meistern soziale Herausforderungen wie das Zugehen auf fremde Menschen. Sie erhalten

Gelegenheit, in Interviews oder Umfragen Sprachkompetenzen anzuwenden und zu erweitern. Sie lernen die Macht, die sie durch die Kamera über andere Menschen haben, kennen und verantwortungsvoll zu nutzen. Ein überlegter und einfühlsamer Kameraeinsatz, der die gefilmten Subjekte nicht bloßstellt, ist ein wichtiges ethisches Lernziel der Medienproduktion. In der Interviewsituation können sich die Kinder verschiedene technische und ästhetische Kompetenzen aneignen (Ton- und Sprachqualität, Hintergrundgeräusche, Gegenlicht, Abstand zwischen Person und Kamera, Richtcharakter des Mikrofons, …). Inhaltlich werden sie mit unterschiedlichen Meinungen und Positionen konfrontiert, die sie zu ihren eigenen Auffassungen in Beziehung setzen können. Selbstreflexive Momente wie die Zustimmung und die Abgrenzung von gesellschaftlichen Diskursen werden gefördert.

Im Produktionsprozess können sich Gruppendiskussionen entzünden, die ggf. wertvolle Daten für die Begleitforschung liefern. Es ist auch denkbar, einen Forschungsbereich von CHICAM (z. B. Schule vgl. 2.1.2) explizit zum Thema eines Dokumentarfilms zu machen. Die Einbeziehung der Methode des «Interviews» in die praktische Medienarbeit kann vor dem Hintergrund der Verzahnung von Forschung und Praxis (vgl. 6.5) bedeutsam sein. Wenn die Kinder im Prozess selbst die Erfahrung machen können, was es bedeutet, sowohl in der Rolle des Interviewers, als auch in der Rolle des Interviewten zu sein, werden Interviewsituationen zwischen wissenschaftlicher Begleitung und den CHICAM Kindern weniger künstlich bzw. fremd erscheinen. Was die interkulturelle Kommunikation betrifft, sollte berücksichtigt werden, dass wortsprachliche Anteile von Dokumentarfilmen ins Englische übersetzt und evtl. mit Untertitel versehen werden müssen.

8.5.9 Spielfilm

Spielfilme leben von einer Geschichte, d. h. ein Film wird getragen von einem Plot, der bestimmte narrative Strukturen aufweist. Das Mediamodel ‹Spielfilm› ist den Kindern und Jugendlichen in der Regel bestens bekannt. Nach den Erfahrungen aus der aktiven Medienarbeit wählen Kinder und Jugendliche in Videoprojekten, sofern es keine anderweitigen Vorgaben gibt, häufig die Gattung Spielfilm aus (vgl. Brenner-Rossi 1992). Die Produktion von Spielfilmen setzt eine intensive Planung und Organisation voraus. Eine Idee für die Spielhandlung und eine entsprechende dramaturgische Konzeption müssen entworfen werden. Bei komplexen Produktionen muss ein

Drehplan sicherstellen, dass alle notwendigen Einstellungen gedreht werden. Spielfilme richten hohe Anforderungen an die schauspielerischen Fähigkeiten der Subjekte, insbesondere auch was Dialoge und Sprache angeht. In manchen Fällen müssen Kulissen entworfen und Requisiten aufgetrieben werden. Entsprechend des hohen Gesamtaufwands ist auch das Spektrum der in diesem Zusammenhang anzueignenden Teilkompetenzen sehr breit und nahezu unüberschaubar. Mediengestalterische (vgl. 8.3.3), dramaturgische, (vgl. 8.3.2.6 und 5.4.1.3), organisatorische (vgl. 8.3.1) und darstellerische Fähigkeiten sind notwendig, um dem Produkt eine angemessene Form zu verleihen. Insbesondere bei älteren Kindern besteht die Gefahr, dass sie ihre Produktion mit professionellen Produktionen vergleichen und anschließend enttäuscht und unzufrieden sind (vgl. BRENNER-ROSSI 1992 S. 67 und TULODZIECKY 1997 S. 173). Die Produktion von Spielfilmen mit inhaltlichem und ästhetischem Anspruch steht in der Regel für lange Produktionszeiten, was für die Produzent/innen meist die Bewältigung langer Durststrecken bedeutet, bevor Erfolgserlebnisse eintreten. Angesichts der hohen Anforderungen dieses Models scheint es wenig verwunderlich zu sein, dass es bei spielfilmartigen Produktionen zuweilen zu großen, durch fehlende Kohärenz bedingte Lücken[71] zwischen der Darstellungsabsicht einerseits und der Realisierung andererseits kommt (vgl. NIESYTO 2001a S. 100).

Die medienpädagogische Konsequenz aus diesen Erfahrungen darf und soll nun auf keinen Fall ein Ausschluss der Darstellungsform ‹Spielfilm› sein. Die medienpädagogische Begleitung muss jedoch stets zwischen den zeitlichen, personellen, technischen und motivationalen Ressourcen und den subjektiven Ansprüchen abwägen, ob und in welcher Form im Rahmen von CHICAM die Realisierung eines Spielfilmprojekts möglich ist. Aus der For-

71 «Das Auftreten logischer Brüche lässt sich mit den strukturellen Eigenschaften des Kommunikationssystems Film erklären. Im Unterschied zur mündlichen Kommunikation und analog zum Schreiben von Texten ist die Produktion eines Films auf ein Publikum ausgerichtet, das zum Produktionszeitpunkt nicht gegenwärtig ist. Ein Film muss für sich stehen können, um im jeweiligen Rezeptionskontext verstanden zu werden. Dies verlangt von den Produzent/innen ein hohes Abstraktions- und Einfühlungsvermögen bzw. die Fähigkeit zur Perspektivenübernahme. Unklarheiten werden ggf. übersehen, da keine direkte Rückmeldung wie etwa in einer mündlichen Kommunikationssituation erfolgt. In einer ‹Face to Face Kommunikationssituation› hat das Gegenüber die Möglichkeit, bei Verständnisschwierigkeiten unmittelbar nachzufragen» (MAURER 2001b S. 113).

schungsperspektive ist die Erstellung von Spielfilmen durchaus interessant, ergeben sich schließlich u. a. potentielle Einblicke in die Themen der Kinder, in Medien- und Genrepräferenzen, in die Art und Weise der Einarbeitung und Verfremdung von medialen Mustern und Diskursen.

8.5.10 Digital-Story-Telling

Das Digital-Story-Telling ist ein Mediamodel, das ursprünglich in den USA[72] entwickelt und in Europa zunächst in Schweden praktiziert wurde. Verschiedene audiovisuelle Materialien wie Fotos, Videofilme, Tondokumente und sonstige Erinnerungsstücke wie Briefe, Postkarten, Urkunden etc. werden zu einer Collage vereinigt. Dabei wird das Erinnerungspotential der Objekte genutzt, um die Subjekte zu Erzählungen über sich selbst anzuregen. Autobiografisches Archivmaterial kann durch zusätzliche Aufnahmen (Foto, Video, Sound) ergänzt werden, die speziell für das jeweilige Vorhaben inszeniert werden. Entscheidend ist der Einsatz der Originalstimme des Autors, der die Geschehnisse auf der Bildebene kommentiert. Dies schafft eine persönliche Atmosphäre und damit einen engen Bezug zwischen Rezipient und Produzent (vgl. GLAAP 2000). Das Digital-Story-Telling ist ein Mediamodel, das sich eher für individuelle Produktionen eignet und den Produzenten eine breite mediale Kompetenz abverlangt. Die Kombination von Bild, Text, Sound, O-Ton, Videomaterial etc. setzt ein Handlungswissen im Umgang mit verschiedenen Computeranwendungen voraus.

Die Anforderungen reichen von Basiskompetenzen wie das Einscannen von Bildern, das Digitalisieren von Bild-, Video- und Tonmaterial, bis hin zu Spezialkompetenzen wie die Bedienung von komplexen Bild-, Sound- und Audioanwendungen. Im Gegensatz zu anderen Mediamodels lässt sich Digital-Story-Telling nicht kurzfristig, sondern nur über einen längeren Zeitraum realisieren. Der medienpädagogische Betreuungsaufwand dürfte insgesamt eher hoch sein. Digital-Story-Telling eignet sich aufgrund des hohen Kompetenzanspruchs weniger für den Beginn der Praxisphase, sondern wird dann praktikabel, wenn bereits Kompetenzen in verschiedenen Bereichen erworben wurden. Aus der Forschungsperspektive eignet sich dieses Konzept, um individuelle biografische Daten von Einzelpersonen zu erheben.

72 Vgl. Center for Digital Story Telling; http://www.storycenter.org. (Zugriffsdatum: 17.07.2004).

8.5.11 Videopoetry

LAMB, Videokünstlerin und -pädagogin arbeitet mit Kindern und Jugendlichen aus sozial benachteiligenden Verhältnissen in Los Angeles – hauptsächlich mit Latino-Hintergrund. Ihr Model Videopoetry geht von Textmaterial aus, das die Subjekte entweder gemeinsam in pädagogisch gestützten Settings erarbeiten, oder von den Kindern individuell verfasst werden. Es geht dabei nicht darum, perfekte literarische Kunstwerke zu produzieren. Vielmehr werden spielerische Formen von Lyrik mit einbezogen wie z.B. Namensgedichte, Emotionsgedichte und assoziative Textfragmente (vgl. LAMB 2003 S. 4). Das entstandene Textmaterial wird als O-Ton gesprochen und visualisiert. Um den Kindern und Jugendlichen eine Vorstellung von der Visualisierung von Lyrik zu vermitteln, bindet sie ausgewählte Produktionen von Videokünstler/innen als Anschauungsmaterial mit ein (vgl. Medienästhetische Einführung 8.3.2.3).

Ich persönlich halte das Schreiben von literarischen Texten für zu wenig niedrigschwellig für die Zielgruppe von CHICAM. LAMB kennt diese Probleme nicht. Sie weist darauf hin, dass das Verfassen von Gedichten integraler Bestandteil der Latinokultur ist. Damit kann Videopoetry zumindest in diesem Kontext als lebensweltorientiert bezeichnet werden.

8.6 Zeitplanung

BUCKINGHAM u.a. haben darauf hingewiesen, dass ein systematisch aufgebauter Lehrgang nicht notwendigerweise die individuellen Dispositionen der Subjekte berücksichtigt. Was dem Lehrer wie ein logisch aufgebautes Curriculum erscheint, muss nicht zwangsläufig mit der Logik der Kinder und Jugendlichen übereinstimmen (vgl. BUCKINGHAM & GRAHAME & SEFTON-GREEN 1995 S. 211). Aus diesem Grund ist das medienspezifische Curriculum zwar als Orientierung, nicht aber als verbindlicher Leitfaden zu verstehen (vgl. 8). Da es sich im Fall von CHICAM um ein Projekt handelt, das interkulturellen Austausch auf der Basis von Medien-Eigenproduktionen zu bestimmten Themen fördern möchte, ist aus organisatorischen Gründen eine didaktische Grobplanung erforderlich.

8.6.1 Überlegungen zur ‹Medienchronologie›

Mehrere Argumente sprechen meines Erachtens dafür, mit dem Medium Fotografie einzusteigen:

In der Medienentwicklungsgeschichte steht die Fotografie vor dem Film. Bewegtbilder wurden erst auf der Grundlage von Einzelbildern möglich. Durch die chronologische Aneignung – zunächst Fotografie, anschließend Video – vollziehen die Kinder die ‹Phylogenese› der Medienentwicklung gewissermaßen nach.

Der technische und gestalterische Aufwand der Fotografie (mit vollautomatischen Kameras) ist wesentlich geringer als die Arbeit mit Video. Zum Fotografieren müssen nur wenige medientechnische Funktionen erlernt werden, weil davon auszugehen ist, dass die meisten Kinder bereits über Erfahrungen in der Produktion von Fotos verfügen. Ein Foto kann für sich allein stehen, wohingegen eine einzelne, rohe Videosequenz ohne Musik und Nachbearbeitung oftmals ästhetisch wenig überzeugend wirkt. Damit stellt Fotografie schneller ästhetische Erlebnisse in Aussicht und überzeugt im Falle der digitalen bzw. Polaroidfotografie mit einem schnellen ästhetischen Feedback. Damit eignet sich Fotografie auch besser für kürzere pädagogische Einheiten von zwei Stunden Dauer.

Auch im Hinblick auf die ästhetisch-gestalterischen Dimensionen der Medienproduktion unterscheiden sich die Medien Fotografie und Video signifikant. Während sich die Kinder beim Fotografieren vor dem Betätigen des Auslösers nur einen kurzen Augenblick auf vergleichsweise wenige Aspekte konzentrieren (Objektauswahl, Perspektive, Einstellungsgröße, ...) müssen, kommen bei Video durch den Bewegtbildcharakter weitere gestalterische Parameter hinzu (z. B. Ton, bewegte Kamera, wann nimmt die Kamera auf und wann nicht?, Einstellungen wie Zoom und Schärfe, ...), die zu Beginn eine Überforderung darstellen können.

Auf der anderen Seite gibt es auch didaktische Gründe, die für den Einsatz von Video zu Beginn des Projekts sprechen. Videoproduktion ist in der Regel weniger im Alltag der Kinder und Jugendlichen verankert als das Medium Fotografie. So kann es aus motivationalen Gründen durchaus sinnvoll sein, das Medium Video als ein für die Subjekte neues, herausforderndes Medium an den Anfang von medienpädagogischen Langzeitprojekten zu stellen.

Unabhängig von der Entscheidung, welches Medium als Einstiegsmedium gewählt wird, gilt: Im Laufe des Prozesses kann jederzeit wieder auf das Einstiegsmedium zurückgegriffen werden. Es kann sogar sinnvoll sein, die

Medien mehrmals zu wechseln, so dass die Kinder auf dem Hintergrund ihres Lernfortschritts immer wieder die Chance haben, neue Dimensionen der bekannten Medien zu entdecken und gestalterisch zu nutzen.

8.6.2 Vier Phasen der medienpädagogischen Praxis

Die Praxisphase des Projekts CHICAM begann im Oktober 2002 und endete zu Beginn der Sommerferien im Juli 2003. In diesem Zeitraum fanden an der beteiligten Hauptschule ca. 31 zweistündige Treffen jeweils donnerstags nachmittags statt. Darüber hinaus wurden sechs mehrstündige Kompaktphasen an Wochenenden, mehrere Präsentationsveranstaltungen sowie ein eintägiger Ausflug durchgeführt.

Im Folgenden skizziere ich die Grobplanung für die medienpädagogische Praxis in Deutschland, wie ich sie bereits vor Beginn der Praxisphase entwickelt habe. Ich unterscheide vier Phasen, in denen jeweils unterschiedliche Aspekte im Vordergrund stehen.[73]

a) Die Phase der Gruppenkonstituierung (1. bis 7. Treffen)
b) Die Phase der Basisqualifizierung (8. bis 15. Treffen)
c) Die Produktions- und Kommunikationsphase I (16. bis 22. Treffen)
d) Die Produktions- und Kommunikationsphase II (23 bis 31 Treffen).

In der *Phase der Gruppenkonstituierung* geht es primär um den Aufbau der Gruppe. Alle Beteiligten sollen sich kennenlernen, ein Gruppengefühl soll etabliert werden, die Grundlage und das Vertrauen für die weitere Praxis- und Forschungsarbeit werden hier gelegt. Die Kinder werden in das Projekt eingeführt und machen erste spielerisch-produktive Erfahrungen im Umgang mit dem Medium digitale Fotografie und mit der digitalen Bildbearbeitung am Computer. Der Grad der Strukturierung durch die medienpädagogische Begleitung ist in dieser Phase hoch (Scaffolding). So stehen gruppenbezogene Aktivitäten im Vordergrund, die möglichst alle Teilnehmer/innen einschließlich der medienpädagogischen und der wissenschaftlichen Begleitung mit einbeziehen. Was die medialen Aktivitäten betrifft, so wird darauf geachtet, dass alle Teilnehmer/innen gleichermaßen die Möglichkeit bekommen, sich mit den Medien spielerisch auseinanderzusetzen. Ein weiterer Schwerpunkt ist die Erhebung der Interessen, der Medienerfahrungen, Medienpräferenzen

73 Vgl. die Tabelle Phasenübersicht im Anhang (13.3).

und der vorhandenen Medienkompetenzen der Kinder. Die Vermittlung von mediengestalterischen Aspekten dagegen steht in dieser Phase weniger im Vordergrund. Es geht noch nicht darum, vorzeigbare Produkte zu erstellen.

Während sich die Gruppenkonstituierungsphase ausschließlich im geschützten Rahmen des CHICAM Clubs vollzieht, wird der Prozess in der *Phase der Basisqualifizierung* nach verschiedenen Seiten geöffnet. Diese Phase konkretisiert den internationalen Charakter des Projekts. Das CHICAM Intranet, die Kommunikationsplattform zwischen den Partnerclubs, wird eingeführt. Die Kinder üben sich im Umgang mit dem Intranet und lernen die anderen CHICAM Clubs kennen. Es kommt zum ersten gruppenbezogenen Austausch zwischen den CHICAM Clubs. In spielerisch-assoziativer Form wird Video als neues Medium eingeführt. Alle Clubs produzieren einen Film, in dem sie sich gegenseitig vorstellen. In Vorbereitung auf spätere Forschungsaktivitäten werden die Kinder mit der Forschungsmethode Interview vertraut gemacht. Sie selbst nehmen im sozialen Nahraum Kontakt mit fremden Personen auf und führen Interviews zu verschiedenen Themen durch. Sie erwerben dabei verschiedene Basisqualifikationen der Videogestaltung.

Die starke Strukturierung des Prozesses durch die medienpädagogische Begleitung wird insgesamt beibehalten. Verschiedene einfache Mediamodels werden den Kindern vorgestellt (z. B. Animationsfilm, Selbstportrait, ...). Sie haben die Möglichkeit, einzelne Models nach ihren jeweiligen Interessen zu vertiefen und kleine Produktionen nach Themen ihrer Wahl anzufertigen. Nach dem Prinzip der inneren Differenzierung kann dies sowohl in Kleingruppen, als auch als Einzelproduktion realisiert werden. Ob die Produktionen über das Intranet ausgetauscht werden, entscheiden die Produzenten selbst. Angestrebt wird allerdings eine Präsentation der Produktionen vor einem Publikum im sozialen Nahraum. Eine CHICAM Party, zu der Eltern, Onkels, Tanten, Omas und Opas, Geschwister, Freunde und Lehrer der Kinder eingeladen werden, gibt den Kindern ein Forum für ihre Produktionen und schließt die Phase der Basisqualifizierung ab.[74]

Die *Produktions- und Kommunikationsphase I* bringt die thematischen Forschungsdimensionen in den Prozess ein. Langfristiges Ziel ist die Erstellung von Produktionen zu den Bereichen Schule, Peergroup und Familie. Der Bereich ‹Schule› dient als Einstiegsthema für die erste größere Produktion

74 Für die Forschung eröffnen sich in diesem Zusammenhang erste informelle Kontakte mit den Eltern.

(vgl. 6.4.7), an welcher nach Möglichkeit alle Kinder beteiligt sein sollten. Ein vergleichsweise komplexes Mediamodel wird von der medienpädagogischen Begleitung vorgegeben (z. B. Videoclip). Als Anschauungsmaterial zur Erarbeitung der ästhetischen Merkmale des jeweiligen Mediamodels werden gezielt Beispiele ausgewählt, die die Medienerfahrungen der Kinder spiegeln. Die Postproduktion kann von einzelnen besonders motivierten Teilnehmer/innen im Rahmen der dafür vorgesehenen Kompaktphasen durchgeführt werden. Parallel dazu können einzelne Clubmitglieder oder Kleingruppen an kleineren Produktionen zu beliebigen Themen arbeiten (Video oder Fotografie). Der kommunikative Austausch über das Intranet wird zum integralen Bestandteil der Clubtreffen gemacht, verbunden mit dem Angebot, im Anschluss an den Club weiter im Intranet surfen zu können. Neben der schriftlichen Kommunikation im Intranet wird auch die mündliche Kommunikation zwischen Kindern mit der gleichen Muttersprache gefördert. Für Kinder, die Interesse haben, besteht die Möglichkeit, Nachrichten in der Muttersprache auf Video aufzeichnen, und sich via Intranet direkt an bestimmte Personen zu wenden. Die medienpädagogische Begleitung nimmt sich in dieser Phase mehr und mehr zurück (Fading), regt die Kinder zum selbstständigen Arbeiten an und übernimmt die Rolle des Coachs, der bei Bedarf Unterstützung leistet. Medienpädagogische Inputs konzentrieren sich auf die Ebene der medienästhetischen Gestaltungsformen (non-verbale Kommunikation).

Die *Produktions- und Kommunikationsphase II* schließt die Praxisphase ab. Interkulturelle Kommunikationsprozesse via Intranet werden weiter durch entsprechende Rahmenbedingungen und pädagogische Settings gefördert. Erstellt werden Produktionen zu den Bereichen Freundschaft und Familie, die anschließend ausgetauscht werden. Den Kindern wird weiter selbstständiges Arbeiten abverlangt. Sie bekommen mehr Verantwortung für ihren eigenen Lernprozess (sie nehmen bspw. die Kameras mit nach Hause, um dort bestimmte Aufnahmen zu machen). Die medienpädagogische Begleitung berät sensibel, zeigt Gestaltungsalternativen auf, ohne den Kindern einen bestimmten Stil überzustülpen. Das geplante Produktionswochenende kann dazu genutzt werden, um begonnene aber noch nicht vollendete Produktionen fertig zu stellen. Eine weitere CHICAM Party mit einer Präsentation der insgesamt entstandenen Produkte rundet das Projekt ab.

9 Praxis-Bausteine und Übungen für die interkulturelle Medienarbeit

Nachdem der Rahmen der zu entwickelnden medienpädagogischen Praxis bislang anhand der Dimensionen

- Medienspezifische Teilkompetenzen
- Didaktische Prinzipien
- Mediamodels
- Zeitlicher Rahmen

grob abgesteckt wurde, soll in diesem Kapitel der Fokus auf der konkreten didaktisch-methodischen Dimension liegen. Mit ZACHARIAS möchte ich an dieser Stelle noch einmal betonen, dass es «… generell keine funktionalen Technologien und Vorhersagen …» (ZACHARIAS 2003 S. 30) und keine linearen Entsprechungen von Start- und Zielplanung für pädagogisches Handeln gibt. Didaktische Planung und situative Interessen und Bedürfnisse der Kinder decken sich selten, was Abbildung 41 veranschaulicht.

Abbildung 41: Diskrepanz zwischen didaktischer Planung und Interessen der Lernenden – visuell dargestellt.

Im Folgenden geht es mir nicht darum, starre methodische Patentrezepte für Medienarbeit mit der Zielgruppe ‹Migrantenkinder› darzustellen, sondern vielmehr methodische Angebote zu machen, die im Sinne einer lebensweltorientierten und subjektbezogenen (Medien-)Bildung im Projekt CHICAM aufgegriffen werden und von Pädagoginnen und Pädagogen für ihre jeweiligen Arbeitszusammenhänge modifiziert werden können. Die zuvor erarbeiteten didaktischen Prinzipien (vgl. 8.4) dienen als theoretischer Bezugsrahmen für die Entwicklung der Bausteine.

Grundsätzlich sollen Prinzipien der außerschulischen Kinder- und Jugendarbeit mit Prinzipien der schulischen Didaktik synergetisch in Beziehung gesetzt werden. Dieses Anliegen entspricht dem pädagogischen (Zwischen-) Raum, in welchem der CHICAM Club in Ludwigsburg angesiedelt ist. An der ‹Schnittstelle schulisch – außerschulisch› im Ganztagesbetreuungsangebot einer Hauptschule.

9.1 Medien-ästhetische ‹Früherziehung› zur Aneignung von Medienteilkompetenzen

In diesem Kapitel werden einfache Übungen für den Einstieg in die Foto- und Videoarbeit vorgestellt. Sie dienen in erster Linie der Aneignung bild- und filmsprachlicher Gestaltungsstrategien und sollen Kinder auf umfangreichere Medienprojekte vorbereiten. Der Charakter der Übungen ist durchweg spielerisch. Es werden selbstentdeckende Lern- und Erfahrungsprozesse provoziert. Die Reihenfolge der Darstellung orientiert sich am Fortschreiten vom Einfachen zum Komplexen. Je nach Disposition der Zielgruppe kann es aber sinnvoll sein, einzelne Übungen wegzulassen bzw. die Reihenfolge zu variieren.

9.1.1 Bewegte Objekte fokussieren – ‹Videofangen›

Eine Videokamera wird an einem langen Kabel mit einem Videobeamer verbunden. Der Beamer ist auf eine Projektionsfläche gerichtet. Eine Person ist der ‹Videofänger›. Alle anderen Teilnehmer bewegen sich im Raum. Der Videofänger hat die Aufgabe, einen Teilnehmer mit der Kamera zu ‹fangen›. Gefangen ist ein Teilnehmer, wenn sein Gesicht (seine Schuhe, seine Haare, seine …) in Nahaufnahme auf der Leinwand sichtbar werden. Wer gefangen wurde, muss den Fänger ablösen und seinerseits versuchen, Personen zu fangen. Manche digitalen Videokameras verfügen über eine

Fotokamerafunktion. Durch Drücken einer bestimmten Taste wird der fokussierte Bildinhalt für kurze Zeit eingefroren. Die Funktion kann für diese Übung genutzt werden. Im Rahmen der Übung durchläuft der Videofänger folgenden medien-ästhetischen Lernprozess:

- Seine Aufmerksamkeit wird auf bewegte Objekte gerichtet, die er mit dem Objektiv fokussieren muss. Das erfordert Konzentration, Geschicklichkeit und Übung. Später braucht der Kameramann diese Kompetenz, da er bei den meisten Filmprojekten in die Lage kommt, auf unerwartete Situationen mit der Kamera reagieren zu müssen.
- Um eine Nahaufnahme zu erhalten, kann er entweder den Zoom benutzen, oder er nähert sich dem Objekt direkt mit der Kamera.
- Falls er sich für den Zoom entscheidet, wird er die Erfahrung machen, dass es dann viel schwerer wird, Objekte zu fokussieren. Selbst geringe Bewegungen mit der Kamera führen dann auf der Leinwand zu großen ‹Verwacklern›. Er wird lernen, den Zoom nur dann zu betätigen, wenn es keine andere Möglichkeit gibt (wenn z.B. das Kabel nicht ausreicht, um an das Objekt nah heranzukommen).
- Spielerisch erkundet er die Funktionsweise der Kamera. In Räumen mit Fenstern wird er mit dem Problem des Gegenlichts konfrontiert. Der Autofokus (automatische Scharfstellungsfunktion) wird ihm die ein oder andere Person so entstellen, dass sie nicht mehr zu erkennen ist.

9.1.2 *Inframe – Out-of-Frame – Verkehrte Welt*[75]

Eine Kamera wird mit dem Objektiv nach unten an der Decke befestigt. Ein langes Kabel verbindet die Kamera mit einem Fernseher oder Videobeamer. Der so entstehende Bildausschnitt wird mit Klebeband am Boden markiert. In einem ersten Schritt haben die Teilnehmer die Möglichkeit, innerhalb des Bildausschnitts zu agieren und sich dabei auf der Leinwand zu beobachten. Sie sehen sich aus einer ungewohnten Perspektive (extreme Vogelperspektive) und stellen fest, wann sie sich im Bild (Inframe) und wann außerhalb des Bildes (Out-of-Frame) befinden. Die Übung kann mit theaterpädagogischen Impulsen kombiniert werden. Die Teilnehmer bekommen Rollen zugeteilt, die sie immer nur dann spielen, wenn sie den Bildausschnitt (Bühne) betreten.

75 Die Idee für diese Lernumgebung habe ich von Frans van Lokven (Medienpädagoge im CHICAM Club in den Niederlanden) übernommen.

Wenn sie die Rolle nicht weiterspielen wollen, müssen sie lediglich wieder den Ausschnitt verlassen und können wieder sie selbst sein.

Abbildung 42: Experiment mit der an einen Beamer angeschlossenen Deckenkamera.

Im nächsten Schritt wird ein Stuhl seitlich auf den Boden gelegt. Er wird so arrangiert, dass die Stuhlbeine die untere Bildkante an der Leinwand berühren. Durch die Konstruktion mit der Deckenkamera entsteht für den Betrachter der Eindruck, dass der Stuhl ganz normal vor einer Wand steht, die in Wirklichkeit der Boden ist. Ein Schauspieler kann sich nun so auf dem Stuhl platzieren, dass es so aussieht, als würde er darauf sitzen. Dazu muss er sich seitlich auf den Boden legen. Als Ergänzung können noch ein Tisch, ein weiterer Stuhl und diverse Requisiten mit einbezogen werden. Spontan können kurze Szenen entstehen, in die sich alle Teilnehmer einbringen können.

- Zwei Personen treten gegeneinander im Armdrücken an.
- Eine Person liest Zeitung, die andere schenkt sich ein Glas Wasser ein (lustiger Effekt).
- Ein Schwergewichtheber hebt mit seinem kleinen Finger fünf Menschen hoch.

Die Übung soll in erster Linie ästhetische Erlebnisse ermöglichen und Spaß und Motivation zur weiteren Videoarbeit aufbauen. Sie kommt Kindern entgegen, die gerne spontan vor der Kamera agieren und gibt auch eher zurückhaltenden Schauspielern Gelegenheit, an der Leinwand optische Entdeckungen zu machen. Wichtig ist die Monitorfunktion der Leinwand. Die Darsteller müssen sich während ihrer Szenen stets selbst beobachten und die visuelle Wirkung ihres Verhaltens kontrollieren können. Auf diese Weise wird Wahrnehmung und ästhetische Reflexivität im Hinblick auf die eigene Person geschult.

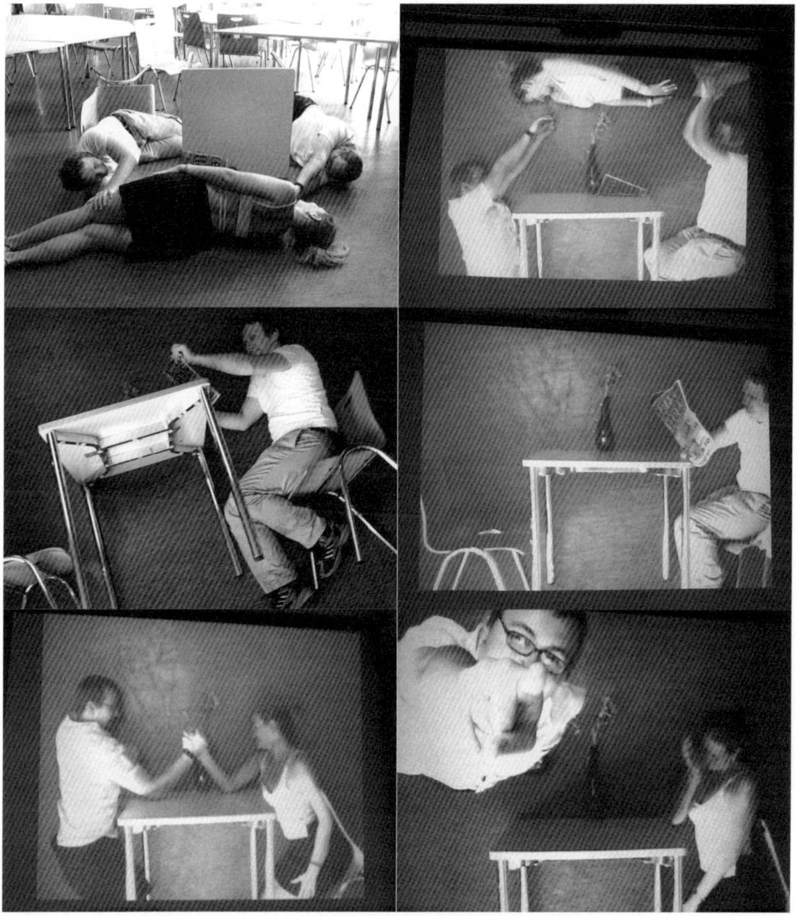

Abbildung 43: Weitere Experimente mit Deckenkamera.

9.1.3 Mut zum Detail I – Kennenlernübung «Augen»

Augen sind faszinierend und können über Stimmungen und Charakter eines Menschen viel aussagen. Fremden Leuten in die Augen zu schauen, erscheint als unhöflich, entsprechend selten geraten Augen in den Bereich des menschlichen Alltagsfokus. Häufig haben sogar Menschen, die sich gut kennen, Schwierigkeiten, die Augenfarbe des jeweils anderen aus dem Gedächtnis zu bestimmen.

Das Thema «Augen» bietet die Möglichkeit, eine medienästhetische Wahrnehmungsübung mit einem Kennenlernspiel zu verbinden. Die Kinder stellen sich in einer Reihe nebeneinander auf und versuchen zunächst, ohne hinzusehen, die Augenfarbe der ‹Reihennachbarn› zu bestimmen. «Glaubt ihr, dass ihr eine Person nur an den Augen erkennen könnt?»

Die Kinder bekommen die Aufgabe, die Augen ihres jeweils rechten Nachbarn in Detailaufnahme zu fotografieren («so dass man nur die Augen und die Nase sieht»).[76] Es werden zwei digitale Fotokameras ausgegeben und die Kinder fotografieren sich gegenseitig. Bei der Lösung der ästhetischen Aufgabe «Augen in Detailaufnahme» werden die Kinder mit verschiedenen medientechnischen Schwierigkeiten konfrontiert (Unschärfen, mangelndes Licht bei zu geringer Distanz, zu viel vom Gesicht zu sehen, wenn zu weit weg), die sie im Trial and Error Verfahren – die entstandenen Bilder können auf dem integrierten Display der Kamera sofort gesichtet werden – selbstentdeckend und mit dem situativen Support der medienpädagogischen Begleitung problembezogen meistern können.

Abbildung 44: Augenbilder

76 Die Übung geht zurück auf eine Idee von Tobias Ströbele, der als Sozialpädagoge in einem Stuttgarter Jugendhaus ein ähnliches Projekt durchgeführt hat.

Die Augenaufnahmen werden anschließend mit dem Beamer an die Leinwand projiziert und die Kinder raten, um welches Clubmitglied es sich jeweils handelt. Die Aufnahmen können später in einer Videoproduktion verarbeitet werden, in welcher sich die Kinder vorstellen. Eine weitere Möglichkeit besteht darin, die Augenbilder im Klassenzimmer in ansprechender Form auszustellen.

9.1.4 Mut zum Detail II – Bilderrätsel

Die Begrenzung durch den Bildausschnitt bewirkt, «... dass es oft sehr schwierig ist, im Photo die räumlichen Verhältnisse der dargestellten Situation einleuchtend wiederzugeben. (...) (deshalb B. M.) braucht man, um die Größe eines Gegenstandes zu zeigen, Vergleichsmaßstäbe (...) jemand, der eine Photographie oder ein Filmbild betrachtet, (ist) zunächst rein auf das angewiesen, was ihm die Augen zeigen, also durch keinerlei Körpergefühle unterstützt, und hat weiterhin auch von der optischen Situation nur das, was eben gerade im Rahmen des Bildes steht, als Orientierungsmittel» (Arnheim 2003 S. 32). Dieser medienstrukturelle Umstand kann im Rahmen von Übungen spielerisch genutzt werden, um das Verhältnis von Detailaufnahme und Totalaufnahme zu vermitteln.

Die Kinder sitzen im Kreis und die medienpädagogische Begleitung[77] zeigt ein Bild, auf dem ein Gegenstand nicht ‹einleuchtend› (Arnheim s. o.) dargestellt ist, sondern in Detailaufnahme so abgebildet wurde, dass nicht sofort klar wird, um welchen Gegenstand es sich handelt. Das Bild hat DinA4 Format und steckt in einer Klarsichthülle. Die Kinder versuchen nun den Gegenstand zu erraten. Sobald das Rätsel gelöst ist, wird das Bild herumgedreht und auf der Rückseite ist derselbe Gegenstand gut erkennbar aus größerer Entfernung (Totale) abgebildet. Die Person, die den Gegenstand erraten hat, bekommt von der medienpädagogischen Begleitung das nächste Bild überreicht und lässt die anderen Kinder weiterraten.

Input der MB: «Solche Bilder, die ihr gerade erraten habt, dürft ihr jetzt selber machen. Ihr sucht auch Dinge im Schulhaus oder auf dem Schulhof aus, fotografiert sie zweimal. Einmal ganz nah rangehen (30 cm), so dass man es nur schwer erkennt, und einmal von weiter weg, dass man es gut erkennt.»

77 «Medienpädagogische Begleitung» wird im Folgenden mit «MB» abgekürzt.

Um Missverständnisse so gering als möglich zu halten, wird ein Bildpaar mit den Kindern gemeinsam im Produktionsraum erstellt und am Beamer gesichtet.

«Damit das Ganze ein wenig spannender wird, bilden wir zwei Gruppen und die Bilder, die ihr macht, muss dann jeweils die andere Gruppe erraten. Schaut, dass ihr 5 Bildpaare hinbekommt.»

Die entstandenen Bilder werden am Computer betrachtet, die Kinder raten jeweils gegenseitig, welche Gegenstände aufgenommen wurden. Im Vergleich werden die zugehörigen ‹Normalbilder› gezeigt.

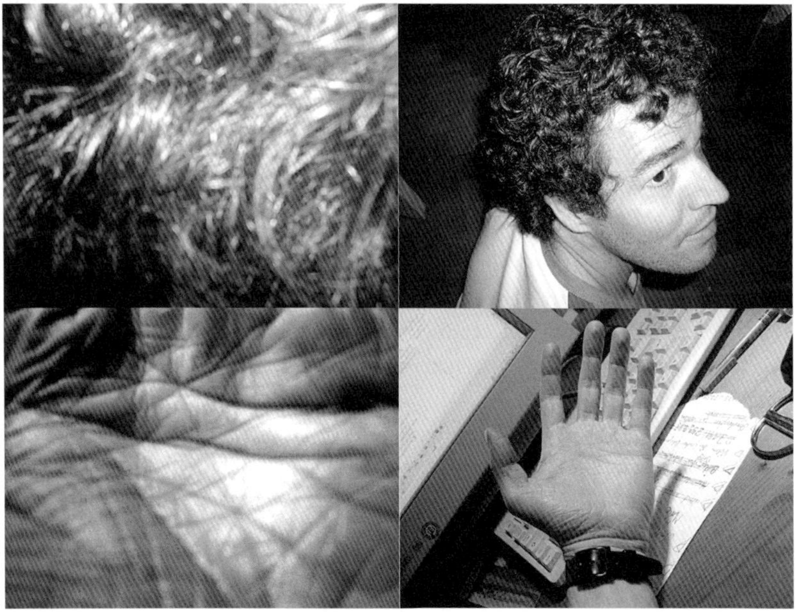

Abbildung 45: Beispiele für Ratebildpaare

Hauptintention dieser Übung ist einerseits, die Kinder dazu zu motivieren, mit der Kamera nah an die Aufnahmeobjekte heranzugehen. Andererseits soll ein erstes Bewusstsein dafür entwickelt werden, wie die Art der Inszenierung eines Objektes seine Bedeutung verändern kann. Eine weitere Erkenntnis ist die, dass ‹rätselhaft› aufgenommene Objekte einen gewissen Reiz ausüben können, der Rezipienten dazu veranlasst, sich mit Bildern auseinanderzusetzen.

9.1.5 Perspektivenübernahme – die subjektive Kamera

Die ‹Subjektive Kamera› – auch als ‹Point-of-View Shot› bezeichnet (vgl. Monaco 1997 S. 575) – versetzt die Kamera in die Position der handelnden Figur (oder des Filmobjekts). Man sieht damit die Welt aus der subjektiven Sichtweise der Figur. Die subjektive Kamera stellt eine Erweiterung der beschreibenden Außensicht dar und erleichtert den Rezipienten das Sich-Einfühlen in Charaktere. Im Gegensatz zur Außensicht kommt es bei der subjektiven Kamera nicht so sehr auf traditionelle ästhetische Kriterien an, wie ruhige Kamera, reflektierter Bildaufbau, sondern es geht vielmehr um spontane, erfrischende und subjektive Bilder. Die können und müssen zuweilen verwackelt und hektisch sein. Da Kinder erfahrungsgemäß bei ihren ersten Videoaufnahmen zu einer unruhigen und verwackelten Bildgestaltung neigen, bietet sich das ästhetische Format der subjektiven Kamera als ein Einstieg in die Videoproduktion an, in der es weniger um ästhetische Perfektion, sondern vielmehr um die Umsetzung kreativer Ideen und die Antizipation von Sichtweisen geht.

Folgende Lern- und Erfahrungsfelder sind mit dieser Art der Filmarbeit verbunden:

- Ästhetische und soziale Aushandlungsprozesse (wer ist vor und wer hinter der Kamera?)
- Koordination und Organisation von Handlungsabläufen (erste Regietätigkeiten)
- Spielerischer und experimenteller Kameraeinsatz (wie die Kamera in ihrer jeweiligen Rolle die Welt sieht)
- Für eher zurückhaltende Kinder/Jugendliche: die Übung ermöglicht den Kindern, sich vor der Kamera zu inszenieren; es ist aber ebenso möglich, im Verborgenen zu bleiben.

Man kann den Kindern verschiedene Perspektiven vorgeben, die sie mit der Kamera nachstellen sollen. Bei der Aufgabenstellung ist darauf zu achten, dass es sich um Kontexte/Personen/Objekte handelt, die Teil des Erfahrungshorizonts der Kinder sind. Folgende Aufgabenstellungen sind denkbar:

- Ein Fußballspiel aus der Sicht des Fußballs
- Ein Hund, der «Gassi geführt» wird
- Ein Skateboard auf der Halfpipe
- Die Sicht einer Faust im Rahmen einer Schlägerei
- Die Sicht des Fernsehers auf die Zuschauer

Darüber hinaus können die Kinder auch zur Realisierung eigener Ideen ermutigt werden.

9.1.6 Kamera- und Objektbewegungen – Ein Modellauto zum Leben erwecken

Ziel dieser Lernumgebung ist es, Kinder und Jugendliche mit der filmischen Gestaltungsform der Bewegung zu konfrontieren. Im Medium Film lassen sich die ‹Objektbewegung› (feste Kamera), die ‹Kamerabewegung› (festes Objekt) und beide Formen in Kombination (bewegte Kamera und bewegtes Objekt) realisieren. Da Bewegungsabläufe an eine zeitliche Folge gebunden sind, geht es im Rahmen dieser Lernumgebung auch um die Sensibilisierung für das Nacheinander, für die 4. Dimension der Zeit.

Die Kinder/Jugendlichen bekommen die Aufgabe, ein Modellauto mit Hilfe einer Kamera so zu inszenieren, als ob es ein echtes, fahrendes Auto wäre. Die didaktische Wahl des Objekts Auto lässt sich u. a. damit begründen, dass Autofahrten und entsprechend dynamische Kamerabewegungen intersubjektiv geteilte medienkulturelle Muster sind, die Kinder und Jugendliche aus unterschiedlichen Mediengenres kennen. Hier kann direkt an individuellen Medienpräferenzen und -rezeptionserfahrungen angeknüpft werden. Die ästhetische Problemstellung eröffnet mehrere Lösungswege. Beispielweise kann das Auto in Nahaufnahme gefilmt und mit der nicht sichtbaren Hand bewegt werden (vgl. Abbildung 46).

Um weitere Lösungsmöglichkeiten zu provozieren, kann die MB die Auflage stellen, das Auto nicht zu berühren. Die Produzent/innen sind dann gezwungen, die Kamera so spezifisch einzusetzen, dass die Illusion der Bewegung entsteht. Ein Schwenk über das Fahrzeug von links nach rechts (gegen die Fahrtrichtung), ohne die still stehenden Räder zu zeigen, wäre hier eine praktikable Lösung. Wurden zuvor Postkarten mit Landschaftsaufnahmen ausgegeben, können die Kinder und Jugendlichen diese als Hintergründe nutzen und von links nach rechts durch den Bildausschnitt bewegen (vgl. Abbildung 47).

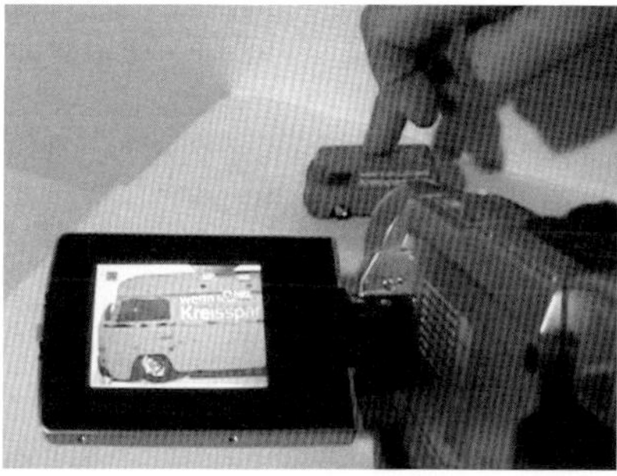

Abbildung 46 (links): Fokussierung auf das Wesentliche – die Hand bleibt in der Detailaufnahme unsichtbar. Abbildung 47 (rechts): Modellauto vor bewegtem Hintergrund.

Als weitere Möglichkeit ist eine sich hektisch hin- und her-bewegende rollende Kamera denkbar. Diese erinnert an die Aufnahmen von Verfolgungsjagden, die bewusst die Horizontale ins Wanken bringen, um zusätzlich Dynamik zu erzeugen (vgl. Abbildung 48).

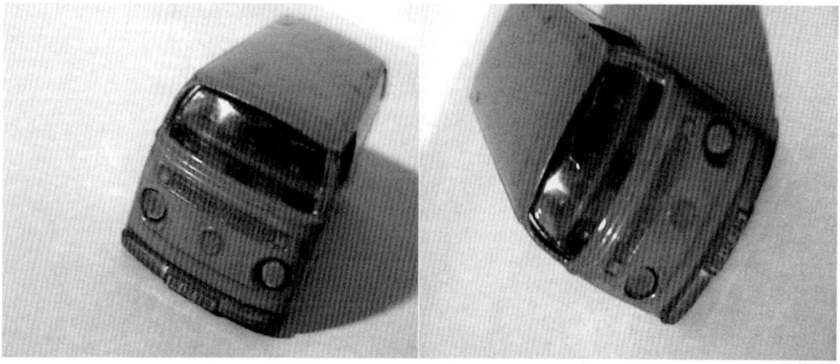

Abbildung 48: Rollende Kamera – «Verfolgungsjagd-Ästhetik»

Im Rahmen der Auswertungsphase kann die MB die entsprechenden filmsprachlichen Begrifflichkeiten (Schwenk, Fahrt, Zoom etc.) sukzessive einführen. Eine ähnliche Übung kann mit Einzelbildern durchgeführt werden. Die Kinder bekommen dann die Aufgabe, die Illusion der Bewegung des Autos anhand von wenigen Standbildern zu erzeugen. Interessant kann ein Vergleich zwischen den Ergebnissen beider Übungen sein. Die Dimension der Zeit und die mit ihr verbundenen gestalterischen Möglichkeiten werden im Kontrast mit Standbildern deutlich.

9.1.7 ‹Mise en Scene› – Bedeutungsproduktion durch Perspektiven und Einstellungsgrößen

«Wenn ich einen Würfel photographieren will, genügt es nicht, daß ich den Gegenstand «Würfel» in den Bereich meiner Kamera hineingebracht habe. Es kommt vielmehr darauf an, welchen Standpunkt ich zu ihm einnehme, resp. welche Stellung ich ihm gebe» (Arnheim 2002 S. 25).

Folgende Aufgabe gibt Jugendlichen Raum für die Aneignung der symbolischen Bedeutung von Perspektiven und Einstellungsgrößen. Die Kinder bekommen die Aufgabe, einen Gegenstand dreimal hintereinander verschieden aufzunehmen, so dass er jeweils andere Bedeutungen erlangt.

Um die Aufgabe zu lösen, müssen sich die Jugendlichen zwangsläufig mit unterschiedlichen Distanzen und Perspektiven zum Objekt auseinandersetzen. Sie erkennen dabei, dass Gegenstände ja nach Art und Weise, wie sie gefilmt werden, eine unterschiedliche Bedeutung bekommen können. Der Schwerpunkt liegt damit auf der Art des Filmens und weniger auf dem zu filmenden Gegenstand.

Abbildung 49: Experimentelle Nahaufnahme eines Föns.

Auf diese Weise wird passives Wissen durch eine konkrete Aufgabenstellung in aktives Wissen transformiert. Im anschließenden Reflexionsgespräch werden gemeinsam die filmsprachlichen Begrifflichkeiten (Froschperspektive, Detailaufnahmen, …) geklärt.

9.1.8 Der Schiefe-Turm-von-Pisa-Effekt: Räumlichkeit und Überschneidung

«Dadurch, dass dem Filmmann die Wahl der Einstellung obliegt, ist ihm zugleich die Möglichkeit gegeben, die Gegenstände, die er ins Bild nehmen will, nach seinem Willen auszuwählen; zu verdecken, was er nicht zu zeigen oder vorläufig nicht zu zeigen wünscht. (…) Auch kann er Dinge zusammen- und übereinanderschieben, deren Beziehung zueinander er zu zeigen wünscht, eine Beziehung, die aber nur bei einer ganz bestimmten Einstellung des Apparats optisch auffassbar wird» (Arnheim 2002 S. 62/63).

Der visuelle Ausdruck dessen, was Arnheim hier insbesondere in seinem letzten Satz treffend beschreibt, ist uns wohl bekannt. Wer kennt sie nicht? Urlaubsbilder, die eine Person zeigen, die den schiefen Turm von Pisa mit der Hand offensichtlich vor dem Umstürzen bewahrt. Es handelt sich um eine Form der Beziehungsbildung zwischen zwei Objekten, die in der Realität keine Beziehung haben. Die Konstruktion der Scheinbeziehung ist möglich durch die Transformation der dreidimensionalen Wirklichkeit auf die zweidimensionale Film- und Fotorealität. Räumlichkeit wird durch quer im Bild verlaufende Tiefenlinien und Überschneidungen simuliert. Diese strukturelle Eigenschaft des Mediums macht sich die optische (Beziehungs-)Täuschung zu nutze. Um den oben genannten Effekt zu erreichen, muss einerseits ein geeigneter Platz für die agierende Person und andererseits ein ganz bestimmter Kamerawinkel gefunden werden. In der Praxis dirigiert der Urlaubsfotograf sein Modell, bis alles stimmt.

Diesen kleinen Trick können sich Kinder spielerisch aneignen. Nötig ist eine Lernumgebung, in der eine mit einem Fernseher oder Videobeamer verbundene Kamera auf einem Stativ befestigt ist. In diesem Rahmen sind verschiedene Aufgaben möglich. Beispielsweise soll eine Gruppe von Mädchen auf der Hand eines Jungen Hiphop tanzen. Oder die Kinder springen hintereinander in die Mülltonne. Der Phantasie sind keine Grenzen gesetzt. Durch diese Übung bekommen die Kinder ein Gespür für Räumlichkeit im Medium Film. Sie erfassen intuitiv die Möglichkeiten und Grenzen, die durch das zweidimensionale Medium gegeben sind. Ferner eignen sie sich ein Bewusstsein über inszenierte Fotografie mit Vorder- und Hintergrund an.

9.1.9 Close-Up-Rhythm'-Clip[78]

Die Grundidee ist einfach. Die Kinder suchen sich Objekte aus, die Geräusche produzieren, und filmen diese in Nahaufnahme. Im Kameraschnittverfahren[79] entsteht sukzessive eine Ton-Bild-Collage, deren Einstellungen möglichst kurz (ca. eine Sekunde) sein müssen. Diese Form der Filmarbeit legt den Schwerpunkt zunächst auf die Tonebene.

- Die Kinder/Jugendlichen müssen sich bei der Realisierung eines Close-Up-Rhythm-Clips mit ihrer Geräuschumwelt auseinandersetzen (Neuaneignung der Lebenswelt aus einer ungewohnten Perspektive).
- Sie bilden Hypothesen bezüglich der Geräuschqualität und -intensität von Objekten und überprüfen sie handelnd direkt am Material.
- Sie produzieren selbst Geräusche mit ihrem Körper.
- Sie erkennen die Notwendigkeit, während der Aufnahmephasen Nebengeräusche (z.B. Gespräche) zu vermeiden.

Für die Bildebene lassen sich folgende Erfahrungs- und Kompetenzfelder nennen:

- Die Kinder lernen die Aufnahmefunktion der Videokamera kennen. Sie eignen sich den Unterschied zwischen Aufnahme- und Stand-By-Modus an.
- Sie werden dazu ermutigt, möglichst nah an die zu filmenden Objekte heranzugehen[80], ein Detail herauszugreifen und dieses geräuschvoll zu inszenieren.

78 Die Anregung für diese Übung stammt von Frans van Lokven Medienpädagoge im CHICAM Club in den Niederlanden.
79 Ein Kameraschnitt entsteht, wenn eine Aufnahmesequenz durch Betätigen der roten Aufnahmetaste beendet wird und sich in einer neuen Einstellung eine weitere Aufnahme anschließt.
80 Kinder (und Videoanfänger) neigen erfahrungsgemäß dazu, alles zu filmen. Sie verwenden primär Totaleneinstellungsgrößen und schwenken die Kamera, in der Hoffnung, nichts Entscheidendes zu verpassen, stets hin und her.

Inhaltlich/thematisch besteht die Möglichkeit:

- die Auswahl der Geräuschquellen einzugrenzen bzw. zu strukturieren[81]
  - Laute und Leise Geräusche im Wechsel (bzw. helle – dunkle Geräusche)
  - ‹Geräusche der Schule›, des Schulwegs, Geräusche im Zoo, …
  - ‹Sounds of Fear›, ‹Glücksgeräusche›, …

Es handelt sich bei dieser Übung um eine spielerische Art des Umgangs mit der Videokamera, die schnelle ästhetische Feedbacks gewährt. In einem Zeitraum von ca. 20 Minuten entstehen sehenswerte und interessante Ergebnisse, die gemeinsam gesichtet und besprochen werden sollten. In einer weiteren Vertiefung können die einzelnen Sequenzen am Schnittcomputer so bearbeitet werden, dass sich ‹richtige Rhythmen› im Sinne einer Kontinuität von Zählzeit und Klangcharakter ergeben.

9.1.10 Licht, Schatten und Bildkomposition – Gummibärchen in Aktion

Ziel der Gummibärcheneinheit ist es, durch experimentierendes Gestalten mit Perspektiven, Einstellungsgrößen, Licht und Bildkomposition verschiedene Situationen, Themen und Stimmungen zu erzeugen. Es geht darum, im Rahmen einer ästhetischen Problemstellung passives mediales Gestaltungswissen zu aktiveren und zu erweitern. Als Lernumgebung werden kleine ‹Produktionsstudios› aufgebaut, an welchen die Kinder/Jugendlichen in Kleingruppen selbstständig arbeiten können. Ein Studio besteht aus einem Tisch, zwei verstellbaren Schreibtischlampen, Styroporplatten, farbigen Papieren, verschiedenen Requisiten, Gummibärchen[82] und einer Stativkamera. Gummibärchen sind leicht zu beschaffen; sie können aufgrund ihrer Transparenz von hinten beleuchtet werden, wodurch sich interessante Lichteffekte einstellen; sie sind in ihrer Gestalt klein und provozieren die Produzent/innen entsprechend ihrer Ausdrucksabsichten zu Nah- und Detailaufnahmen.

Als Einstieg sollte ein einfaches Thema/Gefühl/Stimmung angeboten werden. Das Gefühl ‹Angst› ist sowohl Teil der Lebenswelt, als auch der

81 Bei Anfängern sollte man m. E. eher mehr Freiraum lassen und die Übung nicht mit (inhaltlichen) Lernzielen überfrachten.

82 Um Schwierigkeiten mit muslimischen Teilnehmer/innen zu vermeiden, sollten Gummibärchen ohne Schweinegelatine verwendet werden.

Medienwelt (Thriller, Krimis, Horror) von Kindern und Jugendlichen, es ist ein charakteristisches Gefühl und gestalterisch auf mehreren Wegen zu realisieren. Die MB kann z.B. die Aufgabe stellen, ein Gummibärchen zunächst so aufzunehmen, dass es auf den Zuschauer bedrohlich wirkt und anschließend ein weiteres Gummibärchen so, dass es sich selbst bedroht fühlt und Angst hat.

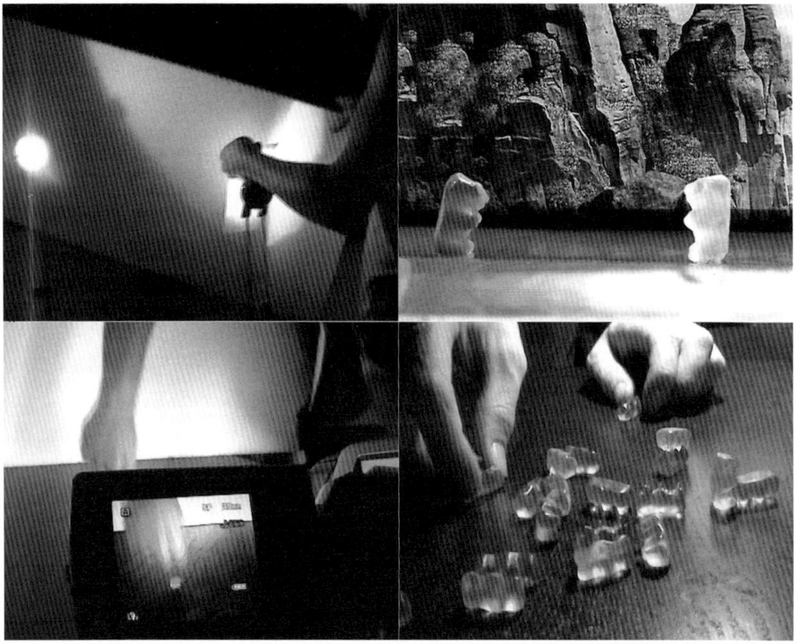

Abbildung 50: Experimente mit Licht und Gummibärchen

‹Angsteinflößende› Bärchen können bspw. von unten aus der Froschperspektive in der Einstellungsgröße ‹Detail› aufgenommen werden, wobei das Licht ebenfalls von unten her kommend dunkle Schattenpartien oberhalb der ‹Extremitäten› und der ‹Schnauze› bildet, was der typischen Beleuchtung von Gestalten aus Horrorfilmen ähnelt. Die Lichttemperatur und -färbung kann mit den farbigen Papieren entsprechend angepasst werden. Ängstlich wirkende Bärchen können dagegen aus der Vogelperspektive mit viel Hintergrund in der Totalen gezeigt werden, was in Verbindung mit einer entsprechenden Lichtsetzung die Unsicherheit und Furcht des einsamen Bärchens betont.

Es sind mehrere Lösungswege denkbar. Wichtig ist die gemeinsame Auswertung des entstandenen Materials. Wurden zuvor verschiedene Themen an die Kleingruppen verteilt, können am Ende die Produkte gegenseitig gezeigt und die entsprechenden Gefühle/Themen erraten werden. Teil der Auswertung kann auch sein, dass die MB Standbilder aus professionellen Spielfilmen präsentiert, in welchen das jeweilige Thema/Gefühl inszeniert wird. Die Kinder/Jugendlichen können dann den Vergleich zwischen ihrem Ergebnis und professionell inszeniertem Material ziehen und Ähnlichkeiten wie Unterschiede entdecken und benennen.

In ähnlicher Weise wie mit den Gummibärchen kann auch mit sonstigen Alltagsgegenständen assoziativ gearbeitet werden. Ein möglicher medienpädagogischer/medienkünstlerischer Input könnte die Sensibilisierung der Kinder/Jugendlichen für funktionsfremde Betrachtungsweisen von Gebrauchsgegenständen sein, die sich durch entsprechende Beleuchtung und eine ungewöhnliche Perspektive durch die Kamera einstellen.

9.1.11 Bilder bewerten lernen I – Das «Eiswürfelspiel»

Wer im medienpädagogischen Bereich wahrnehmungsorientiert arbeitet und einen Schwerpunkt auf die Vermittlung und Aneignung formaler Medienästhetiken legt, der muss dafür Sorge tragen, dass die Kinder überhaupt zu intensiver Wahrnehmung in der Lage und Willens sind. Denn nur durch Beobachtung, durch genaues Hinsehen und das Bewusstsein für kleine Unterschiede und Details lässt sich Lernzuwachs und Kompetenzerweiterung erreichen. Werden die Rezipienten hierfür nicht in ausreichendem Maße gewonnen, verfehlt der Ansatz sein Ziel. Jugendliche, auch solche aus sozial benachteiligenden Verhältnissen, so RÖLL, sind aus verschiedenen Gründen für einen solchen Ansatz offen (vgl. RÖLL 1998). Das heißt aber noch lange nicht, dass man den Ansatz uneingeschränkt auf die Arbeit mit Kindern (mit Migrationshintergrund) übertragen kann. Das Vorhaben kann allein an der geringeren Aufmerksamkeitsspanne und den Belastungen durch den Schulvormittag der Kinder scheitern. Die medienpädagogische Konzeption muss nach Möglichkeiten suchen, wie Wahrnehmung für Kinder interessant, spannend und weniger komplex/überfordernd gemacht werden kann. Ein strukturierter didaktischer Rahmen ist aus meiner Sicht sinnvoll.

Ziel des «Eiswürfelspiels» ist es, die Kinder für die Beurteilung von (Stand-)Bildern zu sensibilisieren. Bilder zu beurteilen fällt Kindern in der Regel schwer. Sie müssen einerseits die Bereitschaft aufbringen, sich längere Zeit intensiv mit einem Bild auseinanderzusetzen, was in der Praxis mit Schwierigkeiten verbunden sein kann (Aufmerksamkeit, Interesse, Bewegungsdrang). Andererseits verfügen nur wenige Kinder über spezifische Kriterien der Bildbeurteilung, so dass deren Einschätzungen häufig nicht über ‹gut› bzw. ‹schlecht› hinausgehen. Mit folgender spielerischer Übung sollen die Kinder behutsam an die differenzierte Bildbetrachtung herangeführt werden.

Alle Teilnehmer/innen bilden einen Sitzkreis. Die MB legt eine mit verschiedenen Lebensmitteln gefüllte Eiswürfelformschale in die Mitte des Kreises. Jede Eiswürfelvertiefung wurde zuvor mit jeweils einer kleinen Lebensmittelprobe bestückt (im Idealfall auch Lebensmittel, die die Kinder aus ihren Heimatländern kennen). Möglich sind u. a.: Nutella, Senf, Oliven, Tomaten, Paprika, Chili, Salz, Gurken, Honig, Spinat, Lakritze, …

Die MB bringt einen Würfel ins Spiel und lässt das erste Kind würfeln. Der gewürfelte Wert wird an den Kästchen abgetragen und das Kind probiert die Lebensmittelprobe aus dem erwürfelten Kästchen.

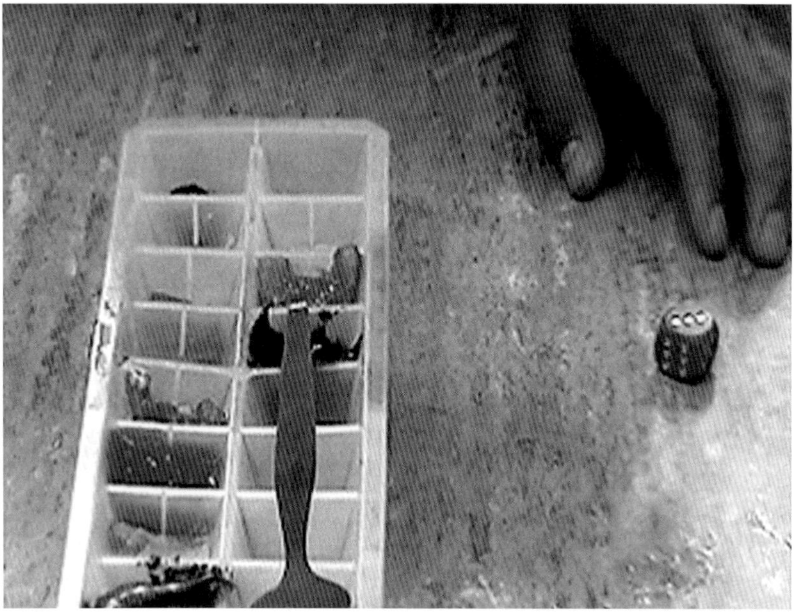

Abbildung 51: Szene aus der Geschmacks-Würfel-Übung.

Anschließend teilt es den anderen mit, ob die Lebensmittelprobe gut schmeckt oder nicht (bei besonders wenig beliebten Proben reicht es, wenn der Teilnehmer an der Probe riecht).

Der Würfelwert des folgenden Kindes wird vom zuvor gewürfelten Kästchen gezählt. Der Vorgang wiederholt sich, bis ca. 50 % der Proben probiert wurden. Wichtig bei dieser Übung ist, dass sich die Kinder zum Geschmackserlebnis äußern und den Geschmack näher beschreiben (zu süß, zu salzig, zu scharf, ...). Input der MB: «Ihr habt gesehen, es gibt immer Dinge, die man mag und andere, die man nicht mag. Häufig sind die Geschmäcker verschieden. Was Erkan mag, muss Mustafa noch lange nicht mögen. Unterschiedliche Geschmäcker gibt es übrigens nicht nur bei Lebensmitteln, sondern auch bei anderen Sachen. Bei Bildern zum Beispiel.»

Die MB legt ca. 16 verschiedene Bilder auf den Boden in die Mitte des Kreises. Die Anordnung ist ähnlich wie beim Eiswürfelspiel. Zwei Reihen zu je acht Bildern. Die Kinder würfeln wieder nach dem selben Prinzip und müssen zu dem erwürfelten Bild ein Statement, eine Wertung abgeben. Beim Sampling der Bilder muss darauf geachtet werden, dass Bilder ausgewählt werden, die die gewünschten Beurteilungs-Kriterien sehr klar und anschaulich in sich tragen. In Frage kommen ungewollt verwackelte Bilder, zu dunkle Bilder (Gegenlicht); Bilder, bei denen Teile der Objekte ungewollt abgeschnitten sind; Bilder mit gelungener Bildaufteilung; Bilder, die problematische Inhalte zeigen (z.B. Kriegsaufnahmen). Im Sinne der Subjektorientierung kann die MB Bildmaterial verwenden, das von den Kindern zuvor selbst erstellt wurde (z.B. Einzelbilder aus Videosequenzen). Dies ist allerdings mit einem hohen zeitlichen Aufwand verbunden.

Die Kinder lernen im Rahmen dieser Übung anhand des Bildmaterials verschiedene inhaltliche und formale Kriterien selbstentdeckend kennen. Die MB kann nachfragen, wie die Aufnahmen entstanden sind, und was man tun kann, um die Aufnahmen zu verbessern.

9.1.12 Bilder bewerten lernen II – rezeptionsleitende Karten

Eine weitere Möglichkeit, die Aufmerksamkeit der Kinder im Rahmen von Materialsichtungsphasen an Bewegtbilder zu binden, besteht darin, den Rezeptionshorizont bewusst auf wenige Parameter einzuschränken. Dies kann durch rezeptionsleitende Karten geschehen. Jedes Kind erhält vor der Materialsichtung eine Karte, auf welcher ein Rezeptionskriterium in Wort und Bild dargestellt ist.

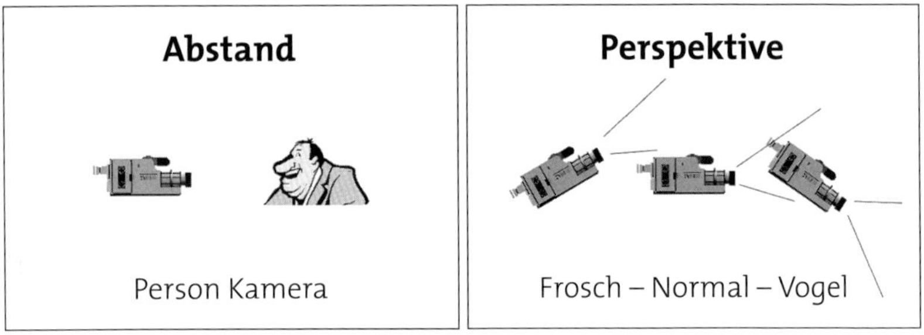

Abbildung 52: Beispiele für rezeptionsleitende Karten.

Die MB hält das zu sichtende Material zeitweise an und jedes Kind versucht das Standbild anhand des jeweiligen Kriteriums kurz zu kommentieren. Nach jedem Durchgang werden die Karten gemischt und neu verteilt. Die Art der Einführung der Karten muss didaktisch gut überlegt sein. Um die Kinder nicht zu überfordern, sollten zunächst nur wenige klare Parameter eingebracht werden (evt. aus der «Eiswürfelübung» übernehmen vgl. 9.1.11). Alle weiteren Kriterien können dann sukzessive eingeführt werden. Ein ‹Kartenritual› ist denkbar, nach welchem zu Beginn jeder Gruppensitzung eine neue Karte vorgestellt wird. Das Rezeptionsbesteck der Kinder wird auf diese Weise im Laufe des Prozesses immer mehr erweitert.

Die Karten können von der MB genre- und themenspezifisch erstellt werden. Bei der Durchführung von Interviews sind andere Kriterien wichtig als bei der Visualisierung eines Drogenrauschs. Auch in diesem Zusammenhang kann Bildmaterial, das die Kinder selbst erstellt haben, verarbeitet werden (Subjektbezug).

9.1.13 Übungen zur Lichtgestaltung

Auf die motivationale Funktion des Lichteinsatzes wurde bereits in Kapitel 8.5.2 hingewiesen (vgl. ästhetisches Erlebnis, Bruch zur Alltagserfahrung). Nun sollte der Parameter Licht nicht nur als Mittel zum pädagogischen Zweck dienen, sondern auch inhaltlich als bedeutungskonstituierendes Element erkannt und eingesetzt werden. Die didaktische Kunst besteht darin, durch ein entsprechendes Setting beides zu erreichen.

Bei folgender theaterpädagogisch motivierten Übung werden die Kinder in mehrere 3er-Gruppen aufgeteilt. Jede Gruppe erhält jeweils zwei Taschenlampen. Der Raum wird verdunkelt und die Kinder bewegen sich zur

Musik im Halbdunkel. Sobald die Musik von der medienpädagogischen Begleitung angehalten wird, müssen die Kinder ein Standbild (Freeze) zu einem vorgegebenen Thema entwickeln und dieses entsprechend beleuchten. Die Kinder lösen sich, wenn die Musik neu einsetzt. Diese Übung wird mehrmals hintereinander durchgeführt. Die MB regt die Gruppen dazu an, sich gegenseitig Feedback zu geben und sich Alternativen aufzuzeigen. Ziel dieser Übung ist es, sowohl den Körperausdruck weiterzuentwickeln, als auch in spielerischer Form ein Grundverständnis für die bedeutungskonstruierende Funktion von Licht auszubilden.

9.1.14 Horrorfilm, Lovestory oder Science Fiction? Ton-Bild-Korrespondenz

In dieser Übung geht es darum, die bedeutungskonstruierende Wirkung von Sound und Musik in Relation zur Bildebene zu erfahren. Mithilfe eines digitalen Videoschnittprogramms (z.B. Adobe Premiere 6.0) kombinieren die Kinder Videoclips mit verschiedenen Soundsamples.

Abbildung 53: Im Programm Adobe Premiere werden einer Videospur Soundsamples zugeordnet

Die MB hat auf mehreren Computern ein Verzeichnis (Sounds) angelegt, in welchem mehrere Unterverzeichnisse enthalten sind. Die Namen der Unterverzeichnisse entsprechen den Filmgenres Science Fiction, Horror und Lovestory. In den genrespezifischen Verzeichnissen liegen Sounddateien, die jeweils typisch für das entsprechende Genre sind (z.B. das Knarren von Türen, der Start eines Raumschiffes, etc.). Die Kinder bekommen ein kurzes Werbevideo ohne Ton zur Verfügung gestellt, das sie durch die Zuordnung von entsprechenden Sounds zu einem Horrorfilm, einer Lovestory oder einem Science Fiction Film umgestalten sollen. Im Anschluss werden die unterschiedlichen Versionen präsentiert und die Kinder erleben, wie die Tonebene den Charakter von Bildern verändern kann.

9.2 Einzelne Übungen zur Förderung von interkultureller Kommunikation

9.2.1 Gemeinsamkeiten entdecken – das individuelle virtuelle Portfolio

Das virtuelle Portfolio ist eine Möglichkeit für die einzelnen CHICAM Clubmitglieder, Informationen über die eigene Person online zu publizieren und den anderen CHICAM Kindern zugänglich zu machen. Auf diesem Weg können sich alle Beteiligten nach und nach ein individuelles Bild voneinander machen, gemeinsame Interessen und Vorlieben entdecken und sich austauschen (vgl. Kommunikation erfordert Gemeinsamkeiten, Kap. 5.3.1).

Grundlage des virtuellen Portfolios kann eine einfache HTML Struktur sein. Jeweils ausgehend von mit Namen beschrifteten Portraitaufnahmen (individuelles Portal) kann in den persönlichen Bereich jedes einzelnen CHICAM Clubmitglieds navigiert werden. Im persönlichen Bereich werden Materialien zugänglich gemacht, die die Kinder im Laufe des Projekts erstellt haben. Das können weitere Bilder sein, kleine Videoproduktionen (z.B. mein Schulweg in 10 Einstellungen, mein Tagesablauf), Lieblingsmusikstücke (als Audiodateien), kurze Steckbriefe mit Alter, Nationalität, Hobbys und Interessen etc. Sofern vorhanden, kann auch die individuelle Email-Adresse angegeben werden, um die informelle Kommunikation zwischen einzelnen Kindern anzuregen.[83] Für die Produzenten hat das Portfolio die Funktion eines Archivs für persönliche Produkte, das gezielt anderen Personen via Internet gezeigt

83 Im Hinblick auf die Begleitforschung ist davon auszugehen, dass sich diese informelle Kommunikation nicht oder nur partiell dokumentieren lässt.

werden kann. Außerdem birgt es die Möglichkeit, eigene Lernfortschritte anschaulich von Produkt zu Produkt nachzuvollziehen.

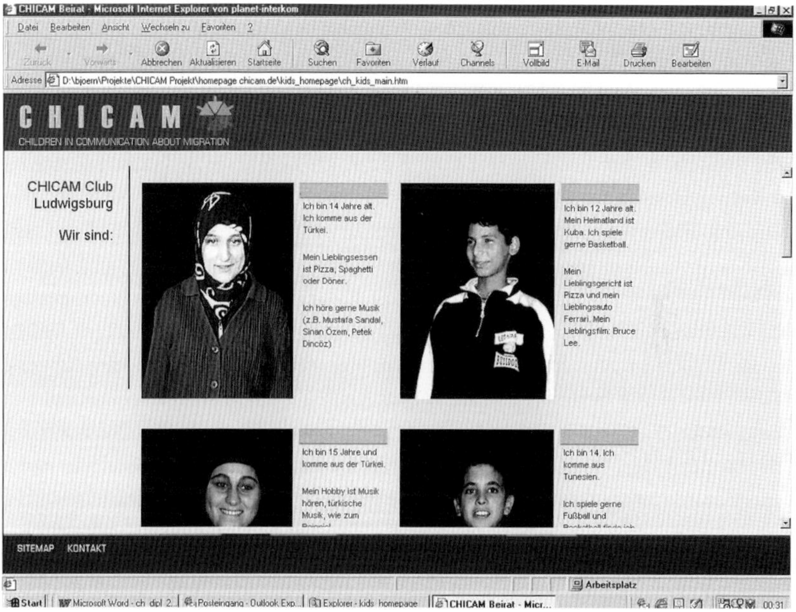

Abbildung 54: CHICAM Club Virtuelles Portfolio – Einstiegsseite

9.2.2 Computervermittelte Kommunikation im geschützten Raum – MS Netmeeting

Computervermittelte Kommunikation unterscheidet sich signifikant von der interpersonalen Kommunikation, ganz gleich ob es sich um synchrone (z. B. Chat, Videokonferenz) oder um zeitlich versetzte (Newsgroups, Boards, Email) Kommunikation, um one-to-one, one-to-many oder many-to-many Kommunikation handelt.[84] Distanz, Anonymität, Unverbindlichkeit, Abstraktheit, Interaktivität sind nur wenige Kennzeichen dieser Kommunikationsform. Meine These ist, dass Subjekte zunächst in kleinen Schritten an

84 Vgl. dazu die Studie von Fix über die Motive der jugendlichen Netzkommunikation (Fix 2001).

computervermittelte Kommunikation herangeführt werden müssen, bevor sich ihnen das Potential und die Erlebnisqualität dieser Kommunikationsform voll erschließt. Es bedarf daher eines geschützten Raumes, in welchem die Kinder die technischen und (para-)sozialen Aspekte computervermittelter Kommunikation kennenlernen können. Das didaktische Prinzip des schnellen Feedbacks (vgl. 8.4.7) trifft auch für den Bereich der Kommunikation zu. Um Frustrationserfahrungen zu minimieren, sollte der Spannungsbogen zwischen der Produktion von Kommunikaten (z. B. Nachrichten in Bulleting Boards) und dem Feedback (Antwort) nicht zu groß sein. In der ‹Kommunikationsgewöhnungsphase› sollte also sichergestellt werden, dass auf Kommunikate spontan Antworten folgen.

Der Umgang mit dem Kommunikationsprogramm Microsoft Netmeeting ist eine spielerische Möglichkeit, erste Erfahrungen mit computervermittelter Kommunikation zu sammeln. Mit einem kleinen lokalen Computernetzwerk – wie es an vielen Schulen bereits vorhanden ist – kann Kommunikation auf verschiedenen Ebenen ausprobiert werden. Das Teilprogramm Netmeeting (Bestandteil der Windows-Betriebssysteme) verfügt über eine Chat- und eine Videokonferenzfunktion, die ohne großen (Material-)Aufwand genutzt werden kann. Die einzelnen Teilnehmer im Netz rufen sich gegenseitig an und können erfahren, was es bedeutet, von einem Menschen, der nicht physisch anwesend ist, computervermittelt ein Feedback zu bekommen. Wenn Webcams zur Verfügung stehen (Anschaffungspreis ab ca. 40 Euro), können 2er-Gruppen gegenseitig Videokonferenzen durchführen. D. h. sie sehen und hören (wenn in den Kameras ein Mikrofon integriert ist) sich gegenseitig beim Kommunizieren. Die Oberfläche von Netmeeting zeigt zwei Fenster. Ein großes Fenster, in welchem der Kommunikationspartner via Webcam zu sehen ist und ein kleines Fenster, in welchem sich der Kommunizierende selbst sieht. Auch ohne weitere inhaltliche Fokussierung oder sonstige Struktur durch die MB kann diese Übung den Kindern die computervermittelte Kommunikation in spielerisch-experimenteller Weise näher bringen. Es sind aber auch vertiefende Aufgaben denkbar, die sich aus den Potentialen der Technik ergeben.

Eine Aufgabe kann bspw. darin bestehen, dass die Kinder jeweils die Körperbewegungen ihres Gegenübers via Kamera spiegeln müssen. Das Konzept der Spiegelung wird auch in theaterpädagogischen Kontexten eingesetzt und dient u. a. zur Förderung des Körperbewusstseins und zur Sensibilisierung von Details in der Eigen- und Fremdwahrnehmung. Die Aufgabe der Spiegelung in Verbindung mit Netmeeting soll vermeiden, dass die Kinder die Computerkommunikation schnell als langweilig und sinnentleert empfinden. Der Schwierigkeitsgrad kann noch weiter gesteigert werden, wenn die Kinder die Kamerabewegungen und Perspektiven des Gegenübers nachvollziehen müssen.

9.2.3 CHICAM Videofestival

Ein Videofestival ist eine spielerische Art, sich mit Filmen anderer Kinder auseinanderzusetzen. Es knüpft an Überlegungen aus dem Kapitel 5.4.2 an. Der Rezeptionsprozess ist kein beliebiger, sondern es geht darum, den besten Film auszuwählen und die Auswahl entsprechend zu begründen. Jeder Juryteilnehmer ist dabei wichtig und muss seine Stimmen verantworten.

Die MB schreibt zu Beginn die Titel aller Filmbeiträge an eine mobile Tafel (oder Stellwand). Die Reihenfolge stimmt mit der Reihenfolge überein, in der die Filme später vorgeführt werden. «CHICAM Videofestival» wird als Überschrift angeschrieben. Anschließend macht die MB die Kinder mit ihrer Rolle als Jurymitglieder vertraut. Was muss eine Jury leisten? Aufmerksam zuschauen, fair sein, neutral sein, bewerten, Bewertungen begründen, Entscheidungen treffen. Die Jury erhält ein Handout, auf welchem alle Filmbeiträge mit Titel und Herkunftsland verzeichnet sind. Außerdem ist jeder Film durch ein signifikantes Einzelbild repräsentiert. In die Spalte ‹Bemerkungen› können die Kinder ihre Eindrücke zu jedem Film schriftlich festhalten. Gegebenenfalls kann es sinnvoll sein, die Bewertungskriterien vorab gemeinsam mit den Kindern zu bestimmen (Beispiele: Sound/Ton, Kameraführung, Schnitt, Darsteller, Idee/Story, ...)

Sobald die Jury entsprechend vorbereitet ist, werden die Filme nacheinander gezeigt. Jeder Beitrag wird zweimal gezeigt und zwischen den Beiträgen gibt es Pausen, in denen die Kinder ihre Kommentare in das Handout eintragen können. Die Sprache können die Kinder dabei frei wählen. Nach dem letzten Filmbeitrag haben die Jurymitglieder einige Minuten Bedenkzeit, um ihre Entscheidung individuell zu treffen.

Die MB erklärt die Regeln für die Abstimmung. Jedes Jurymitglied verfügt über zwei Stimmen. Diese Stimmen müssen sie auf die entsprechenden Filme verteilen. Es ist aber auch möglich, einem Film beide Stimmen zu geben. Die Abstimmung findet verdeckt an der Tafel statt. Die MB dreht die mobile Tafel so, dass sie von der Jury nicht mehr einsehbar ist und bittet das erste Jurymitglied, seine Stimmen in Form von zwei Kreidestrichen hinter den jeweiligen Filmtiteln zu vergeben. Alle Jurymitglieder geben anschließend ihre Stimmen einzeln ab und die MB beaufsichtigt die Stimmenvergabe. Die Stimmen werden gemeinsam ausgezählt und der beste Film wird mit einem Preis geehrt. Wichtig ist, dass die Kinder in einem Gruppengespräch klären, was den besten Film zum besten Film macht – was ihn also von anderen, nicht prämierten Produktionen unterscheidet. In dieses Gespräch können die Notizen auf den Handouts der Jurymitglieder einfließen. Der Preis kann z. B. eine Packung Süßigkeiten sein, die an das jeweilige Filmteam per Post geschickt wird.

Film		Kommentare
	1. Friends (Schweden)	
	2. A night at the youtclub (Schweden)	
	3. The teddy that disapeared (Schweden)	
	4. Rap (Schweden)	
	5. Magic (UK)	
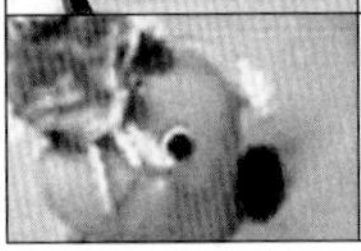	6. Brigita's Colours and Sounds (UK)	

Abbildung 55: Arbeitsblatt «Videofestival»

Anmerkung: Die MB sollte zuvor die Filme sichten und ggf. eine Vorauswahl treffen. Um die Aufmerksamkeit der Kinder nicht überzustrapazieren, empfiehlt sich eine Begrenzung auf maximal sechs Produktionen.

9.3 Baustein I: Einführung in das Projekt CHICAM

9.3.1 Vorüberlegungen

Die Einführung in das Projekt fällt mit dem ersten Treffen des CHICAM Clubs zusammen. Einerseits sollen die Kinder zu Beginn des Projekts darüber in Kenntnis gesetzt werden, was sie im Einzelnen erwartet – was Gesprächsphasen unumgänglich macht – andererseits ist es gerade am Anfang wichtig, Motivation und Interesse zu wecken, medienpädagogisch etwas zu bieten, was die Kinder anspricht. Außerdem wäre es schön, wenn die Kinder ein kleines Produkt mit nach Hause nehmen könnten, das die Eltern davon überzeugt, eine weitere Teilnahme zu unterstützen. Ferner müssen sich die Gruppenmitglieder kennen lernen, organisatorische Angelegenheiten geklärt und Erwartungen abgeglichen werden. Alle diese Dinge sind in dem dichten Zeitraum von ca. 120 Minuten zu bewältigen.

9.3.2 Phase 1: Gegenseitiges Kennenlernen (geplante Zeitdauer: 10 Min.)

Nach einer kurzen Begrüßung durch die MB und die wissenschaftliche Begleitung bilden alle Anwesenden stehend einen Kreis. Die MB gibt den Impuls: «So, jetzt machen wir erst mal eine kleine Aktion um uns fit zu machen». Die MB gibt ein lautes ‹Hey› in Verbindung mit einer Klatschbewegung an ihren rechten Kreisnachbarn weiter. Dieser greift das ‹Hey› auf und gibt es seinerseits auch mit einem Händeklatschen an den Nächsten weiter. Die Übung kann gesteigert werden, indem das ‹Hey› die Richtung wechselt. Ein Kind, das von seinem Nachbarn ein ‹Hey› erhalten hat, kann es wieder zurückgeben. Eine erhöhte Konzentration ist nötig, um eine spontane Richtungsänderung festzustellen und schnell zu reagieren. Eine weitere Steigerung ist die Einführung eines zweiten ‹Heys› durch die MB. So können am Ende mehrere ‹Heys› kreuz und quer durch den Kreis laufen, was erhöhte Aufmerksamkeit erfordert.

Als Kennenlernübung fungiert die ‹Hey›-Übung, wenn statt dem ‹Hey› jeweils der eigene Name gesprochen wird. In einem zweiten Schritt wird jeweils der Name des Nachbarn gesprochen, an den das Klatschen gerichtet ist. Folgende didaktische Überlegungen verbinden sich mit dieser Übung: Die

Kreisformation schafft zunächst eine verbindende Einheit unter den Teilnehmer/innen. Das Spiel kann auch auf non-verbaler Ebene vermittelt werden, was einen schnellen Einstieg aller Teilnehmer/innen begünstigt. Ferner handelt es sich um eine wirkungsvolle Aufmerksamkeits- und Konzentrationsübung, die durch den spielerischen Charakter die Atmosphäre auflockert und Kindern Spaß macht (vgl. 4.3 und 8.4.4). Die Namensvorstellung fällt an dieser Stelle zwar oberflächlich aus, hat aber auch den Vorteil, dass die Kinder zu Beginn noch nicht so viel von sich preisgeben müssen (auch keine etwaigen Sprachschwierigkeiten).

9.3.3 Phase 2: Spielerische Vorbereitung der Projektvorstellung

Die folgende Einheit zur Vorbereitung der Projektvorstellung soll die Kinder aktiv beteiligen und von sinnlich-anschaulichem Material ausgehen.

Die MB gibt folgenden Impuls: «Nachdem wir unsere Namen nun kennen, möchten wir euch jetzt vorstellen, was wir im kommenden Schuljahr zusammen machen wollen. Habt ihr eine Idee, was euch erwartet?» Die Kinder haben die Möglichkeit, Vermutungen zu äußern. Anschließend wird Musik abgespielt und die Kinder werden dazu angeregt, sich frei zur Musik durch den Raum zu bewegen. Zur Begrenzung der Aktionsfläche kann mit Klebeband ein Spielbereich am Boden markiert werden, der nicht übertreten werden sollte. Die MB führt einen ‹Eskrimastab› in das Spiel ein, der mit Papier umwickelt ist. Er wirft einem Teilnehmer den Stab zu und ermutigt ihn dazu, seinerseits den Stab jemandem anderen zuzuwerfen. Der Stab sollte dabei nicht auf den Boden fallen. Sobald die Musik stoppt, gehen alle Beteiligten ins Freeze, d.h. sie bewegen sich nicht und verharren in ihrer augenblicklichen Position. Das Kind, welches zu diesem Zeitpunkt den Stab hat, darf das Papier vom Stab lösen und es an die Tafel heften (Tesafilm, Sticker, Magnet). Die Musik wird wieder gestartet und ein weiterer Eskrimastab ins Spiel gegeben, der erneut von Person zu Person weitergegeben wird. Dieser Ablauf wiederholt sich so oft, bis alle Bilder an der Tafel hängen.

Sinn dieser Übung ist die sukzessive und non-lineare Enthüllung komplexer Sachverhalte (Projektdimensionen) in einem spielerischen Setting, in welchem die Kinder zunächst die Zeit haben, sich den Sachverhalten über Bilder anzunähern, bevor darüber gesprochen wird. Eskrima ist eine asiatische Kampfstockkunst, die von der Theaterpädagogik aufgegriffen wurde, um Raum- und Körperwahrnehmung zu schulen, gegenseitiges Vertrauen und Konzentration zu fördern.

Abbildung 56: Kinder spielen mit Eskrimastäben

Für diese Übung muss zunächst geklärt werden, auf welche bildlichen Kernpunkte das Projekt CHICAM für die Kinder verständlich heruntergebrochen werden kann.[85] Folgende Dimensionen können in diesem Zusammenhang ausgewählt werden:

a) Dimension «Kommunikation»: Die Kinder tauschen sich mit Gleichaltrigen aus, die in anderen Ländern in einer ähnlichen Situation leben.
b) Dimension «CHICAM Clubs»: Auch in anderen Ländern bilden sich CHICAM Clubs, die in der selben Zeit produzieren.
c) Dimension «Videofilmproduktion»: Die Kinder produzieren mit dem Medium Video und führen ihre Produkte verschiedenen Öffentlichkeiten vor.
d) Dimension «Internet»: Die Kinder nutzen das Internet, um mit den Kindern in den anderen Ländern Kontakt aufzunehmen und die Medienproduktionen auszutauschen.
e) Dimension «Fotografie»: Die Kinder produzieren mit dem Medium Fotografie und präsentieren ihre Produkte vor verschiedenen Öffentlichkeiten
f) Dimension «Forschung»: CHICAM ist ein Forschungsprojekt, das einen Einblick in die Lebenswelten der Kinder bekommen will. In diesem Zusammenhang werden auch Einzel- und Gruppen-Interviews gemacht.

85 An dieser Stelle muss angemerkt werden, dass es nicht das Ziel der folgenden Einheit ist, das Projekt in seiner gesamten Komplexität darzustellen. Es geht vielmehr um einen Gesamtüberblick, der für die Kinder nachvollziehbar ist.

Wichtig ist eine subjektadäquate Visualisierung der einzelnen Aspekte. In diesem Zusammenhang bieten sich Cliparts an, die im Internet recherchiert oder auf diversen Clipart CD-ROMs abgerufen werden können.

Beispiele für Cliparts:

a) Kommunikation: Gruppen von Kindern (stilisiert), Weltkarte, Pfeile
b) CHICAM Clubs: Gruppen von Kindern (stilisiert), Weltkarte, die mit prototypischen Bildern aus den beteiligten Ländern versehen ist (im Internet recherchieren)
c) Videofilmproduktion: Videokamera
d) Internet: Netz/Kabelgewirr/Computer
e) Fotografie: Fotokamera
f) Forschung: Brille, Lupe, Paper and Pencil

Abbildung 57: Visualisierungsbeispiele: Über der Weltkarte sind die Symbole, die die verschiedenen Teilbereiche des Projekts repräsentieren, angebracht.

9.3.4 Phase 3: Projektvorstellung anhand von konkreten, anschaulichen Beispielen

Diese Phase findet im Halbkreis statt, der auf die Bilder an der Tafel ausgerichtet ist. Die MB beginnt ein Gespräch.

a) «Was glaubt ihr wohl, bedeutet die Videokamera?»
b) «Habt ihr schonmal eine Kamera in der Hand gehabt? Wenn ja, was habt ihr gefilmt?»
c) «Wo hattet ihr die Kamera her?»
d) «Habt ihr auch einen Film geschnitten?»

Nach einem kurzen Blitzlicht zum Symbol ‹Videokamera› erläutert die MB, dass geplant ist, in den nächsten Monaten mehrere Videofilme zu produzieren und auch zu schneiden. Um sich dies besser vorstellen zu können, werden zwei Kurzfilme, die von Jugendlichen produziert wurden, vorgeführt:

a) Ganxta Movie (Ein Film, der von Jugendlichen aus Ungarn im Rahmen des interkulturellen Forschungsprojekts VideoCulture entstanden ist);
b) Happy, es gibt nichts leckeres (Werbeparodie, die den Herstellungsprozess von Blutorangensaft zum Gegenstand hat).

Anschließend wird kurz über die Filme gesprochen.

- «Wie fandet ihr den Film?»
- «Was hat euch gefallen, was nicht?»
- «Habt ihr auch Lust, solche Filme zu machen?»

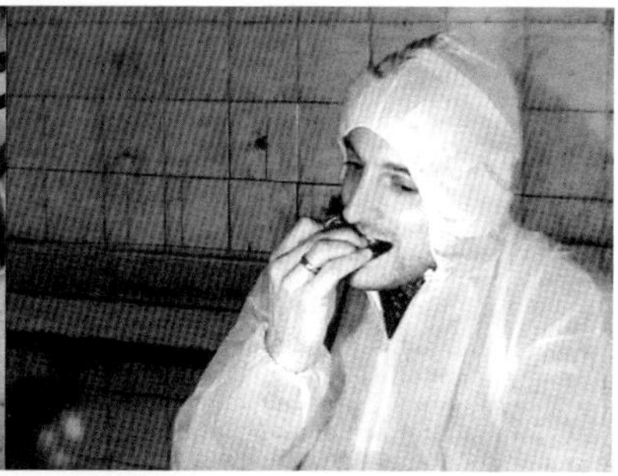

Abbildung 58: Standbilder aus dem Film «Happy, es gibt nichts leckeres». Der Film wurde von Claudia Harle, Stefan Heilemann, Tobias Ströbele, Valentin Tolk und Björn Maurer im Rahmen eines No-Budget Projekts produziert.

CHICAM Clubs:
«Ihr seid aber nicht die einzigen, die Filme produzieren. In verschiedenen anderen Ländern gibt es auch Kids wie ihr, die dasselbe machen. Wir schauen uns mal die Länder auf der Karte an (Weltkarte). Das besondere dabei ist, dass die Kids auch ursprünglich in einem anderen Land geboren sind und mit ihren Eltern in das Land gezogen sind, in dem sie heute wohnen. Denen geht es also ähnlich wie euch.»

Kommunikation:
«Das Tolle ist, dass ihr mit den anderen Kids Kontakt aufnehmen könnt.» Auf dem Boden wird ein Dosentelefon ausgelegt und an den beiden Dosenenden jeweils der stilisierte Umriss eines Landes/Kontinents gelegt. Zwei Freiwillige können die Funktionsweise des Dosentelefons ausprobieren.

Internet:
«Jetzt können wir aber schlecht ein Kabel bis nach Griechenland legen. Habt ihr eine Idee, wie wir trotzdem mit denen kommunizieren können, ohne direkt gleich dorthin zu fahren?» Wird von den Kindern das Stichwort ‹Internet› genannt, kann nachgefragt werden, was das Internet ist, und wer es bereits wo und aus welchem Grund benutzt hat, etc.

Forschung:
«Kann sich jemand denken, was die Brille bedeutet? Das ist nicht einfach.» Die wissenschaftliche Begleitung erklärt den Kindern, was es mit der For-

schung auf sich hat, was ihre Aufgabe im CHICAM Club sein wird, und was mit den Forschungsergebnissen passiert. Sie werden in einem Buch veröffentlicht (zur Veranschaulichung kann eine wissenschaftliche Publikation herumgegeben werden).

Fotografie:
«Damit wollen wir heute gleich noch gemeinsam einsteigen ...»

9.3.5 Phase 4: Portraitaufnahmen und Bildkommentierung

In dieser Phase wird verdeutlicht, dass es darum geht, den Kids in den anderen Ländern erste Informationen über die eigene Person zu vermitteln. Das Ziel der Phase ist das Erstellen von Portraitfotografien, die in Verbindung mit kurzen Statements zur Person ins Internet gestellt und damit den anderen CHICAM Clubs zugänglich gemacht werden.

Aufgrund begrenzter technischer Mittel (2 Digitalfotokameras) und angesichts der methodischen Komplexität dieser Phase, ist es sinnvoll, die Gruppe in zwei Kleingruppen aufzuteilen. Gruppe A sammelt erste Erfahrungen mit dem Medium Fotografie, während sich die Kinder aus Gruppe B Statements zur eigenen Person überlegen. Für die Fotoaufnahmen wurde der Raum bereits vor dem Beginn des Treffens entsprechend eingerichtet. Eine Wand ist mit dunklem, nicht reflektierendem Stoff behängt. Außerdem stehen Beleuchtungsscheinwerfer sowie verschiedene Lichtquellen (Taschenlampe, Kerzen, Schreibtischlampe, etc.) bereit. Eine Digitalkamera ist auf einem Stativ befestigt und steht den Kindern nach einer kurzen Einweisung in die Benutzung zur Verfügung. Ggf. kann zusätzlich Puder und Theaterschminke bereitgestellt werden.

Portraitaufnahmen
Für die Aufnahmephase wird den Kindern die Einhaltung dreier Regeln nahegelegt:

a) Jedes Kind darf zwei Aufnahmen von sich machen lassen (Grund: begrenzter Speicher der Digitalkamera).
b) Die Beleuchter müssen sich an die Anweisungen des Kameramanns halten (Kameramann in Regiefunktion).
c) Jedes Kind sollte am Ende zumindest ein Foto gemacht haben (Rotation, Erfahrungen sammeln).

Die Bedienung einer automatischen Fotokamera beschränkt sich auf die Objektauswahl durch das Okular und das Betätigen des Auslösers. Es handelt sich um Aktivitäten, die von Kindern und Jugendlichen in der Regel bereits mehrfach durchgeführt wurden und demnach beherrscht werden. Jedoch ist beim ersten Treffen mit einer gewissen Zurückhaltung insbesondere der Mädchen zu rechnen, was die Aneignung der Technik angeht. Eine Skizze, die die wesentlichen Funktionsbereiche der verwendeten Kamera anschaulich darstellt, kann dazu beitragen, die Technikdistanz zu überwinden. Diese Skizze kann wie alle anderen Skizzen auch anschließend ins ‹CHICAM Club Buch› (vgl. 9.3.6) eingeklebt werden.

Was ich zum Fotografieren wissen muss.

1	2	3	4	5
Kamera einschalten	Objekt auswählen	Entfernung einstellen	Scharf-stellen	Foto knipsen
Power-schalter	*Okular*	*Zoom*	*Auslöser leicht an-drücken*	*Auslöser drücken*

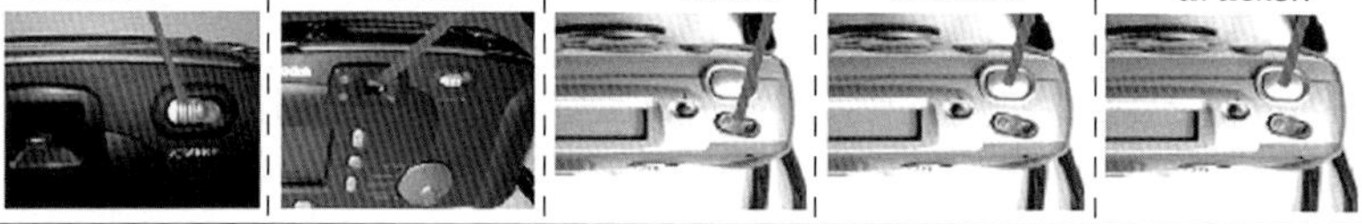

Abbildung 59: Arbeitsblatt zu den wesentlichen Funktionen einer digitalen Fotokamera.

Die MB kann, falls notwendig, ästhetische Impulse geben und den experimentellen Einsatz von Licht und Perspektive fördern. Die Schaffung einer ‹Studioumgebung› ist ein Mittel, um der Fotoübung die Konnotation ‹Alltagsfotografie› zu nehmen. Es ist anzunehmen, dass die Kinder bereits über Erfahrungen mit der Fotokamera verfügen, und dass das bloße Fotografieren zu nah an ihrem Erfahrungsfeld liegt, um als etwas Besonderes wahrgenommen zu werden. Und es ist ja gerade ein Ziel des ersten Bausteins, die Kinder für die weitere Mitarbeit zu motivieren. Inhaltlich lernen die Kinder, wie sich die Wirkung von Bildern durch die Variation von Lichtverhältnissen verändern kann.

Mit der Portraitübung lassen sich mehrere Personen beschäftigen, die alle zum Gelingen eines Fotos beitragen (Beleuchter, Fotograf und Model; vgl. 8.5.2). Die Kinder lernen dadurch schon in der ersten Sitzung, dass Medienproduktion häufig Teamarbeit ist. Fotografische Darstellungsformen wie der bewusste Einsatz von Perspektive und Einstellungsgröße sind zwar in der Übung implizit enthalten, stehen aber nicht als Lernziele im Vordergrund. Im sich anschließenden Reflexionsteil können die Bilder gemeinsam mit den Kindern betrachtet, bewertet und auch im Hinblick auf fotogestalterische Mittel reflektiert werden.

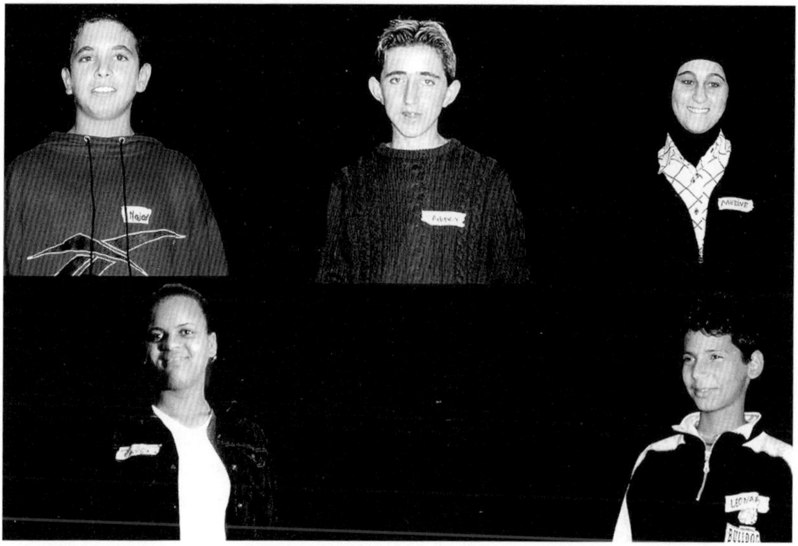

Abbildung 60: Beispiele für Portraitaufnahmen, die während des ersten Treffens des CHICAM Clubs in Ludwigsburg entstanden sind.

Bildkommentierung

Für die Bildkommentierung kann die MB ein heuristisches Raster vorgeben. Der Name, das Alter, das Herkunftsland können erste Eckdaten sein. Aber auch Hobbys, Lieblingsspeisen, Traumurlaubsziele, Lieblingsfilm sind potentielle Informationen, die noch nicht zu viel Preisgabe verlangen, aber zur ersten Einordnung der Person für andere eine Orientierung darstellen. Die MB kann ein Arbeitsblatt ausgeben, auf welchem die Kategorien in Begriff und Visualisierung repräsentiert sind. Bei der Bearbeitung (Verschriftlichung) muss die MB ggf. unterstützend tätig werden.

Die Portraitfotoübung ist nicht nur ein niederschwelliger Einstieg in die produktive Medienarbeit. Sie ist hier in einem kommunikationstheoretischen Zusammenhang zu verstehen. Die interkulturelle Dimension des Projekts wird den Kindern bewusst, indem sie Fotos von sich selbst machen, Informationen über sich preisgeben und beides im Intranet publizieren lassen. Die Kinder aus den anderen CHICAM Clubs bekommen einen ersten Eindruck von den Ludwigsburger Kindern, entdecken ähnliche und verschiedene Interessensbereiche, wodurch sich Kommunikation entzünden kann (vgl. 5.3.1).

9.3.6 Phase 5: Organisatorische Angelegenheiten klären – Bilder ausdrucken und reflektieren

Das Überspielen der Bilder von der Kamera auf den Computer und insbesondere das Drucken der Bilder nimmt viel Zeit in Anspruch, die mit der Klärung von organisatorischen Dingen überbrückt werden kann. Zu klären ist zunächst, wer voraussichtlich am CHICAM Club teilnehmen wird. Alle potentiellen Mitglieder bekommen das ‹CHICAM Videotape› sowie das ‹CHICAM Buch› ausgehändigt.

Das CHICAM Videotape ist eine VHS-Videokassette mit ansprechendem Cover. Die Kassette ist zunächst leer, wird aber sukzessive mit den entstehenden Medien-Eigenproduktionen der Kinder bespielt. Auf diese Weise können sie dritte Personen an ihren Produktionen teilhaben lassen. Die Kassette kann zudem von den Kindern genutzt werden, um Ausschnitte aus Lieblingsfilmen, Serien, Musikvideos etc. zu Hause aufzunehmen, und in den Club einzubringen.[86] Auf diese Weise erfahren medienpädagogische und wissenschaftliche Begleitung etwas über Medienpräferenzen und -erfahrungen der Kinder. Die MB kann später anhand des Materials, das die Kinder mitbringen, medienspezifische Inhalte veranschaulichen (Subjektorientierung).

Das Tape soll darüber hinaus die Bereitschaft zur weiteren Mitwirkung im Club wecken. Die Kinder haben etwas Konkretes in den Händen, für das sie selbst verantwortlich sind. Das Design entspricht in etwa dem Corporate Identity des Projekts, welches bisher im Projektinfo-Flyer und in der CHICAM Homepage in Deutschland Ausdruck findet. Das CHICAM Buch gleicht

86 Es sollte aber davon ausgegangen werden, dass nicht jedes Kind zu Hause über ein Videogerät verfügt.

dem Videocover hinsichtlich des Designs. Es ist ebenfalls zu Beginn leer und kann von den Kindern in eigener Verantwortung dazu genutzt werden, sich Notizen zu machen, Ideen zu verschriftlichen, Storyboards zu entwerfen und Arbeitsmaterialien einzukleben etc.

Abbildung 61: CHICAM Buch und CHICAM Videotape

Sind die Bilder ausgedruckt, wird ein Sitzkreis gebildet und die Bilder für alle sichtbar auf den Boden gelegt. In einem gemeinsamen Gespräch werden die Bilder hinsichtlich Inhalt und ästhetischer Qualität eingeschätzt. Die MB kann diesen Prozess durch entsprechende Impulse steuern.

- «Welches Bild findet ihr besonders gelungen? Warum?»
- «Ihr habt ja jeweils zwei Bilder von euch machen lassen, welches wollt ihr für die Homepage auswählen? Warum gerade dieses?»

Eine andere Variante ist das Überspielen der Bilder von Kamera zu Computer mit den Kindern gemeinsam. Die Kinder könnten dann bereits bei der Digitalisierung entscheiden, welches Bild sie gerne ausgedruckt haben möchten. Beim Abspeichern der Bilddateien, können die Kinder mit einbezogen werden, indem sie ihren Bildern selbst Dateinamen geben. In diesem

Zusammenhang zeigt sich auch, wie routiniert die Kinder mit der Tastatur umgehen (Erhebung von Computerkompetenzen).

9.4 Baustein II: Virtuelle Selbstbegegnung[87]

Im Rahmen einer ‹Selbstbegegnung› trifft eine Person in einem Bildausschnitt auf einen oder mehrere Doppelgänger. Dieser Effekt lässt sich auf digitalem Wege leicht erreichen und ist von Kindern im Rahmen eines zweistündigen Angebots realisierbar. Die Übung ermöglicht die Aneignung verschiedener Medienteilkompetenzen (Reflexion der Bildkomposition, Relation Vordergrund – Hintergrund, Grundkenntnisse der digitalen Bildbearbeitung, ...) und bietet auch für die Begleitforschung interessante Anknüpfungspunkte (Körperausdruck, Persönlichkeit, Requisiten, ...). Formal handelt es sich bei dieser Einheit um inszenierte Fotografie. Von inszenierter Fotografie spricht man, wenn die Fotografie sich durch Vorbereitung, Bearbeitung, Organisation, Einstudierung und künstlerischer Gestaltung von der reinen Schnappschuss-Fotografie abhebt. Da es dabei auch um den Ausdruck von Gefühlen und Stimmungen geht, ist eine Verknüpfung von medienpädagogischen mit theaterpädagogischen Elementen sinnvoll.

9.4.1 Phase 1: Einstieg in das Thema Selbstbegegnung und Motivation der Kinder

Die MB zeigt zu Beginn einen Ausschnitt aus dem Kinofilm «Der Mann mit der eisernen Maske» mit Leonardo di Caprio. Dieser Film thematisiert das Phänomen der Selbstbegegnung in einer anschaulichen und für Kinder attraktiven Weise. Alternativ können andere Filme gezeigt werden, die das Doppelgängermotiv bearbeiten (z. B. auch Being John Malkovich von Spike Jonez). «Was ist das Besondere an diesem Film? Was ist euch da aufgefallen?» Die Kinder diskutieren über den Doppelgängereffekt und darüber, wie er technisch-ästhetisch erzeugt wurde (digitale Bildmanipulation).

87 Dieser Baustein geht auf die Idee der Studentin Tina Seiler zurück, die im Rahmen meines Seminars «Digitale Bildbearbeitung aus pädagogischer und ästhetischer Perspektive» im Wintersemester 2003/04 eine Hausarbeit mit dem Titel: «Digitale Bildbearbeitung im Unterricht am Beispiel Bildende Kunst ‹Begegnung mit sich selbst›» geschrieben hat.

9.4.2 Phase 2: Realisierung I

Die virtuelle Selbstbegegnung basiert auf folgendem Prozedere: Eine Kamera wird fest auf ein Stativ montiert und ein passender Bildausschnitt gewählt. Nach der Wahl des Bildausschnitts darf die Kamera nicht mehr versetzt werden. Anschließend werden mehrere Bilder gemacht, in welchen das Fotomodell immer wieder einen neuen Platz im zuvor festgelegten Bildausschnitt einnimmt. Wichtig ist in diesem Zusammenhang, dass kein Platz doppelt belegt wird. Das hätte unerwünschte Überschneidungen und einen erhöhten technischen Aufwand bei der digitalen Nachbearbeitung zur Folge. Abbildung 62 zeigt zwei Fotografien, bei denen ein Platz zweimal belegt wurde. Bei der Montage würde die im Hintergrund stehende Person von der im Vordergrund stehenden verdeckt werden.

Abbildung 62: Potentielle Überschneidung der Figuren

Die Kamerafrau muss dem Fotomodell also mit einem aufmerksamen Blick durch das Objektiv der Kamera jeweils wieder einen neuen Platz zuweisen. Hierfür sind intensive Absprachen zwischen allen Beteiligten notwendig.

Die Kinder bilden zwei Vierergruppen und erhalten jeweils eine digitale Fotokamera. Sie bekommen die Aufgabe, von jedem Gruppenteilnehmer vier Fotos zu erstellen (1 x mit der Person im Vordergrund, 2 x im Mittelgrund und 1 x im Hintergrund). Die MB strukturiert den Prozess, indem sie den beiden Kindern, die nicht direkt in den Prozess involviert sind, die Funktion von Dummies zuweist. Dummies haben die Aufgabe, jeweils die Plätze im Bild einzunehmen, die schon zuvor vom Fotomodell belegt wurden. So können mögliche Überschneidungen bereits während des Prozesses vermieden werden. Ein weiterer didaktischer Nutzen der Dummies besteht darin, dass alle Kinder zu jeder Zeit eine klar definierte Funktion haben.

9.4.3 Phase 3: Auswertung – digitale Bildbearbeitung

Nach der Aufnahmephase überträgt die MB die Fotos von den digitalen Kameras auf einen Computer. Anschließend wird das Programm Adobe Photoshop (7.0) gestartet. Die MB legt zwei Bilder übereinander[88] und überprüft durch die Aktivierung der Ebenentransparenz, ob die Aufnahmen wirklich bündig sind. Schon werden beide Personen im Bild sichtbar. Anschließend entfernt die MB mit dem Radiergummiwerkzeug die Bildbereiche des zuoberst liegenden Bildes, die über der Person des unteren Bildes liegen. Da die beiden Bilder transparent ineinanderübergehen, kann dieser Schritt leicht vollzogen werden. Als letzter Schritt wird die Transparenz wieder deaktiviert.

Abbildung 63: Links: zwei Bilder liegen transparent übereinander. Rechts: das selbe Bild nach der Bearbeitung mit dem Radiergummi und nach der Deaktivierung der Transparenz. und schon ist die erste Stufe der Selbstbegegnung erreicht.

Zwei Personen sind im Bild zu sehen. Dieser Vorgang wird mit den zwei übrigen Bildern wiederholt, bis alle vier Aufnahmen verarbeitet sind. Anschließend haben die Kinder selbst die Gelegenheit, ihre Bilder in 2er Arbeits-Gruppen am Computer entsprechend zu verarbeiten. Die MB zeigt mehrmals am Beamer die notwendigen Arbeitsschritte und betreut im Anschluss die Arbeitsgruppen individuell. Der Vorteil dieser Methode liegt darin, dass das Programm Adobe Photoshop zunächst nicht systematisch vermittelt werden muss, sondern problembezogen angeeignet werden kann (vgl. 8.4.1).

88 Vgl. zu diesem Verfahren die Erläuterungen zur Bildbearbeitungssoftware im Anhang.

Der Effekt, der sich durch die Überlagerung der Ebenen und durch das Radieren einstellt, ist als schnelles ästhetisches Feedback, als ästhetisches Erlebnis zu werten (vgl. 8.3.2.4), welches eine motivationssteigernde Wirkung auf die Kinder haben kann. Im Rahmen der Übung setzen sich die Kinder implizit mit ästhetischen Kategorien wie Bildaufteilung, Ballung – Streuung, visuelles Gleichgewicht etc. auseinander. Die Art dieser Auseinandersetzung ist spielerisch-experimentell und muss aus meiner Sicht zunächst nicht notwendigerweise verbalisiert und reflektiert werden. Es handelt sich um eine Form «ästhetischer Reflexivität» (vgl. MAURER 2001a S. 177ff.), um eine unverbindliche Hinführung zur Bildästhetik.

9.4.4 Phase 4: Betrachtung der Ergebnisse

Nach der Produktionsphase werden die Ergebnisse am Beamer gesichtet und besprochen. Die Produkte werden ausgedruckt und den Kindern überreicht. Sie erhalten einen selbstgemachten medialen Gegenstand, den sie mitnehmen und anderen (Eltern, Freunde, …) zeigen können. Medienarbeit wird so in gewisser Weise objektivierbar. Der Vorteil einer Fotoproduktion gegenüber einem Videofilm besteht darin, dass keine Zusatzgeräte für die Präsentation notwendig sind.

9.4.5 Modifikationen und Vertiefungsmöglichkeiten

Wenn bei den Kindern starkes Interesse und Begeisterung an dem Modell der virtuellen Selbstbegegnung zu spüren ist, kann es insofern verfeinert werden, als die einzelnen Selbste in unterschiedlichen Stimmungen und Gefühlsausdrücken auftreten. Die Darstellung von Gefühlen durch den Körper ist eine Form non-verbaler Kommunikation, die ein gewisses Maß an schauspielerischer Kompetenz voraussetzt. Es ist durchaus zu erwarten, dass Kinder und Jugendliche, die in einem fremden Land zunächst auf non-verbale Kommunikation angewiesen waren, über Erfahrungen und Kompetenzen dieser Art verfügen. Ein entsprechendes theaterpädagogisches Setting kann aber dazu beitragen, die Wahrnehmung des eigenen Körpers zu verfeinern.

Als theaterpädagogischer Einstieg bieten sich Gruppenübungen an, an denen alle Clubmitglieder beteiligt sind. Die Einzelnen erleben sich auf diese Weise im Kollektiv und fühlen sich nicht von Außenstehenden beobachtet. Musik wird gespielt und die Kinder gehen durch den Raum. Die MB hält die Musik abrupt an und zeigt den Kindern eine Wort-Bild-Karte, auf der ein Gefühl abgebildet ist (z.B. Wut). Die Kinder müssen nun versuchen, mit ihrem Körper das Gefühl (Wut) auszudrücken und gleichzeitig ihre Bewegungen einfrieren. Es entsteht ein Gruppenstandbild mit unterschiedlichen Variationen von Wut. Die MB gibt individuell Rückmeldung und macht Verbesserungsvorschläge. Die Musik wird wieder eingesetzt und erneut gestoppt. Eine weitere Wort-Bild-Karte wird gezeigt, usw. In den musikuntermalten Phasen kann die MB den Kindern verschiedene körperästhetische Aufträge geben. Bspw. auf drei Füßen durch den Raum gehen, hüpfen, den Blick nach unten oder nach oben richten, sich in Zeitraffer oder Zeitlupe bewegen u.v.m.

Eine weitere, niederschwellige Modifikation der virtuellen Selbstbegegnung ist die Version «Meine Hobbys». Die Kinder bringen von Zuhause Gegenstände und Requisiten mit, die ihre Hobbys und die liebsten Freizeitaktivitäten repräsentieren. Mit diesen Objekten lassen sie sich dann wieder vor einem selbstgewählten Hintergrund fotografieren.

9.5 Baustein III: Das Straßeninterview

Das Format ‹Straßeninterview› bietet sich u.a. als ein Einstieg in die Videoproduktion an, da der Gegenstand die Komplexität insofern reduziert, als sich die aufzunehmenden Objekte in der Regel nicht bewegen (es sind also bspw. keine komplizierten Kameraschwenks notwendig) und die Aufgabenstellung inhaltlich klar strukturiert ist. In diesem Baustein steht der Erwerb folgender medienspezifischer Teilkompetenzen im Mittelpunkt:

a) Die Kinder lernen die journalistische Form ‹Interview› kennen.
b) Die Kinder lernen, Interviews mit fremden Personen durchzuführen (Kontaktaufnahme, Befragung, Verabschiedung).
c) Die Kinder lernen das Stativ als Hilfsmittel für die Produktion ‹ruhiger› Bilder kennen.
d) Die Kinder lernen die ‹Warum-Frage› als Möglichkeit kennen, um zu gehaltvollen Aussagen zu kommen.
e) Die Kinder lernen, formale Aspekte eines Interviews zu beachten (Abstand Kamera – Interviewpartner, Tonqualität, …).
f) Die Kinder werden mit Meinungen konfrontiert und müssen sich selbst in einem Meinungsspektrum verorten.

Aus der Forschungsperspektive geht es primär darum, die Kinder mit der Methode des Interviews vertraut zu machen und für die weitere Forschungsaktivität zu nutzen (vgl. 8.5.8).

9.5.1 Phase I: Spielerischer Einstieg

Als Einstimmung in das Thema Interviewführung habe ich ein Spiel ausgewählt, welches zum einen am Bewegungsbedürfnis der Kinder anknüpft, die zuvor den ganzen Vormittag still sitzen mussten, und das zum anderen inhaltlich auf die Thematik vorbereitet. Ausgangspunkt ist die Idee des Spiels ‹Obstsalat›. Beim Obstsalatspiel sitzen die Kinder im Kreis und eine Person steht in der Mitte. Es ist ein Stuhl weniger vorhanden als Kinder am Spiel beteiligt sind. Die Kinder bekommen jeweils Obstsorten zugeteilt, bspw. Banane, Kirsche, Apfel, etc. Dabei muss beachtet werden, dass jedes Obst mindestens zweimal besetzt ist. Die Person in der Mitte ruft nun eine Obstsorte, und die Mitspieler, denen die jeweilige Obstsorte zugeteilt wurde, müssen schnell ihre Plätze tauschen. Die Person in der Mitte versucht sich in dieser Zeit einen Platz zu sichern. Ist sie damit erfolgreich, muss der Mitspieler, der keinen Platz bekommen hat, weiterspielen und die nächste Obstsorte rufen. Beim Begriff ‹Obstsalat› müssen alle Mitspieler die Plätze tauschen.

Dieses Spiel kann inhaltlich so modifiziert werden, dass die Begriffe mit dem Thema Straßeninterview korrespondieren. Folgende Begriffe kommen in Frage:

a) Mikrofon
b) Stativ
c) Kamera
d) Straße
e) Spaziergänger
f) Interview
g) Aufnahme läuft.

Bei ‹Aufnahme läuft› müssen alle Beteiligten die Plätze tauschen. Da einige Begriffe den Kindern möglicherweise noch nicht vertraut sind, erhalten alle Kinder entsprechende Bild-Wort-Karten. Darf ein Mitspieler den Kreis nach erfolgreicher ‹Stuhleroberung› verlassen, erhält er die Karte des Mitspielers, der keinen Stuhl mehr hat. Medienspezifisches Ziel des Spiels ist die Einführung der Begriffe und Dimensionen, die später beim Interview von Bedeutung sind. Unbekannte Begriffe wie z.B. Stativ werden von der MB zuvor geklärt.

Nach dem Spiel bleiben die Kinder im Kreis und die MB erklärt das Ziel des Treffens. «Wir machen heute Interviews. Beim Interview gibt es mindestens zwei Leute. Eine Person, die Fragen stellt, und eine Person, die die Fragen beantwortet. Das Ganze wird dann gefilmt und schon haben wir unser Interview im Kasten.» Die MB geht auf ein Kind zu und stellt ihm einige Fragen. «Wie heißt du? Seit wann bist du im CHICAM Club? Wie gefällt es dir im Club?» Das Kind beantwortet nacheinander die Fragen. «Der Witz beim Interview ist, dass man etwas erfährt über die andere Person. Deshalb sollte man möglichst keine Fragen stellen, die man mit Ja oder Nein beantworten kann. Wer nur Ja und Nein sagt, erzählt nichts über sich. Das probieren wir jetzt mal aus.»

Die MB stellt ihrem linken Kreisnachbarn eine Frage, die nicht mit Ja oder Nein beantwortet werden kann. Der Nachbar antwortet kurz und stellt seinerseits eine solche Frage an seinen linken Nachbarn etc. Wer eine Ja/Neinfrage stellt, muss ein Pfand abgeben. Bei diesem Spiel, das die Kinder darauf vorbereiten soll, gehaltvolle Statements von Passanten einzuholen, werden hohe Anforderungen an die Sprachkompetenz gestellt. Die MB muss sensibel einschätzen, ob sich eine Überforderung abzeichnet, und die Übung ggf. abbrechen.

9.5.2 Phase II: Erste einfache Interviews vor der Kamera

MB: «OK, das war schon mal sehr gut. Wir können das jetzt gleich vor laufender Kamera ausprobieren. Findet euch zu dritt zusammen und interviewt euch gegenseitig. Einer von euch ist der Kameramann, einer der Interviewer und einer der, der befragt wird. Hier habt ihr noch eine Hilfe für den Interviewer.» Die MB überreicht den Gruppen einen Interviewleitfaden mit einfachen Fragen. Die Liste könnte wie folgt aussehen:

a) Wie heißt du?
b) Wie alt bist du?
c) Aus welchem Land kommst du?
d) Was ist deine Lieblingsband?
e) Wann hast du dich das letzte mal so richtig gefreut?

Es muss sich in jedem Fall um Fragen handeln, die von den Kindern aus dem Stand beantwortet werden können. Hier bieten sich Fragen mit Lebensweltbezug an. Bevor die Kinder in die Gruppenarbeit gehen, wird ein Interview exemplarisch im Plenum durchgeführt. Ein Kind übernimmt dabei die Rolle des Interviewers und die wissenschaftliche Begleitung wird befragt.

Anschließend werden die Interviews in 3er-Gruppen und wenn möglich in getrennten Räumen von den Kindern selbstständig durchgeführt. Bei der gemeinsamen Sichtung des Materials am Videobeamer haben die Kinder die Möglichkeit, aus ihren Fehlern zu lernen. Da das Straßeninterview in der Zeitplanung eher am Anfang vorgesehen ist, und die Kinder zu diesem Zeitpunkt noch über wenig Erfahrung mit dem Medium Video verfügen, ist mit einer unruhigen Kameraführung zu rechnen. Außerdem könnten Hintergrundgeräusche die Tonqualität der Sprache negativ beeinflussen. Es ist die Aufgabe der MB in dieser Phase sensibel zu loben, aber auch annehmbare Kritik zu üben und den Kindern Veränderungsvorschläge aufzeigen.

«Fürs Erste habt ihr gute Interviews gedreht. Nur die Kameraführung war ein bisschen verwackelt. Habt ihr eine Idee, wie man das verändern kann?» Unter Bezugnahme auf das Spiel zu Beginn, in welchem der Begriff des Stativs bereits auftauchte, könnten die Kinder den Einsatz des Stativs als Probemlösung vorschlagen. Wenn bisher noch nie mit dem Stativ gearbeitet wurde, bietet sich eine spielerische Einheit zur Aneignung dieses Hilfsmittels an. Die Kinder bilden zwei Gruppen. Beide Gruppen stellen sich hinter einer Fußbodenmarkierung hintereinander auf. Es bilden sich zwei Menschenschlangen, die parallel zueinander verlaufen. In einem Abstand von fünf Metern liegen zwei Stative auf dem Boden. Die Aufgabe besteht darin, die Stative im Rahmen eines Wettbewerbs aufzubauen und eine Kamera darauf zu installieren. Jedes Gruppenmitglied hat aber nur 10 Sekunden Zeit, um den Abstand zwischen Markierung und Stativ zu überbrücken und Hand an das Stativ anzulegen. Nach diesen 10 Sekunden gibt die MB ein Signal, was bedeutet, dass die nächste Person in der Schlange an der Reihe ist. Die vorige Person stellt sich hinten an der Schlange an. Sieger ist die Gruppe, die ihr Stativ zuerst aufgebaut und die Kamera befestigt hat. Das Stativ der Siegergruppe muss gerade stehen und mindestens Brusthöhe (120 cm) erreichen.

9.5.3 Phase III: Interviews mit dritten Personen (Stativkamera)

Fremde Leute auf der Straße anzusprechen, erfordert in der Regel viel Mut und Selbstvertrauen. Die Reduktion von Frustration wurde als ein zentrales didaktisches Prinzip bestimmt. Vor diesem Hintergrund kann es entscheidend sein, Erfolgserlebnisse gerade bei den ersten Interviewversuchen zu ermöglichen (vgl. 8.4.7). Erfolgserlebnisse sind in der Regel bei Interviewpartnern zu erwarten, die die Kinder aus ihrem sozialen Nahraum bereits kennen. Lehrer/innen, Mitschüler/innen, Hausmeister, Sozialarbeiter/innen – Personen, die mit der Schule in Zusammenhang stehen, kommen als Zielgruppe in Frage.

Die CHICAM Kinder bekommen den Arbeitsauftrag, Personen im Umfeld der Schule nach ihrer Einstellung zu Deutschland zu befragen.

a) Was gefällt ihnen in/an Deutschland?
b) Was gefällt ihnen eher nicht in/an Deutschland?

Die Kinder arbeiten weiter in den zuvor gebildeten 3er-Gruppen und holen sich Statements zum obigen Thema mit der Stativkamera ein. Die entstandenen Aufnahmen werden erneut gemeinsam am Videobeamer gesichtet und ausgewertet. Probleme, auf welche die Kinder erfahrungsgemäß stoßen, sind u. a. dunkle Aufnahmen durch den Gegenlichteffekt, der entsteht, wenn der Bildhintergrund eine eigene Helligkeit hat, sowie Tonschwierigkeiten, wenn Hintergrundgeräusche die Aussagen des Interviewpartners überdecken. Die Kinder lernen anhand ihres eigenen Materials, was sie beim nächsten Versuch anders machen können. Zur Fokussierung der Aufmerksamkeit bei der Materialsichtung kann die MB rezeptionsleitende Karten einsetzen (vgl. 9.1.12).

9.5.4 Phase IV: Interviews mit Passanten

Der nächste Schritt ist der Kontakt mit fremden Personen auf der Straße. Als Orientierung erhalten die Kinder ein Arbeitsblatt[89] zur Interviewführung. Auf diesem Arbeitsblatt sind die einzelnen Interviewschritte von der Kontaktaufnahme bis hin zur Verabschiedung aufgelistet in Verbindung mit medienästhetischen Parametern (Abstand zwischen Kamera und Interviewpartner; Lautstärke). Außerdem erhält jede Gruppe einen Meterstab, mit welchem der Abstand zwischen Person und Kamera ausgemessen werden kann. Anhand des Leitfadens wird ein Interview exemplarisch im Plenum durchgeführt. Die Gruppen haben 45 Minuten Zeit, um im Stadtzentrum Interviews durchzuführen. Die MB und die wissenschaftliche Begleitung begleiten die Kinder bei ihren ersten Interviewversuchen, und vermitteln bei eventuellen Verständigungsschwierigkeiten. Später ziehen sich beide zurück und stehen den Kindern bei Bedarf zur Verfügung.

89 Das Arbeitsblatt wird später in das CHICAM Club Buch eingeklebt.

9.5.5 Phase V: Erfassung und Diskussion des Meinungsspektrums

Nach der Interviewphase treffen sich die Gruppen wieder im Plenum. Die MB hat eine tabellarische Struktur an der Tafel vorbereitet. Die Überschrift lautet: Ich finde an Deutschland …

Die linke Spalte ist mit ‹Gut› und die rechte mit ‹Schlecht› überschrieben. Vor der Materialsichtung führt die MB die rezeptionsleitende Karte «Was wird gesagt?» (vgl. Abbildung 64) ein. Diese Karte fokussiert den Inhalt des Gesagten und stellt eine Ergänzung zu den anderen Karten dar, die eher formal-ästhetische Aspekte in den Blick nehmen (vgl. 9.1.12). Nach jeder gesichteten Interviewsequenz werden die Statements inhaltlich erfasst und entsprechend in das Tafelbild eingetragen. Die Karten werden nach jeder Sequenz unter den Kindern ausgetauscht.

MB: «Jetzt habt ihr viel darüber erfahren, wie andere Leute das Leben in Deutschland finden. Mich würde jetzt interessieren, wie es euch damit geht. Stimmt ihr dem zu? Habt ihr andere Meinungen? Fehlt nach eurer Einschätzung etwas an der Tafel?»

Mit diesem Input soll eine Diskussion angeregt werden, in welcher sich die Kinder mit ihrer Meinung in einem selbst erhobenen Meinungsspektrum verorten. Für die Forschung können sich in diesem Zusammenhang wichtige Daten hinsichtlich ihrer Lebenswelt im Aufnahmeland Deutschland ergeben.

Abbildung 64: Rezeptionsleitende Karte: «Was wird gesagt?»

9.5.6 Phase VI: Eigene Meinungen vor der Kamera artikulieren

Nachdem die Kinder ihre Meinungen zu Deutschland in Auseinandersetzung mit fremden Meinungen entwickeln und zuspitzen konnten, dürfte es ihnen nicht mehr schwer fallen, ihre Meinungen vor der Kamera zu vertreten. Sie bekommen schließlich die Aufgabe, sich vor einem selbst gewählten Hintergrund zum selben Thema zu interviewen. Später beim Schnitt kann eine Produktion entstehen, die eigene und fremde Positionen zum Thema Deutschland einander gegenüberstellt.

10 Resümee

Aktive Medienarbeit, wie sie im Konzeptionsteil dieser Arbeit skizziert wurde, soll Spaß machen und nicht über- aber auch nicht unterfordern. Die Adressaten sollen dazu befähigt werden, sich und ihre Themen mit Medien adäquat auszudrücken. Es geht nicht darum, hochkomplexe, perfekt arrangierte Produktionen zu erstellen. Insofern sind die dargestellten Übungen und Bausteine auch eher als medienästhetische ‹Früherziehung› zu verstehen, denn als Ausbildung zum professionellen Mediengestalter.

Der Schwerpunkt auf dem Bereich der formalen Medienästhetik entspricht der Intention, das non-verbale Potential der Medien auszuschöpfen und für interkulturelle Kommunikation zu nutzen (vgl. 4.4.1). Eine ausschließliche Ausrichtung auf formale Medienästhetik in Verbindung mit der thematischen Fokussierung durch das Projekt (Freundschaft, Schule, Familie) birgt die Gefahr, dass Inhalte und Themen der Kinder an den Rand gedrängt werden. Um dies zu vermeiden, muss die MB die Themen der Kinder sensibel wahrnehmen – was ihr im Fall des CHICAM Projekts durch die Begleitforschung erleichtert wurde – und ihnen ausreichend mediale und nicht-mediale Spielräume für die Bearbeitung der Themen geben. Dass die dargestellten Übungen und Bausteine teilweise eher implizite als explizite ästhetische Lernprozesse anregen, ist didaktisch beabsichtigt und wird im Zusammenhang mit der Frage, welche Art von Pädagogik im Rahmen von Ganztagesbetreuung an Schulen überhaupt möglich und sinnvoll ist, von mir begrüßt.[90] Die Verknüpfung von aktiver Medienarbeit mit theaterpädagogischen Elementen eröffnet dabei neue Räume für Körperausdruck, für Darstellungsbedürfnisse und für non-verbale Kommunikation.

Einen weiteren Schwerpunkt habe ich bewusst auf die Aufnahmephase gelegt, da Kinder nach meiner Erfahrung viel Freude und Spaß mit der Aufnahmephase verbinden, aber vergleichsweise weniger offen und willens für die digitale Postproduktion sind. Der digitale Videoschnitt verlangt ein hohes Maß an Ausdauer, Konzentration und häufig Ehrgeiz. Langes Sitzen vor Computermonitoren widerspricht dem Bewegungsbedürfnis vieler Kinder. Nach ersten Erfahrungen in der CHICAM Praxisphase tendiere ich sogar dazu, primär Mediamodels zu verwenden, die ohne (bzw. mit geringer) Nachbearbeitung auskommen. Am Ende möchte ich den Blick auf grundlegende didaktische Fragen lenken, die sich im Kontext ‹Ganztagesbetreuung an Schulen› stellen.

- Welche Bedeutung hat die Tatsache, dass Kinder einen 5–6stündigen Schultag hinter sich haben, bevor sie nach einer kurzen Mittagspause zum CHICAM Club (Nachmittagsunterricht) kommen? Wie wirkt sich dies auf Motivation und Konzentration der Teilnehmer/innen aus?
- Welche Auswirkungen hat die Einbettung des Clubs in ein relativ verbindliches Nachmittagsangebot für die vom Projekt intendierte Freiwilligkeit? Welche weiteren Angebote gibt es und wie attraktiv sind diese für die Kinder?
- Welche Erwartungen haben die Kinder an den Club, was die didaktisch-methodische Form angeht? Nehmen sie ihn als erweitertes Schulangebot wahr und erwarten demnach schultypische (Unterrichts-, Disziplinierungs-, Sanktions-)Formen? Welche Bedeutung hat in diesem Zusammenhang der Ort des Angebots – Schule?
- Wie reagieren die Kinder, wenn ggf. ihre Erwartungen von Schule gebrochen werden? Leben sie Bedürfnisse aus, die sie ansonsten in der Schule nicht zeigen dürfen? Missbrauchen sie den Freiraum oder nutzen sie ihn für sich und das Projekt? Wie steht dies im Verhältnis zur Arbeitshaltung und zur Motivation?

Ich möchte die Fragen nicht beantworten, sondern vielmehr andeuten, wie wichtig es für das Gelingen von medienpädagogischer Projektarbeit sein kann, sich intensiv mit den Bedürfnissen und der Situation der Teilnehmer/innen auseinander zu setzen. Gerade bei Projekten, die über einen längeren Zeitraum laufen (Ganztagesbetreuung), ist es sinnvoll, regelmäßig innezuhalten und den Projektstand und die Befindlichkeit der Teilnehmenden und – nicht zu vergessen – der Mitarbeiter zu reflektieren. Denn auch der Erwachsene nimmt aktiv am Prozess teil und bringt sich – unabhängig von seiner Rolle als Coach – als Mensch ein. Dabei ist er Animateur und Anreger, der den Grundstein für eine angenehme Atmosphäre schaffen kann.

Produktive Medienarbeit mit Migrantenkindern ist kein Selbstläufer, sondern muss behutsam und subjektadäquat eingefädelt und unterstützt werden. Ein subjektadäquates medienpädagogisches Konzept ist in diesem Zusammenhang eine notwendige Bedingung. Um Motivation längerfristig aufrechterhalten zu können, sind die Kinder jedoch auch auf eine Umgebung angewiesen, die ihnen Zuneigung, Interesse und Wohlwollen signalisiert sowie ihnen das Gefühl gibt, akzeptiert und ernst genommen zu werden (vgl. Seitz 1994 S. 54).

11 Literatur

Allespach, Martin & Held, Josef: *Ansätze für einen subjektwissenschaftlichen Umgang mit Medien in der Jugendarbeit.* In: Niesyto, Horst (Hg.): *Selbstausdruck mit Medien : Eigenproduktionen mit Medien als Gegenstand der Kindheits- und Jugendforschung.* München : Kopaed, 2001, S. 115 – 125.

Altrichter, Herbert & Lobenwein, Waltraud & Welte, Heike: *PraktikerInnen als ForscherInnen. Forschung und Entwicklung durch Aktionsforschung.* In: Friebertshäuser, Barbara & Prengel, Annedore (Hg.): *Handbuch qualitative Forschungsmethoden in der Erziehungswissenschaft.* Weinheim : Juventa, 1997, S. 640 – 660.

Anderson, Philip: *Status Flüchtlingskind – Auswirkungen auf die Lebensverhältnisse von Kindern.* In: DJI – Deutsches Jugendinstitut (Hg.): *Flüchtlingskinder – eine Randgruppe im multikulturellen Milieu.* München 2000b, S. 2 – 79.

Anfang, Günter & Bloech, Michael & Hültner, Robert: *Vom Plot zur Premiere : Gestaltung und Technik für Videogruppen.* München : Kopaed 1994.

Arijon, Daniel: *Grammatik der Filmsprache. Das Handbuch.* Frankfurt am Main : zweitausendeins, 2000.

Arnheim, Rudolf: *Film als Kunst.* Frankfurt am Main : Suhrkamp 2002 1932.

Arnheim, Rudolf: *Anschauliches Denken : Zur Einheit von Bild und Begriff.* Köln : Dumont, 1972.

Atabay, Ilhami: *Ist dies mein Land? Identitätsentwicklung türkischer Migrantenkinder und -jugendlicher in der Bundesrepublik.* Pfaffenweiler : Gentaurus, 1994.

Atabay, Ilhami: *Zwischen Tradition und Assimilation : Die zweite Generation türkischer Migranten in der Bundesrepublik.* Freiburg im Breisgau : Lambertus, 1998.

Auernheimer, Georg: *Einführung in die interkulturelle Erziehung.* 2. überarbeitete und erg. Aufl. Darmstadt : wissenschaftliche Buchgesellschaft, 1995.

Baacke, Dieter: *Die 6 – 12jährigen.* Weinheim und Basel : Beltz, 1991.

Baacke, Dieter: *Kevin, Wayne und andere – Kinder und ästhetische Erfahrung.* In: von Gottberg, Joachim & Mikos, Lothar & Wiedemann, Dieter (Hg.): *Kinder an die Fernbedienung : Konzepte und Kontroversen zum Kinderfilm und Kinderfernsehen.* Berlin : Vistas, 1997. S. 13 – 31.

Baacke, Dieter & Sander, Uwe & Vollbrecht, Ralf (Hg.): *Lebenswelten sind Medienwelten.* Opladen : Leske und Budrich, 1990.

Bader, Roland: *Förderung von Handlungskompetenz in der pädagogischen Arbeit mit PC und Internet.* http://www.medienpaedagogik-online.de/mk/00383/druck.pdf, (22.02.2003).

Bader, Roland: *Legitime Partizipation : Ein Handlungsmodell der Medienpädagogik mit Computern.* In: Schindler, Wolfgang & Bader, Roland & Eckmann, Bernhard (Hg.): *Bildung in virtuellen Welten : Praxis und Theorie außerschulischer Bildung mit Internet und Computer.* Frankfurt am Main : Gemeinschaftswerk der Evangelischen Publizistik, 2001, S. 356 – 376.

Bader, Roland: *Medienarbeit als Spiel : Entwicklungspsychologische Voraussetzungen für die aktive Medienarbeit mit Kindern.* In: Anfang u. a. (Hg.): *Mit Kamera, Maus und Mikro : Medienarbeit mit Kindern.* München : Kopaed, 2003, S. 58 – 70.

Badura, Bernhard: *Mathematische und soziologische Theorie der Kommunikation.* In: Burkart, Roland/Hömberg, Walter (Hg.): *Kommunikationstheorien : Ein Textbuch zur Einführung.* Wien : Braumüller, 1992, S. 16 – 22.

Balasz, Bela: *Zur Kunstphilosophie des Films (1938).* In: Albersmeier, Franz-Josef (Hg.): *Texte zur Theorie des Films.* Stuttgart, 1998, S. 204 – 226.

Baurmann, Jürgen: *Schreiben in der Schule : Orientierung an Schreibprozessen.* In: Baurmann, Jürgen & Weingarten, Rüdiger (Hg.): *Schreiben : Prozesse, Prozeduren und Produkte.* Opladen: Westdeutscher Verlag 1995. S. 51-69.

Baumgardt, Michael: *Webdesign mit Adobe Photoshop 6 : Webgrafiken professionell gestalten mit Mac und PC.* München : Addison-Wesley, 2001.

Bazin, Andre: *Die Entwicklung der kinematographischen Sprache (1958).* In: Albersmeier, Franz-Josef (Hg.): *Texte zur Theorie des Films.* Stuttgart, 1998, S. 256 – 274.

Belgrad, Jürgen & Niesyto, Horst: *Symbolverstehen und Symbolproduktion.* In: Belgrad, Jürgen & Niesyto, Horst (Hg.): *Symbol : Verstehen und Produktion in pädagogischen Kontexten.* Hohengehren : Schneider, 2001b, S. 5 – 16.

Berg, Ulrike: *Flüchtlingskinder in multikulturellen Stadtvierteln – Ergebnisse einer Kinderbefragung.* In: DJI – Deutsches Jugendinstitut (Hg.): *Flüchtlingskinder eine Randgruppe im multikulturellen Milieu.* München, 2000, S. 80 – 99.

Berger, Peter L. & Luckmann, Thomas: *Die gesellschaftliche Konstruktion der Wirklichkeit : Eine Theorie der Wissenssoziologie.* Frankfurt am Main : Fischer TB, 1980.

Böhm, Winfried: *Wörterbuch der Pädagogik.* 14. überarbeitete Aufl. Stuttgart : Kröner, 1994.

Bürer, Margrit & Nigg, Heinz: *Video : Praktische Videoarbeit mit Kindern und Jugendlichen.* Zürich : Pro Juventute, 1990.

Du Bois-Reymond, Manuela & Büchner, Peter & Krüger, Heinz-Herrmann & Ecarius, Jutta & Fuhs, Burkhard: *Kinderleben : Modernisierung von Kindheit im interkulturellen Vergleich.* Opladen : Leske + Budrich, 1994.

Bremerich-Vos, Albert: *Hermeneutik, Dekonstruktivismus und produktorientierte Verfahren. Anmerkungen zu einer Kontroverse in der Literaturdidaktik.* In: Belgrad, Jürgen & Melenk, Hartmut: *Literarisches Verstehen – Literarisches Schreiben : Positionen und Modelle zur Literaturdidaktik.* Hohengehren : Schneider, 1996, S. 25 – 49.

Brenner, Gerd: *Jugendliche aus Migrantenfamilien und die Jugendarbeit.* In: deutsche jugend, 49, Jg. 2001, H. 6. S. 251 – 261.

Brenner-Rossi, Urs: *Vom Daumenkino zum Videoclip : Kinder und Jugendliche experimentieren mit bewegten Bildern.* Zürich : Pro juventute, 1992.

Buckingham, David & De Block, Liesbeth: *Children in Communication about Migration.* Annex 1 (unveröffentlichtes Projektmaterial). London 2001.

Buckingham, David & Harvey, Issi: *Imagining the audience. Deutsche Übersetzung.* In: Niesyto, Horst (Hg.): *VideoCulture : Interkulturelle Kommunikation mit Video.* München : Kopaed, 2002. CD-ROM-Beilage. Pfad: vccdrom\deutsch\falengima.pdf.

Bundesjugendwerk der Arbeiterwohlfahrt (Hg.): *Praxismappe : Spiele für Kinder, Jugendliche und Erwachsene.* Bonn, 1990.

Bürgermeister, Eva & Düx, Sascha: *CrossCulture – Vernetzung interkultureller Jugendmedienarbeit.* In: GMK – Gesellschaft für Medienpädagogik und Kommunikationskultur e.V.: *nexum das Netzwerk*, Heft 08/2002.

Burkart, Roland & Lang, Alfred: *Die Theorie des kommunikativen Handelns von Jürgen Habermas – Eine kommentierte Collage.* In: Burkart, Roland & Hömberg, Walter (Hg.): *Kommunikationstheorien : Ein Textbuch zur Einführung.* Wien : Braumüller, 1992, S. 16 – 22.

Csikszentmihalyi, Mihaly: *Flow : Das Geheimnis des Glücks.* Stuttgart : Klett-Cotta, 1993.

Dehnbostel, Karin & Hengst, Heinz & Lissner, Heiko & Mohn, Erich & vallendor, Michael: *Lernziel Praxis : Weiterbildung für die Medienarbeit in und außerhalb der Schule.* München : Kopaed, 1995.

Deutsche Shell (Hg.): *Jugend 2000. 13. Shell Jugendstudie.* Band 1, Opladen : Leske + Budrich, 2000a.

Deutsche Shell (Hg.): *Jugend 2000. 13. Shell Jugendstudie.* Band 2, Opladen : Leske + Budrich, 2000b.

DJI-Projekt «Multikulturelles Kinderleben» (Hg.): *Mehrsprachigkeit im multikulturellen Kinderleben : Eine Tagungsdokumentation.* Projektheft 2/1999. München, 1999a.

DJI-Projekt «Multikulturelles Kinderleben» (Hg.): *Wie Kinder multikulturellen Alltag erleben : Ergebnisse einer Kinderbefragung.* Projektheft 4/2000. München 2000a.

Doelker, Christian: *Medienpädagogik in der Sekundarstufe – der integrative Ansatz.* In: Schill, Wolfgang & Tulodziecki, Gerhard & Wagner, Wulf-Rüdiger (Hg.): *Medienpädagogisches Handeln in der Schule.* Opladen : Leske + Budrich, 1992.

Doelker, Christian: *Ein Bild ist mehr als ein Bild : Visuelle Kompetenz in der Multimedia-Gesellschaft.* 2. durchges. Auflage. Stuttgart : Klett-Cotta, 1999.

Doelker, Christian: *Gefährt (= Curriculum) für Medienpädagogik ins 21. Jahrhundert.* In: Kleber, Hubert (Hg.): *Spannungsfeld Medien und Erziehung : Medienpädagogische Perspektiven.* München : Kopaed, 2000. S. 45 – 54.

Dubs, Rolf: *Konstruktivismus; einige Überlegungen aus der Sicht der Unterrichtsgestaltung.* In: Zeitschrift für Pädagogik 41(1995), S. 889 – 903.

Düx, Sascha: *CrossCulture : Vernetzung interkultureller Jugendmedienarbeit.* In: medienconcret 2002, S. 42 – 48.
Dunker, Achim: *«Die chinesische Sonne scheint immer von unten.» Licht- und Schattengestaltung im Film.* 3. aktualisierte und erw. Aufl. München : TR-Verlagsunion, 2001.
Eckhardt, Josef: *Mediennutzungsverhalten von Ausländern in Deutschland.* In: Schatz, Heribert & Holtz-Bacha, Christina & Nieland, Jörg-Uwe (Hg.): *Migranten und Medien : Neue Herausforderungen an die Integrationsfunktion von Presse und Rundfunk.* Wiesbaden : Westdeutscher Verlag, 2000, S. 265 – 271.
Ericsson, Erling: *Animate it! Telling Stories with Words, Pictures, Movement and Sound.* Stockholm : Sveriges Utbildningsradio, 2003.
Esser, Hartmut: *Kommunikation und «Handlung».* In: Rusch, Gebhardt & Schmidt, Siegfried J. (Hg.): *Konstruktivismus und Sozialtheorie.* Frankfurt am Main : Suhrkamp, 1993, S. 172 – 204.
Feil, Christine: *E-Mails und Chaträume … für Kinder?* In: Palme, Hans-Jürgen & Basic, Natasa (Hg.): *Medienkompetenz Version 2002 : Navigationshilfen für Kinder, Jugendliche und Erziehende.* Schriften zur Medienpädagogik, 2001, S. 95 – 103.
Fiege, Jürgen: *«Die Dauer des Augenblicks». Ein foto-pädagogisches Handbuch.* München : Kopaed, 2002.
Fischer, Gabriele: *Fernsehmotive und Fernsehkonsum von Kindern : Eine qualitative Untersuchung zum Fernsehalltag von Kindern im Alter von 8 bis 11 Jahren.* München : Reinhard Fischer, 2000.
Fix, Tina: *Generation@ im Chat : Hintergrund und explorative Motivstudie zur jugendlichen Netzkommunikation.* München : Kopaed, 2001.
Flick, Uwe: *Qualitative Forschung. Theorien, Methoden, Anwendung in Psychologie und Sozialwissenschaften.* 4. Aufl. Reinbek bei Hamburg : Rowohlt, 1999.
Freier, Felix: *DuMonts Lexikon der Fotografie.* Köln : DuMont, 1992.
Friedrich, Helmut & Eigler, Gunter & Mandl, Heinz & Schnotz, Wolfgang & Schott, Franz & Seel, Norbert M. (Hg.): *Multimediale Lernumgebungen in der Betrieblichen Weiterbildung : Gestaltung, Lernstrategien und Qualitätssicherung.* Neuwied : Luchterhand, 1997.
Fritzsche, Joachim: *Zur Didaktik und Methodik des Deutschunterrichts.* Stuttgart : Klett, 1998.

Gadamer, Hans-Georg: *Wahrheit und Methode. Grundzüge einer philosophischen Hermeneutik.* Tübingen : J.C.B. Mohr, 1990.

Glaap, Dieter: *Digital Storytelling. Geschichten erzählen mit digitalem Video.* In: Medienconcret 1/2000, S. 66 – 69.

Goecke, Sebastian: *Intercultural Education – Media Work with young people from diverse cultural backgrounds in a German Youth Centre.* In: Krüger, Amina & Jenkins, Tricia (Hg.): *The Future is mixed : Media Education for a Multicultural Europe. Strategies – Projects – New Approaches.* 2000, S. 60 – 69.

Granato, Mona: *Kurzfassung Freizeitgestaltung und Mediennutzung bei Kindern türkischer Herkunft : Eine Untersuchung des Presse- und Informationsamtes der Bundesregierung (BPA) zur «Mediennutzung und Integration türkischer Kinder 2000 in Deutschland».* Internetquelle: http://www.bundesregierung.de/Anlage6987/Kurzfassung_der_Studie_zur_Mediennutzung_tuerkischer_Kinder.doc (21.10.2002).

Gudjons, Herbert: *Pädagogisches Grundwissen.* Bad Heilbrunn : Klinkhardt, 1994.

Guggelberger, Martina & Haider, Clemens F.: *x-rom. Multimediaproduktion mit Kindern und Jugendlichen : Ein Leitfaden für die Produktion von CD-ROMs.* Innsbruck : Studienverlag, 1999.

Güntürk, Reyhan: *Mediennutzung der türkischen Migranten.* In: Schatz, Heribert & Holtz-Bacha, Christina & Nieland, Jörg-Uwe (Hg.): *Migranten und Medien : Neue Herausforderungen an die Integrationsfunktion von Presse und Rundfunk.* Wiesbaden : Westdeutscher Verlag, 1999, S. 272-280.

Hacker, Winfried: *Handlung.* In: Asanger, Roland & Wenniger, Gerd (Hg.): *Handwörterbuch Psychologie.* Weinheim : Psychologie Verlags Union, 2000, S. 275 – 281.

Handschuh, Heinz: *Arbeit mit Fotografie.* In: Brinkmöller-Becker, Heinrich (Hg.): *Die Fundgrube für Medienerziehung in der Sekundarstufe I und II.* Berlin : Cornelsen, 1997, S. 54 – 70.

Henrici, Gert & Riemer, Claudia (Hg.): *Einführung in die Didaktik des Unterrichts Deutsch als Fremdsprache mit Videobeispielen.* Hohengehren : Schneider, 1994.

Holtrust, Tonny: *Making media education part of the curriculum.* In: Krüger, Amina & Jenkins, Tricia (Hg.): *The Future is mixed : Media Education for a Multicultural Europe. Strategies – Projects – New Approaches.* 2000, S. 17 – 23.

Hoff, Gerd R.: *Zur Geschichte und Begründung interkultureller Erziehung.* In: IBK (Hg.): *Gemeinsam erleben : Handreichungen zur interkulturellen Bildungsarbeit.* Remscheid, 1996b, S. 85 – 98.

Holzapfel, Renate: *Kinder aus asylsuchenden und Flüchtlingsfamilien : Lebenssituation und Sozialisation.* In: Sachverständigenkommission Zehnter Kinder- und Jugendbericht (Hg.): *Materialien zum Zehnten Kinder- und Jugendbericht.* Band 2. Opladen : Leske + Budrich, 1999.

Holzwarth, Peter & Maurer, Björn & Niesyto Horst: *CHICAM – Children in Communication about Migration.* In: GMK – Gesellschaft für Medienpädagogik und Kommunikationskultur e.V.: nexum das Netzwerk, Heft 08/2002. S. 19 – 21.

Holzwarth, Peter & Maurer, Björn: *CHICAM (Children in Communication about Migration): An Intercultural Research Project Exploring the Possibilities of intercultural Communication through Children's Media Productions.* In: Kiegelmann, Mechthild & Gürtler, Leo (Hg.): *Research Questions and Matching Methods of Analysis.* Tübingen : Huber, 2003a. S. 125 – 139.

Holzwarth, Peter & Maurer, Björn: *Kreative Bedeutungskonstruktion im Spannungsfeld von Symbolproduktion und Symbolverstehen.* In: Niesyto, Horst (Hg.): *VideoCulture : Video und interkulturelle Kommunikation. Grundlagen, Methoden und Ergebnisse eines internationalen Forschungsprojekts.* München : Kopaedm 2003bm S. 139 – 168.

Holzwarth, Peter & Maurer, Björn: *Aesthetic Creativity, Reflexivity and the Play with Meaning : a VideoCulture Case Study.* In: Kirkwood, Adrian (Hg.): *Journal of Educational Media.* Vol. 26, No. 3, 2001m S. 185 – 202.

Holzwarth, Peter & Maurer, Björn: *Children and Media.* Ludwigsburg : unveröffentlichtes Projektmaterial 2002.

Holzwarth, Peter: *Children and Migration.* Ludwigsburg : unveröffentlichtes Projektmaterial 2002.

Holzwarth, Peter: *Möglichkeiten und Grenzen interkultureller Kommunikation mit Video.* Diplomarbeit am Institut für Erziehungswissenschaft der Universität Tübingen/Pädagogischen Hochschule Ludwigsburg. Unveröffentlichtes Manuskript 2001.

Iser, Wolfgang: *Die Appellstruktur der Texte. Unbestimmtheit als Wirkungsbedingung literarischer Prosa.* Konstanz : Universitätsverlag, 1970.

Jenkins, Tricia: *Approaches to Media Education in Europe.* In: Krüger, Amina & Jenkins, Tricia (Hg.): *The Future is mixed : Media Education for a Multicultural Europe. Strategies – Projects – New Approaches.* 2000, S. 9 – 15.

Jurga, Martin: *Textmerkmale und Rezeptionsoptionen von Fernsehserien – zur «Offenheit» von fiktional-seriellen Fernsehtexten.* In: Mikos, Lothar & Neumann, Norbert (Hg.): *Wechselbeziehungen : Medien – Wirklichkeit – Erfahrung.* Berlin : Vistas, 2002, S. 111 – 136.

Keupp, Heiner u. a.: *Identitätskonstruktionen : Das Patchwork der Identitäten in der Spätmoderne.* Reinbek bei Hamburg : Rowohlt, 1999.

Kinck, Sonja: *Gymnasium: Kurzfilmkurs: «Lola pennt»* In: Ministerium für Kultus, Jugend und Sport Baden-Württemberg (Hg.): *Bewegte Bilder zaubern – Video und Computer im Unterricht.* Donauwörth : Auer, 2001. S. 64 – 70.

Kirchner, Constanze: *Digitale Kinderzeichnung : Annotationen zum derzeitigen Forschungsstand.* In: *Kunst und Unterricht.* Heft 246/247, 2000, S. 32 – 45.

Klafki, Wolfgang: *Neue Studien zur Bildungstheorie und Didaktik.* Weinheim : Beltz, 1991.

Köhler, Günter: *Meine Kamera ist immer dabei : Ein Foto-Spielbuch für Kinder ab 7 Jahren.* Ravensburg : Otto Maier, 1987.

Kommer, Sven: *Kinder im Werbenetz : Eine qualitative Studie zum Werbeangebot und zum Werbeverhalten von Kindern.* Opladen : Leske + Budrich, 1996.

Kopp, Ferdinand: *Didaktik in Leitgedanken : Beiträge zur Schulpädagogik der Primar- und Sekundarstufe.* Donauwörth : Auer, 1970.

Krauss, Andreas & Schmittinger, Inge: *Theorie und Praxis interkulturellen Lernens mit Medien.* In: Otten, Hendrik & Treuheit, Werner (Hg.): *Interkulturelles Lernen in Theorie und Praxis : Ein Handbuch für Jugendarbeit und Weiterbildung.* Opladen : Leske + Budrich, 1994, S. 175 – 216.

Krause, Marlies: *Zwischen den Stühlen.* In: Böhle, Reinhard C. (Hg.): *Möglichkeiten der Interkulturellen Ästhetischen Erziehung in Theorie und Praxis.* Frankfurt am Main : IKO, 1998, S. 271 – 293.

Kron, Friedrich W.: *Grundwissen Pädagogik.* München : Ernst Reinhard, 2001.

LANGER, SUSANNE: *Philosophie auf neuem Wege : Das Symbol im Denken, im Ritus und in der Kunst.* Frankfurt am Main : Fischer, 1987.

LINKE, ANGELA & NUSSBAUMER, MARKUS & PORTMANN, PAUL R.: *Studienpunkt Linguistik.* Tübingen : Niemeyer, 1994.

LOSCHE, HELGA: *Interkulturelle Kommunikation : Sammlung Praktischer Spiele und Übungen.* 2. Aufl. Augsburg : Ziel, 2000.

LUHMANN, NIKLAS: *Soziale Systeme.* Frankfurt am Main : Suhrkamp, 1984.

MAIER, WOLFGANG: *Grundkurs Medienpädagogik / Mediendidaktik. Ein Studien- und Arbeitsbuch.* Weinheim : Beltz, 1998.

MALETZKE, GERHARD: *Kommunikationswissenschaft im Überblick : Grundlagen, Probleme, Perspektiven.* Opladen/Wiesbaden : Westdeutscher Verlag, 1998.

MANDL, HEINZ & GRUBER, HANS & RENKL, ALEXANDER: *Situiertes Lernen in multimedialen Lernumgebungen.* In: ISSING, LUDWIG J. & KLIMSA, PAUL (Hg.): *Information und Lernen mit Multimedia.* Weinheim : Psychologie Verlagsunion 1995, S. 166 – 177.

MAURER, BJÖRN: *Digitale Technik – digitale Ästhetik ; Der Videoschnittcomputer im pädagogischen Einsatz.* In: Ministerium für Kultus, Jugend und Sport Baden-Württemberg (Hg.), 2001: *VideoCulture : Videoarbeit, Interkulturelle Kommunikation, Schule.* Donauwörth : Auer, 2001c, S. 27 – 32.

MAURER, BJÖRN: *Formen der medienpädagogischen Begleitung im Kontext von Jugendforschung mit Video.* In: NIESYTO, HORST (Hg.): *Selbstausdruck mit Medien : Eigenproduktionen mit Medien als Gegenstand der Kindheits- und Jugendforschung.* München : Kopaed, 2001a. S. 173 – 186.

MAURER, BJÖRN: *Kreative Symbolproduktion mit Video : Studie zur Förderung ästhetischer Kreativität in der medienpädagogischen Praxis.* Unveröffentlichte Examensarbeit. Ludwigsburg, 1999.

MAURER, BJÖRN: *Wenn Jugendliche mediale Wirklichkeit erzeugen … Konzeptionelle und praktische Überlegungen zur handlungsorientierten Videoarbeit.* In: BELGRAD, JÜRGEN & NIESYTO, HORST (Hg.): *Symbol : Verstehen und Produktion in pädagogischen Kontexten.* Hohengehren : Schneider, 2001b, S. 104 – 114.

MAURER, BJÖRN: *Den Alltag neu erleben – Förderung ästhetischer Kreativität durch Videoarbeit.* In: Ministerium für Kultus, Jugend und Sport Baden-Württemberg (Hg.): *VideoCulture : Videoarbeit, Interkulturelle Kommunikation, Schule.* Donauwörth : Auer, 2001d, S. 19 – 26.

Maurer, Björn & Müller, Roman: *Digitale Technik – digitale Ästhetik. Zwei digitale Videoschnittsysteme im Vergleich.* Ludwigsburg, 1999. http://www.kreidestriche.de/onmerz/pdf-docs/maurer_video_expertise.pdf .

Mayring, Philipp: *Einführung in die Qualitative Sozialforschung. 5. überarbeitete und neu ausgestattete Auflage.* Weinheim und Basel : Beltz, 2002.

Medienpädagogischer Forschungsverbund Südwest (Hg.): *KIM Studie 2000. Kinder und Medien : Computer und Internet.* Baden-Baden, 2001.

Meier-Braun, Karl-Heinz: *Deutschland, Einwanderungsland.* Frankfurt am Main : Suhrkamp, 2002.

Metz, Christian: *Probleme der Denotation im Spielfim.* In: Metz, Christian: *Semiologie des Films.* München : Fink, 1968, S. 151 – 198.

Ministerium für Frauen, Jugend, Familie und Gesundheit des Landes Nordrhein-Westfalen (Hg.): *Expertise «Interkulturelle Jugendmedienarbeit in NRW».* Düsseldorf/Remscheid : Drei-W Verlag, 2000.

Ministerium für Kultus, Jugend und Sport Baden-Württemberg (Hg.): *VideoCulture. Videoarbeit, Interkulturelle Kommunikation, Schule.* Donauwörth : Auer, 2001.

Molcho, Samy: *Körpersprache.* München : Mosaik, 1983.

Monaco, James: *Film verstehen.* Reinbek bei Hamburg : Rowohlt, 1997.

Moser, Heinz: *Grundlagen der Praxisforschung.* Freiburg im Breisgau : Lambertus, 1995.

Müller-Doohm, Stefan: *Visuelles Verstehen. Konzepte kultursoziologischer Bildhermeneutik.* In: Jung, Thomas & Müller-Doohm, Stefan (Hg.): *«Wirklichkeit» im Deutungsprozess. Verstehen und Methoden in den Kultur- und Sozialwissenschaften.* Frankfurt am Main : Suhrkamp, 1993, S. 438 – 457.

Müller, Renate: *Identitätskonstruktionen und Selbstsozialisation Jugendlicher durch Mitgliedschaft in musikalischen Jugendkulturen.* In: *Ruf, Wolfgang* (Hg.): *Musikkonzepte – Konzepte der Musikwissenschaft.* Kassel : Bärenreiter, 1998.

Münch, Thomas & Bommersheim, Ute: *Ohren auf bei der Videoarbeit! Zur Bedeutung und zum Einsatz von Ton in Videoproduktionen.* In: Ministerium für Kultus, Jugend und Sport Baden-Württemberg (Hg.): *VideoCulture : Videoarbeit, Interkulturelle Kommunikation, Schule.* Donauwörth : Auer, 2001e. S. 38 – 44.

Neuss, Norbert: *Symbolische Verarbeitung von Fernseherlebnissen in Kinderzeichnungen.* München : Kopaed, 1999a.

Neuss, Norbert: *Bedeuten Punkte Traurigkeit? Symbolische Verarbeitung von Fernseherlebnissen in Kinderzeichnungen.* In: Neuss, Norbert (Hg.): *Ästhetik der Kinder : Interdisziplinäre Beiträge zur ästhetischen Erfahrung von Kindern.* Frankfurt am Main : Gemeinschaftswerk der ev. Publizistik, 1999b, S. 205 – 220.

Nieke, Wolfgang: *Interkulturelle Erziehung und Bildung : Wertorientierung im Alltag.* 2. überarbeitete und ergänzte Auflage. Opladen : Leske + Budrich, 2000.

Niesyto, Horst: *Erfahrungsproduktion mit Medien.* Weinheim/München : Juventa, 1991.

Niesyto, Horst: *Video als Ausdrucksmedium : Zur medienethnographischen Exploration jugendkultureller Symbolmilieus.* In: Fromme, Johannes u. a. (Hg.): *Selbstsozialisation, Kinderkultur und Mediennutzung.* Opladen : Leske + Budrich, 1999, S.327 – 344.

Niesyto, Horst: *Medienpädagogik und soziokulturelle Unterschiede : Eine Studie zur Förderung der aktiven Medienarbeit mit Kindern und Jugendlichen aus bildungsmäßig und sozial benachteiligten Verhältnissen.* Baden-Baden/Ludwigsburg, 2000a.

Niesyto, Horst: *Medienpädagogik und soziokulturelle Unterschiede : Studie im Auftrag des Medienpädagogischen Forschungsverbundes Südwest.* Unveröffentlichtes Manuskript. Ludwigsburg, 2000b.

Niesyto, Horst: *Jugendforschung mit Video. Formen, Projekte und Perspektiven eines Forschungsansatzes.* In: Niesyto, Horst (Hg.): *Selbstausdruck mit Medien : Eigenproduktionen mit Medien als Gegenstand der Kindheits- und Jugendforschung.* München : Kopaed, 2001a, S. 89 – 102.

Niesyto, Horst: *VideoCulture – Gegenstand, Methoden, Ergebnisse.* In: Niesyto, Horst (Hg.): *Selbstausdruck mit Medien : Eigenproduktionen mit Medien als Gegenstand der Kindheits- und Jugendforschung.* München : Kopaed, 2001b, S. 157 – 172.

Niesyto, Horst: *Eigenproduktionen mit Medien als Gegenstand der Kindheits- und Jugendforschung. Einleitende Bemerkungen zu den methodologischen Herausforderungen einer Forschungsperspektive.* In: Niesyto, Horst (Hg.): *Selbstausdruck mit Medien : Eigenproduktionen mit Medien als Gegenstand der Kindheits- und Jugendforschung.* München : Kopaed, 2001c. S. 7 – 14.

Niesyto, Horst: *Qualitative Jugendforschung und symbolischer Selbstausdruck.* In: Belgrad, Jürgen & Niesyto, Horst: *Symbol : Verstehen und Produktion in pädagogischen Kontexten.* Hohengehren : Schneider, 2001d, S. 55–73.

Niesyto, Horst: *Handlungsorientierte Medienarbeit und Öffnung der Schule.* In: Ministerium für Kultus, Jugend und Sport Baden-Württemberg (Hg.): *VideoCulture : Videoarbeit, Interkulturelle Kommunikation, Schule.* Donauwörth : Auer 2001e, S. 5–12.

Niesyto, Horst: *VideoCulture – Projektentwicklung und Projektergebnisse.* In: Niesyto, Horst (Hg.): *VideoCulture : Interkulturelle Kommunikation mit Video.* München : Kopaed, 2003, S. 15–110.

Otten, Hendrik & Treuheit, Werner (Hg.): *Interkulturelles Lernen in Theorie und Praxis : Ein Handbuch für Jugendarbeit und Weiterbildung.* Opladen : Leske + Budrich, 1994.

Palme, Hans-Jürgen & Friedrich, Björn: *Kinderspuren im Internet.* In: Palme, Hans-Jürgen & Basic, Natasa (Hg.): *Medienkompetenz Version 2002 : Navigationshilfen für Kinder, Jugendliche und Erziehende.* Schriften zur Medienpädagogik, 2001, S. 124–130.

Pöttinger, Ida: *Lernziel Medienkompetenz : Theoretische Grundlagen und praktische Evaluation anhand eines Hörspielprojekts.* München : Kopaed, 1997.

Ramelsberger, Annette: *Denn sie wussten nicht, was sie tun sollten.* In: GMK (Hg.): Nexum 2/2002, Heft 6, S. 5–7.

Röll, Franz Josef: *Sinnsuche im Medienzeitalter – Die ästhetische Konstruktion unserer Weltbilder.* In: Zacharias, Wolfgang (Hg.): *Interaktiv : Im Labyrinth der Wirklichkeiten. Über Multimedia, Kindheit und Bildung. Über reale und virtuelle Interaktion und Welten.* Essen : Klartext, 1996a, S. 209–231.

Röll, Franz Josef: *Fotografie.* In: IBK (Hg.): *Gemeinsam erleben. Handreichungen zur interkulturellen Bildungsarbeit.* Remscheid, 1996b, S. 263–286.

Röll, Franz Josef: *Medienarbeit als Lebensgestaltungsfunktion.* In: JFF (Hg.): V*on Sinnen und Medien : Dialoge zur Medienpädagogik.* München, 1991, S. 81–88.

Röll, Franz Josef: *Mythen und Symbole in populären Medien : Der wahrnehmungsorientierte Ansatz in der Medienpädagogik.* Frankfurt am Main : Gemeinschaftswerk der Evangelischen Publizistik, 1998.

Röll, Franz Josef: *Im Zeichen von Multimedia : Tendenzen der aktiven Videoarbeit mit Kindern und Jugendlichen.* In: Medienconcret 1/2000, S. 6 – 11.
Schaub, Horst & Zenke, Karl: *Wörterbuch Pädagogik.* München : Deutscher Taschenbuchverlag, 1997.
Schell, Fred: *Aktive Medienarbeit mit Jugendlichen : Theorie und Praxis.* 3. Aufl. München : Kopaed, 1999.
Schmidt, Axel: *Mediale Eigenproduktionen Jugendlicher zwischen Selbst- und Fremdbestimmung in professionstheoretischer Perspektive – Eine ethnographisch-gesprächsanalytische Fallstudie.* In: Niesyto, Horst (Hg.): *Selbstausdruck mit Medien : Eigenproduktionen mit Medien als Gegenstand der Kindheits- und Jugendforschung.* München : Kopaed, 2001, S. 53 – 66.
Schmidt, Hans-Gert: *Kinder reproduzieren ihre Lebenswelt : Praxis der Medienarbeit in Kindergarten, Hort und Schule.* Opladen : Leske + Budrich, 1988.
Schorb, Bernd: *Medienalltag und Handeln : Medienpädagogik in Geschichte, Forschung und Praxis.* Opladen : Leske + Budrich, 1995.
Schulz, Pit: *Symbolorientierte videoästhetische Einführung : Förderung des symbolischen Ausdrucks.* In: Ministerium für Kultus, Jugend und Sport Baden-Württemberg (Hg.): *VideoCulture : Videoarbeit, Interkulturelle Kommunikation, Schule.* Donauwörth : Auer, 2001, S. 13 – 18.
Schulz, Wolfgang: *Die lehrtheoretische Didaktik.* In: Gudjons, Herbert & Teske, Rita & Winkel, Rainer (Hg.): *Didaktische Theorien.* Hamburg : Bergmann und Helbig, 1987.
Schütz, Gerhard: *Film in der Schule – pädagogische Begründung und praktische Anwendungen.* In: schweizer schule 12/97, S. 30 – 37.
Seitz, Rudolf: *Wollen wir Phantasie und Kreativität wirklich?* In: Höhler, Gertrud (Hg.): *Kreativität in Schule und Gesellschaft.* Donauwörth : Auer, 1994.
Sternecker, Petra & Treuheit, Werner: *Ansätze interkulturellen Lernens.* In: Otten, Hendrik & Treuheit, Werner (Hg.): *Interkulturelles Lernen in Theorie und Praxis : Ein Handbuch für Jugendarbeit und Weiterbildung.* Opladen : Leske + Budrich, 1994, S. 31 – 56.
Stiebitz, Rüdiger: *Videopossen.* Bern : Zytglogge, 1992.
Stolp, Hartmut: *Arbeit mit Video.* In: Brinkmöller-Becker, Heinrich (Hg.): *Die Fundgrube für Medienerziehung in der Sekundarstufe I und II.* Berlin : Cornelsen, 1997, S. 71 – 80.

Stobel-Eisele, Gabriele: *Schule und Lernen in fortgeschrittenen industrialisierten Gesellschaften.* In: Foster, Johanna & Krebs, Uwe (Hg.): *Das «Praktische Lernen» und das Problem der Wissenskumulation : Von der Notwendigkeit der Entwicklung neuer Niveaus der Anschaulichkeit.* Bad Heilbrunn : Klinkhardt, 2001, S. 51 – 70.
Stüwe, Gerd: *Klischees und Selbstbilder : Lebenslagen, Perspektiven und Identitätsfindung von Jungen und Mädchen aus Migrantenfamilien.* Berlin : Express Ed., 1988.
Terkessidis, Mark: *Migranten.* Hamburg : Rotbuch Verlag, 2000.
Tertilt, Hermann: *Turkish Power Boys : Ethnographie einer Jugendbande.* Frankfurt am Main : Suhrkamp, 1996.
Thiedeke, Udo: *Das ist alles so schön bunt hier : Notwendigkeit und Entfaltung kreativer Medienkompetenz.* In: medien praktisch 3/01 S. 26 – 29.
Tulodziecky, Gerhard: *Medien in Erziehung und Bildung : Grundlagen und Beispiele einer handlungs- und entwicklungsorientierten Medienpädagogik.* 3. überarbeitete und erweiterte Auflage, Bad Heilbrunn : Klinkhardt, 1997.
Van den Boom, Holger & Romero-Tejedor, Felicidad: *Design : Zur Praxis des Entwerfens. Eine Einführung.* Hildesheim : Georg Olms Verlag, 2000.
Vienna Integration Fund: *INTERFACE – how the media empower young migrants.* In: Krüger, Amina & Jenkins, Tricia (Hg.): T*he Future is mixed : Media Education for a Multicultural Europe. Strategies – Projects – New Approaches.* 2000, S. 58 – 59.
Vogelgesang, Waldemar: *Abenteuersuche im virtuellen Raum.* In: Zacharias, Wolfgang (Hg.): *Interaktiv : Im Labyrinth der Wirklichkeiten. Über Multimedia, Kindheit und Bildung. Über reale und virtuelle Interaktion und Welten.* Essen : Klartext, 1996. 232 – 247.
Von Criegern, Axel & Mohr, Anja: *Kinderzeichnung am Computer : vom Ergebnis zum Prozeß. Malen mit dem Edutainmentprogramm Fine Artist.* In: Neuss, Norbert: *Ästhetik der Kinder : Interdisziplinäre Beiträge zur ästhetischen Erfahrung von Kindern.* Frankfurt am Main : Gemeinschaftswerk der Evangelischen Publizistik, 1999, S. 251 – 272.
Von Wilpert, Gero: *Sachwörterbuch der Literatur.* 7. verb. und erw. Aufl. Stuttgart : Kröner, 1989.

WALDMANN, GÜNTER: *Produktiver Umgang mit Literatur im Unterricht : Grundriss einer produktiven Hermeneutik. Theorie – Didaktik – Verfahren – Modelle.* 2. korr. Aufl. Hohengehren : Schneider, 1999.

WATZLAWICK, PAUL u.a.: *Menschliche Kommunikation : Formen Störungen Paradoxien.* 10. unveränderte Auflage. Bern, Göttingen, Toronto, Seattle : Huber, 2000.

WEISS, KARIN & ENDERLEIN, OGGI & RIEKER, PETER: *Junge Flüchtlinge in multikultureller Gesellschaft.* Opladen : Leske + Budrich, 2001.

WICKE, RAINER-ERNST: *Grenzüberschreitungen : Der Einsatz von Musik, Fotos und Kunstbildern im Deutsch-als-Fremdsprachunterricht in Schule und Fortbildung.* München : iudicium, 2000.

WINTER, RAINER: *Andere Menschen – andere (Medien-)Welten. Die Bedeutung der Ethnographie für die Medienforschung.* In: medien praktisch 3/98 S. 14 – 18.

WINTER, RAINER: *Cultural Studies als kritische Medienanalyse.* In: HEPP, ANDREAS & WINTER, RAINER (Hg.): *Kultur – Medien – Macht : Cultural Studies und Medienanalyse.* Opladen : Westdeutscher Verlag, 1997. S. 49-65.

WITZKE, MARGRIT & HOLZWARTH, PETER & MAURER, BJÖRN: *«Video-Culture» ohne Grenzen : Ein Forschungsprojekt zur interkulturellen Kommunikation mit Video.* In: medienconcret 2002, S. 49 – 51.

ZABKA, THOMAS: *Zum Symbolverstehen von Videoclips : Didaktische Reflexionen und Ratschläge.* In: WERMKE, JUTTA (Hg.): *Hören und Sehen : Beiträge zu Medien- und Ästhetischer Erziehung.* München : Kopaed, 2001. S. 109 – 124.

ZACHARIAS, WOLFGANG: *Zielsetzungen und Prinzipien ganzheitlicher Medienerziehung/Medienbildung : Welche Kompetenzen brauchen Kinder in der Medienwelt?* In: ANFANG u.a. (Hg.): *Mit Kamera, Maus und Mikro : Medienarbeit mit Kindern.* München : Kopaed, 2003, S. 24 – 45.

ZENTRUM FÜR TÜRKEISTUDIEN (Hg.): *Telefonbefragung zum Medienkonsumverhalten der türkischen Wohnbevölkerung in der Bundesrepublik Deutschland : Medienanalyse zum Deutschlandbild türkischer Fernsehsender.* Endbericht. Essen, 1996.

12 Abbildungsverzeichnis

13 Anhang

13.1 Mitarbeiter des Projekts CHICAM

Abbildung 65: Projektmitarbeiter, Internationale Projekttagung in Rom (Mai 2003)

Schweden

Prof. Dr. Ingegerd Rydin (Wissenschaftliche Begleitung des CHICAM Clubs in Schweden)

Rigmor Nilsson (Kunstlehrerin aus Schweden, die sich an der CHICAM Praxisarbeit beteiligt)

Frederik Olssen (Medienpädagoge (schulbezogen), er leitet auch einen Jugendclub, an dem CHICAM- Kinder beteiligt sind).

Birgitta Olsson (Medienpädagogin)

Großbritannien

Dr. Liesbeth De Block (Projektkoordinatorin, University of London, Institute of Education, weiterer Arbeitsbereich: wissenschaftliche Begleitung des CHICAM Clubs in London)

Prof. Dr. David Buckingham (University of London, Institute of Education)

Dr. Julian Sefton-Green (Weekend Arts Collage, London)

Simon Aeppli (Medienkünstler, arbeitet am Weekend Arts Collage als Teamer. Media Educator im CHICAM Club London)

Niederlande

Prof. Dr. Sonja De Leeuw (Wissenschaftliche Begleitung im CHICAM Club Utrecht, Dozentin für TV and Media Studies an der Universität Utrecht)

Frouke Rijsdijk (Studentin der Medienwissenschaft an der Universität Utrecht, wissenschaftliche Assistentin im CHICAM Club Utrecht)

Frans van Lokven (Medienpädagogische Begleitung im CHICAM Club Utrecht)

Ad van Dam (Medienpädagoge im MIRAMEDIA, Utrecht)

Deutschland

Prof. Dr. Horst Niesyto (Leiter der Abteilung Medienpädagogik, Institut für Erziehungswissenschaft an der PH Ludwigsburg, Koordinator CHICAM in Deutschland)

Dipl. Päd. Peter Holzwarth (wissenschaftlicher Mitarbeiter im Projekt CHICAM an der PH Ludwigsburg, Schwerpunkt Wissenschaftliche Begleitung)

Dipl. Päd. Wolfgang Maier (Dozent für Medienpädagogik an der Pädagogischen Hochschule Schwäbisch Gmünd, Kooperation insbesondere im Rahmen der Pilotphase in Deutschland)

Dipl. Päd. Björn Maurer (Mitarbeiter im CHICAM Projekt an der PH Ludwigsburg, Schwerpunkt: Medienpädagogische Begleitung)

Italien

Jonathan Chaloff (Mitarbeiter von Censis, Koordinator CHICAM Italien)

Antonella Passani (Wissenschaftliche Begleitung im CHICAM Club Rom)

Guiseppe Ganino (Medienpädagogische Begleitung im CHICAM Club Rom)

Griechenland

Nadina Pateras (Wissenschaftliche Begleitung im CHICAM Club in Athen, Mitarbeiterin im Greek Council for Refugies)

Maria Leonida (Dokumentarfilmerin, Medienpädagogische Begleitung im CHICAM Club in Athen)

Prof. Dr. Litsa Kurti (Koordinatorin CHICAM Griechenland)

13.2 Überlegungen zur Auswahl der richtigen Software

Der Markt bietet derzeit eine kaum überschaubare Fülle an Video- und Bildbearbeitungsprogrammen. Die Entscheidung für die letztendlich eingesetzte Software sollte bewusst und auf dem Hintergrund von Faktoren getroffen werden, die im Kontext des jeweiligen Projektes von Bedeutung sind. Das Projekt CHICAM möchte ähnliche Produktionsbedingungen in den beteiligten Ländern schaffen. Es ist daher nahe liegend, über die Verwendung einer einheitlichen Softwarelinie nachzudenken. Die Vorteile liegen u.a. in der unmittelbaren Vergleichbarkeit medienpädagogischer Inputs. Im Vorfeld der Produktionsphase könnten gemeinsam bestimmte Programmfunktionen als Basics definiert werden, die den Kindern in allen Partnerländern gleichermaßen vermittelt werden. Ein einheitlicher Softwarestandard ermöglicht und vereinfacht ferner den grenzüberschreitenden Datenaustausch zwischen den CHICAM Clubs. Durch die Verwendung identischer Dateiformate ist es denkbar, dass verschiedene Clubs gemeinsam an einem Produkt arbeiten und sich die jeweiligen Arbeitsstände gegenseitig zur Weiterbearbeitung zuschicken.

Ein m.E. zentraler Faktor ist die Präferenz bzw. die Kompetenz des jeweiligen Medienpädagogen. Die Lage auf dem Markt der Bildbearbeitungsanbieter ist im Laufe der letzten Jahre so unübersichtlich geworden, dass es für eine einzige Person kaum möglich ist, alle Anwendungen zu kennen geschweige denn gleichermaßen zu beherrschen. Nicht nur in der pädagogischen, sondern auch in der gestalterischen Praxis ist es daher üblich, eine Auswahl zu treffen und sich auf wenige Anwendungen zu spezialisieren. Da sich die Programme heute in Funktion und Möglichkeiten nur gering unterscheiden, hängt es in der Regel von den persönlichen Programmpräferenzen (bzw. von der Programmsozialisation) der Medienpädagogen ab, mit welchem Programm gearbeitet wird. Individuelle und subjektbezogene Gestaltungsalternativen können von der medienpädagogischen Begleitung in der Regel nur dann angeboten werden, wenn das jeweilige Programm gut beherrscht wird. Da die MedienPädagog/innen, die im Kontext von CHICAM die MB übernehmen, kaum nach ihren Programmpräferenzen ausgewählt werden können, und die finanziellen und zeitlichen Ressourcen des Projekts groß angelegte Weiterbildungsmaßnahmen nicht zulassen, müssen an dieser Stelle wohl Kompromisse gemacht werden. In meinen Augen ist der Aspekt der subjektiven Programm-Präferenz des Medienpädagogen höher zu gewichten, wie der Anspruch einer einheitlichen länderübergreifenden Softwarelinie. Der Bildbearbeitungsmarkt lässt sich in zwei Segmente einteilen. Es lassen sich professionelle Programme von Shareware- bzw. Freeware-Programmen unterscheiden. Professionelle Programme wie bspw. Adobe Photoshop oder Corel Photopaint verfügen über eine Fülle an gestalterischen Möglichkeiten. Sie werden von Grafiker/innen und Medienproduzenten weltweit eingesetzt. Diese Programme sind in der Regel sehr teuer. Eine aktuelle Einzelplatzversion von Adobe Photoshop kostet bspw. momentan (Sommer 2004) ca. 240 EUR als Schulversion und 1160 EUR für Privatanwender bzw. professionelle Einsatzbereiche. Allerdings werden derartige Programme (in einer abgespeckten aber brauchbaren Version) beim Neukauf eines Multimediaproduktionsrechners häufig als Bonus beigelegt.

Shareware- und Freewareprogramme sind in der Regel kostenlos zu haben. Im Internet kann man gezielt solche Programme downloaden und auf dem eigenen Rechner installieren. Die gestalterischen Möglichkeiten dieser Programme sind vielfältig aber im Vergleich zu den professionellen Programmen deutlich begrenzt.

Grundsätzlich sind beide Möglichkeiten denkbar. Für den Einsatz der Free- und Shareware-Programme sprechen Zugang und Preis sowie die in der Regel einfache Bedienung. Professionelle Softwareanwendungen sind meist sehr komplex, verwirren durch die Vielzahl an Fenstern und Kontextmenüs. Selten erfolgt die Nutzerführung mit anschaulichen Symbolen. Selbst einfache Funktionen können teilweise nicht vom Design abgeleitet werden, sondern müssen einzeln angeeignet bzw. vermittelt werden. Außerdem stellen die Free- und Shareware Programme wesentlich weniger Anforderungen an die Hardwarekonstellation des Computers als professionelle Bildbearbeitungsprogramme.

Für den Einsatz von professionellen Programmen spricht abgesehen von der Fülle der Gestaltungsmöglichkeiten ein m. E. sehr starkes Argument: CHICAM möchte durch den produktiven Einsatz von Medien einen Beitrag zur Herstellung von Chancengleichheit leisten. Damit ist zum einen die Chancengleichheit im Hinblick auf soziale Integration gemeint, denn «Medienkompetenz ist in der medial kommunizierenden Gesellschaft eine Notwendigkeit, um die diskursive Integration sicherzustellen (…). Die Unkenntnis über Anwendung, Entwicklung und Konsequenzen neuer Medien kann (…) zu einer Ausgrenzung aus den sozialen Kommunikationszusammenhängen führen» (Thiedeke 2001 S. 27).

Ein anderer Aspekt von Chancengleichheit bezieht sich auf die späteren beruflichen Chancen der Kinder mit Migrationshintergrund. Die Aneignung bestimmter Fähigkeiten und Fertigkeiten im Medienbereich kann dazu beitragen, dass diese Kinder später beruflich leichter Fuß fassen können.

Nun ist die berufliche Qualifizierung nicht ein explizites Ziel des Projekts CHICAM. Trotzdem bin ich der Meinung, dass der Qualifizierungs- und der Transferaspekt hier mitgedacht werden sollte. Warum sollen die Kinder nicht von dem Wissen, welches im Laufe eines Produktionsjahres vermittelt wird, auch nach Abschluss des Projekts profitieren können? Gewichtet man diesen Gedanken entsprechend, stellt sich folglich nicht nur die Frage nach den Kompetenzen, die die Kinder für die Arbeit im Projekt benötigen, sondern es muss auch reflektiert werden, welche Kompetenzen sich in das Alltagsleben der Kinder – und dazu zähle ich auch die berufliche Orientierung – übertragen lassen.

Beleuchtet man aus dieser Perspektive die Entscheidung für die Software, so erscheint der Einsatz von professionellen Programmen gerechtfertigt und sogar angebracht. Professionelle Programme weisen zwar eine komplexe Struktur auf, was eine längere Einarbeitungszeit bedingt, sie leisten aber mehr im Hinblick auf die Übertragung und die spätere berufliche Nutzbringung als Sharewareprogramme.

Abbildung 66: Das professionelle Bildbearbeitungsprogramm Adobe Photoshop 6.0 (links) und das Bildbearbeitungsprogramm iPhotoplus (im Lieferumfang von Scannern enthalten) im direkten Vergleich. Im einen Fall: differenzierte Bedienungsführung mit Kontextmenüs, im zweiten Fall Visualisierung der Funktionen durch entsprechende Symbole, große, selbsterklärende Schaltflächen, anwendungsorientierte Gestaltung.

13.3 Phasenübersicht

		Gruppen- konstitution (1. – 7. Treffen)	Vermittlung und Aneignung der Basisqualifikatio- nen/weitere For- schungszugänge (8. – 15. Treffen)	Produktions-, Kommunikations- und Interpreta- tionsphase I (16. – 23. Treffen)	Produktions-, Kommunikations- und Interpreta- tionsphase II (24. – 31. Treffen)
PRAXIS	GROBZIELE	Aufbau der Gruppe Gegenseitiges Kennenlernen Schaffung von Atmosphäre Einführung in das Projekt Erste produktive Medienerfah-rungen Erhebung von Bedürfnissen, Motivation, Kompetenzen der Teilnehmer/innen	Kennenlernen der Partnerclubs Umgang mit der webbasierten Kom-munikationsplatt-form (Mail, Chat, Board, Konferenz) Erster Austausch von Produktionen zwischen den Clubs Elternarbeit (Öf-fentliche Ausstel-lung: Präsentation bisher entstandener Produkte)	Erstellung eines ersten größeren Video-Projekts (Gruppenarbeit) Vertiefung der Kommunikation (Kommunikati-onsbereitschaft, Kommunikations-tiefe) Öffentliche Ausstellung: Präsentation bisher entstandener Pro-dukte im sozialen Nahraum	Erstellung eines zweiten größeren Video/Multimedia-Projekts Vertiefung der medienästhetischen Gestaltung (Pro-duktorientierung) Abschließende Präsentation der im Projektzeitraum entstandenen Produktionen im sozialen Nahraum
	LEITMEDIUM	Fotografie (analog + digital) Computer (Bildbearbeitung)	Video Computer (Bild- und Video-bearbeitung)	Video Computer Bildbearbeitung	Video/Multimedia Computer

		Gruppen-konstitution (1. – 7. Treffen)	Vermittlung und Aneignung der Basisqualifikationen/weitere Forschungszugänge (8. – 15. Treffen)	Produktions-, Kommunikations- und Interpretationsphase I (16. – 23. Treffen)	Produktions-, Kommunikations- und Interpretationsphase II (24. – 31. Treffen)
P R A X I S	I N H A L T E T H E M E N	Erhebung von Medienpräferenzen und Kompetenzen, handlungsleitenden Themen	Interview als journalistische Form (Kinder lernen die Interviewsituation jeweils aus der Perspektive des Interviewers und des Interviewten kennen (vgl. Forschung) Trickfilm bzw. Animation als Mediamodel für die Darstellung von Situationen aus der Vergangenheit	Migration (Schule, Familie, Freundeskreis)	Migration (Schule, Familie, Freundeskreis)

		Gruppen-konstitution (1.–7. Treffen)	Vermittlung und Aneignung der Basisqualifikationen/weitere Forschungszugänge (8.–15. Treffen)	Produktions-, Kommunikations- und Interpretationsphase I (16.–23. Treffen)	Produktions-, Kommunikations- und Interpretationsphase II (24.–31. Treffen)
PRAXIS	MEDIENPÄD. BEGLEITUNG	Starke Strukturangebote	Starke Strukturangebote	Rücknahme der Strukturen (MB als Coach)	Rücknahme der Strukturen (MB als Coach)
		Gruppenorientierte, nicht-mediale Angebote	Systematische Aneignung der Medientechnik,	Akzent auf Medienästhetik (ästhetische Modelle/Alternativen zur Orientierung)	Vermittlung von medialen Gestaltungsmitteln/-strategien
		Prozessorientierung	erste ästhetische Basics (Gestaltungskriterien für Video),	Orientierung an Darstellungsformen und Genres, die von den Kindern präferiert werden	Media-Models: Spielfilm, Dokumentarfilm, digital Storytelling, Clip
		Spielerisch-experimentelle Settings, Raum für Aneignung	Ästhetische Erlebnisse, Videoexperimente		
		Mediale Aktivitäten als Einzelarbeiten – «Ausprobieren Können» (z. B. «Tagesablauf in Bildern»)			
		Akzent auf medien-technischen Aspekten,			
		Inhalt und Ästhetik sekundär			
	SONSTIGES	Aufbau einer CHICAM Club Germany Homepage	Erweiterung der CHICAM Club Germany Homepage	Erweiterung der CHICAM Club Germany Homepage	Vervollständigung der CHICAM Club Germany Homepage

		Gruppenkonstitution (1.–7. Treffen)	Vermittlung und Aneignung der Basisqualifikationen/weitere Forschungszugänge (8.–15. Treffen)	Produktions-, Kommunikations- und Interpretationsphase I (16.–23. Treffen)	Produktions-, Kommunikations- und Interpretationsphase II (24.–31. Treffen)
F O R S C H U N G		teilnehmende Beobachtung	teilnehmende Beobachtung, Notizen (Feldtagebuch)	teilnehmende Beobachtung, Notizen (Feldtagebuch)	teilnehmende Beobachtung, Notizen (Feldtagebuch)
		situative Videoaufnahmen (zurückhaltend)	gezielte Videoaufnahmen (auch charakteristischer Impulse der MB)	gezielte Videoaufnahmen (auch charakteristischer Impulse der MB)	gezielte Videoaufnahmen (auch charakteristischer Impulse der MB)
		Audiomitschnitte von Gruppentreffen + Auswertung	Audiomitschnitte von Gruppentreffen + Auswertung	Audiomitschnitte von Gruppentreffen + Auswertung	Audiomitschnitte von Gruppentreffen + Auswertung
		Erhebungen zu Medienerfahrungen anhand der Collagen	Interviews mit einzelnen Kids (vgl. oben)	Interviews mit einzelnen Kids	Erhebung von Intentionen (Ausdrucksabsichten) zu den Produkten
		eher zurückhaltende Forschung im Gruppengespräch (z. B. Sprache und Spracherwerb) (medienpädagogischer Prozess)	Anknüpfung an bereits erstelltem audiovisuellen Material der Kinder	Analyse von Eigenproduktionen und Erprobung von Formen kommunikativer Validierung	Interpretationsgespräche (Erhebung der Deutungen)
		kürzere Einzelinterviews	Analyse von Eigenproduktionen und Erprobung von Formen kommunikativer Validierung	Erhebung von Intentionen (Ausdrucksabsichten) zu den Produkten Interpretationsgespräche (Erhebung der Deutungen)	
		Interview mit Klassenlehrerin			